Gerhard Brunner
Helmut Kagerer

Harmonielehre für Gitarre

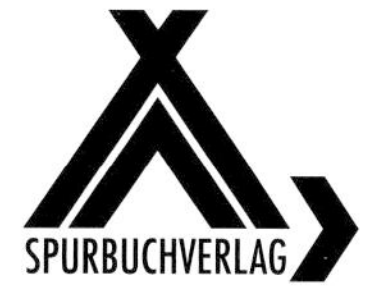

Bibliografische Information der Deutschen Nationalbibliothek

Die Deutsche Nationalbibliothek verzeichnet diese Publikation in der Deutschen Nationalbibliografie; detaillierte bibliografische Daten sind im Internet über http://dnb.dnb.de abrufbar.

Bibliographic information published by the Deutsche Nationalbibliothek

The Deutsche Nationalbibliothek lists this publication in the Deutsche Nationalbibliografie; detailed bibliographic data are available in the Internet at http://dnb.dnb.de

1. Auflage, September 2020

info@spurbuch.de
www.spurbuch.de

Ausführung: pth-mediaberatung GmbH, Würzburg

Weitere Bücher des Spurbuchverlags finden Sie unter www.spurbuchverlag.de

ISBN 978-3-88778-604-5

Inhalt

Vorwort

Liebe Leser,

wozu Harmonielehre? Verdirbt die Beschäftigung mit der Theorie denn nicht die Freude am Musizieren? In einigen Musikgenres muss man sich für seine Kenntnisse ja fast entschuldigen. Die Theorie verderbe angeblich das gefühlvolle und intensive Spiel. Aber gerade das Gegenteil ist der Fall! Es ist ein weitverbreiteter Irrtum, dass gute Musik am besten ohne die Beachtung harmonischer Regeln komponiert wird. Es mag den Komponisten zu Anfang nicht bewusst sein, aber alle uns bekannten Hits, seien sie von einem Jazz- oder Popkomponisten, von Gershwin oder von den Beatles, folgen den Regeln der Harmonielehre. In den 1960ern dürfte Paul McCartney das Konzept der „Vermollten Subdominante" noch nicht bekannt gewesen sein – verwendet hat er sie in seinen großartigen Kompositionen dennoch. Warum soll es also schaden, wenn man die Elemente kennt, die man beim Songschreiben einsetzt?

Wir möchten Euch in diesem Buch die Harmonielehre und damit einhergehend die Stufen- und Funktionstheorie vorstellen, allerdings nur in soweit, als wir sie in der Praxis anwenden können.

Denn die Harmonielehre soll Euch beim Verständnis des Songmaterials und bei Euren Soli unterstützen, nicht ein Hochschulstudium vorbereiten oder gar ersetzen. Wissenschaftliche Literatur zu diesem Thema gibt es zuhauf, das umfangreiche Werk eines Hugo Riemann, der die Funktionstheorie immerhin bereits 1893 aus der Taufe gehoben hat, sei erwähnt.

Das durchaus interessante Thema der Ton-Frequenzen, Stimmungen und unterschiedlichen Intonationen haben wir in diesem Buch nicht behandelt. Solcherlei mag für den interessierten Physiker oder auch Musikhistoriker von Belang sein, für den praktizierenden Live-Musiker eher weniger.

Ein Problem bei der Zusammenstellung des Materials für eine Harmonielehre sind die zur Analyse und zur Erklärung verwendeten Songs. Sie stammen nämlich überwiegend aus dem Jazz, nicht, wie von vielen gewünscht, aus dem Pop, Rock oder Blues. Wir dürfen Euch aber versichern, liebe Leser, dass es einfacher ist, die Erkenntnisse aus dem Jazz in den Pop oder Rock zu übertragen, als umgekehrt. Wir selbst sind in allen drei Genres als Livemusiker unterwegs bzw. nicht unbeleckt und haben von den im Laufe der Jahre angesammelten Erkenntnissen der Harmonielehre bei vielen Pop- und Rocksongs sehr profitiert, insbesondere beim Erlernen der Stücke und natürlich auch bei den Soli. Man mag es übrigens kaum glauben, aber in der sogenannten Pop-Harmonik, in welcher überwiegend Drei- und nicht Vierklänge zur Songbegleitung zum Einsatz kommen, sind genaue Bestimmungen von Tonart und harmonischer Funktion eines Akkords oder einer Folge oft komplexer und vor allem uneindeutiger als im Jazz mit seinen Vierklängen. Wir werden Euch im Verlauf des Buches diesbezüglich Beispiele vorstellen.

Eine Ausnahme in Theorie und Praxis bildet der Blues, da er vom verwendeten Tonmaterial, genauer von den sogenannten Bluenotes, gar nicht zur Harmonielehre des Abendlandes, welche ja die Grundlage des hier Dargestellten bildet, passt. Hier kommen Kriterien zum Tragen, die sich nur schwer in ein theoretisches Konzept pressen lassen, nämlich Gefühl („Feeling") und Geschmack. Beim Weg von den Arpeggien zu den Kirchentonleitern werden wir auch der Bluestonleiter begegnen. Aber wie schon angesprochen, nimmt sie eine Sonderstellung in den Skalen ein und kann mit den traditionellen Mitteln der Harmonielehre nicht wirklich erklärt werden. Wir tun unser Bestes, um sie Euch möglichst nahe zu bringen.

Auf den folgenden Seiten möchten wir Euch zunächst die Vierklänge der Durtonleiter und ihre Erweiterungen vorstellen, anschließend verminderte und übermäßige Akkorde und einige möglicherweise zunächst etwas zwielichtige Gestalten, die wir erst einordnen müssen.

Die Anordnung der Akkorde als Begleitung eines Songs, also harmonische Folgen, nennt man Changes. Sobald alle nur erdenkbaren Akkorde besprochen wurden, widmen wir uns diesen.

Alle Gitarristen (und alle Instrumentalisten, die gerne ein Solo über eine Akkordfolge spielen möchten) brauchen hierfür geeignetes Tonmaterial, so dass wir nach den Akkorden selbige auflösen und über Arpeggien, Pentatonik, Bluesskala (diese eher als Einschub, siehe oben) schließlich zu den Tonleitern des Quintenzirkels, also den Kirchentonarten und noch zu den Molltonleitern Harmonisch- und Melodisch-Moll gelangen.

Aus den ganzen Skalen die richtige (oder zumindest die dem persönlichen Geschmack genehmste) für ein Solo herauszufinden, ist das Ziel der Funktions- und auch der Stufentheorie, mittels derer wir einige Jazzstandards analysieren werden. Anschließend stellen wir noch das Konzept des „Modal Interchange" vor, mit dem sich auch ungewöhnliche, jedoch gut klingende Akkordfolgen erklären lassen.

Der Anhang mit dem Quintenzirkel schließt dieses Buch ab.

Liebe Leser, nehmt Euch Zeit, einige Kannen Tee oder Kaffee, stellt Eure Gitarre in Griffweite und beginnt zu lesen! Wir haben versucht, vieles so darzustellen, dass man es auch im Kopf visualisieren kann, aber spätestens wenn es um „Geschmackssache" oder klangliche Alternativen beispielsweise einer Skala geht, müssen letztendlich Eure Ohren entscheiden. Wir kennen viele Musiker, die nicht zu selten das zweitbeste Tonmaterial für ihre Soli verwenden (oder auch mal einen „Falschen" setzen) und dennoch wegen ihres guten Tons und ihrer herausragenden Phrasierung fantastische Soli spielen. Solcherlei kann man nicht aus Büchern oder durch reines Anschauen erlernen, da hilft nur hören und üben, üben, üben! Bei der Vermeidung der „Falschen" allerdings können wir Euch helfen.

Viel Spaß beim Lesen, Lernen und natürlich Üben!

Helmut Kagerer und Gerhard Brunner

Regensburg, Nürnberg, im Jahr 2020

Vorbemerkungen

Bevor es in die Vollen geht, an dieser Stelle noch ein paar Anmerkungen und Feststellungen zu den folgenden Seiten: Wir sind Gitarristen. Die Erkenntnisse aus der Funktionsanalyse oder Ähnlichem gelten stets für alle Instrumente. Aber viele Übungen und vor allem Veranschaulichungen sind auf die Gitarre zugeschnitten. Es wäre eine Schande, den Hauptvorteil derselben gegenüber anderen Instrumenten, nämlich das kinderleichte Transponieren und die schnelle (haptische) Umsetzung von eigentlich musikalisch anspruchsvollen Gebilden, nicht entsprechend zu unserem Vorteil zu nutzen.

Dies ist kein Einsteiger- oder Anfängerbuch! Auch wenn wir es zunächst langsam angehen. In den hinteren Kapiteln geht es funktionsharmonisch durchaus „zur Sache". Dies ist kein studienbegleitendes Lehrbuch oder eine Enzyklopädie. Wir nehmen uns heraus, bei bestimmten Themengebieten an der Oberfläche zu bleiben. Und wir wollen doch nur spielen …

Jazz ist toll! Dennoch schätzen wir Blues, Folk, Rock, Soul, Funk und auch klassische Musik mindestens ebenso. Durch seine Komplexität verbunden mit obligatorischer Improvisation eignet sich aber der Jazz am besten für die Veranschaulichung harmonischer Zusammenhänge und die sofortige Anwendung erlernter Akkorde oder Skalen. Eine Verbindung von Vierklängen in einem Jazzstandard liefert nahezu immer eine eindeutige Konstellation, während die Analyse einer Abfolge mehrerer Dreiklänge durchaus unterschiedliche Interpretationen zulässt.

Es ist festzuhalten, dass es in der weiten Welt der Musik kein „richtig" oder „falsch" gibt! Musik lebt von Spannung und Entspannung. Der Tritonus, ein Zusammenklang zweier Töne mit dem Tonabstand einer kleinen Quinte, galt lange Zeit als „falsch" und unbedingt zu vermeiden. Ohne ihn ist allerdings Blues und Jazz nicht denkbar! Von daher kann die Intention dieses Buches nur sein, Euch zu lehren, was üblicherweise über bestimmte Folgen gespielt werden kann und was eher verpönt ist. Solcherlei ändert sich aber mit der Zeit, so dass die Frage nach dem richtigen Spiel auch immer eine des Geschmacks, der Ästhetik und des Zeitgeistes ist.

In der Musik und in der Harmonielehre gibt es für die Schreibweise von Akkorden sowie Notation und auch für den Einsatz vieler Fachbegriffe eine große Anzahl an Festlegungen und eine noch größere an Wildwuchs. Wir haben versucht, stets verständlich zu schreiben, auch wenn wir bisweilen gegen die eine oder andere ggf. weiter verbreitete Festlegung verstoßen:

Akkorde schreiben wir zwar gemäß der international bekannten und etablierten Akkordsymbolschrift, spendieren aber Mollakkorden drei Buchstaben, statt ebenso verbreitetem „m" oder „-", also z. B. Amin7. Die Bezeichnungen von Skalen schreiben wir stets groß, obwohl sie ja Eigenschaften beschreiben und daher eigentlich wie Adjektive behandelt werden sollten. Also z. B. „Dorisch" statt „dorisch". Obwohl die korrekte Bezeichnung für die Veränderung eines Tones, sowohl innerhalb eines Akkordes wie auch in einer Tonleiter,

Alteration ist, verwenden wir stets aus Gewohnheit das etwas holprigere aber durchaus verbreitete „Alterierung". Kommt zum Vierklang ein zusätzlicher Ton diatonischer Herkunft (also aus der Tonart), so sprechen wir von einer Erweiterung. Besitzt ein Akkord neben seiner Septime noch zusätzliche Erweiterungen oder Alterierungen, so haben wir diese durch Schrägstriche von der 7 abgesetzt, z. B. Ab7/#11. Für Umkehrungen und umgestellte Akkorde oder auf dem Griffbrett verschobene Skalen, bei denen aber das Tonmaterial nicht verändert wurde, verwenden wir den Begriff „Voicing". Auf der Gitarre ist es möglich, anders als beispielsweise am Klavier, ein und denselben Ton an verschiedenen Stellen zu spielen. Daher gibt es für die o. a. Akkorde oder Skalen zumeist mehrere Realisierungsmöglichkeiten, eben Voicings.

Alle in diesem Buch aufgestellten Postulate, Analysen etc. haben wir nach bestem Wissen erstellt und ausgetestet. Wir übernehmen allerdings keinerlei Gewährleistung dafür, dass es dann auch in Euren Ohren gut klingt. Und ganz wichtig: Schuld sind im Zweifelsfall immer die Anderen!

Und weil humorlose Menschen uns unser loses Mundwerk bisweilen ankreiden, noch schnell der Hinweis, dass das letzte Postulat natürlich ironisch gemeint war und dass gerade mangelnde Selbsteinschätzung der verbreitete Anlass zu Unbill innerhalb eines Ensembles ist.

Hm, erklärt macht das aber auch keinen Spaß … Nun denn, zur Sache!

Akkorde und Harmonik

Die Intervalle

Bevor wir Grundlegendes über Akkorde, Stufen und Funktionen lernen, möchten wir Euch die Intervalle vorstellen, auch wenn dies für viele Leser wohl eher eine Wiederholung darstellen mag.

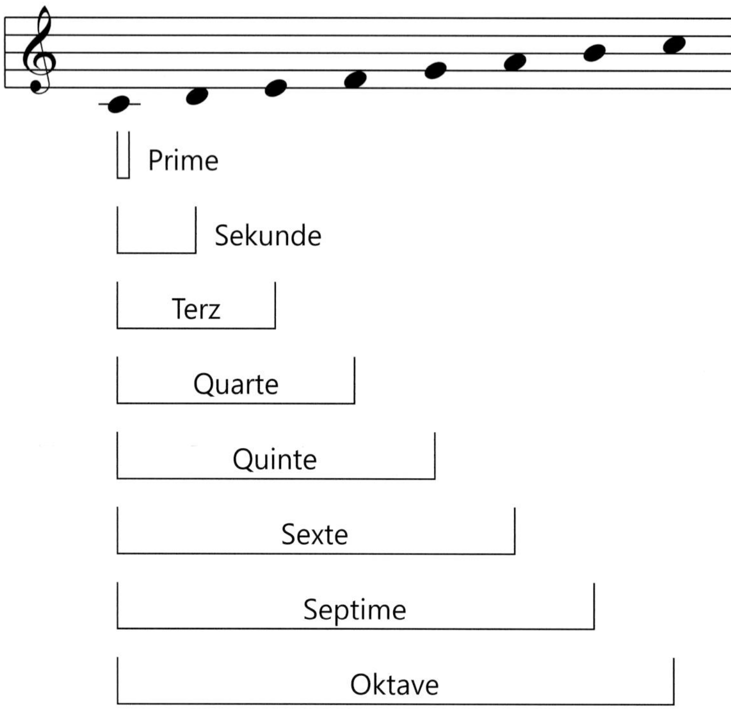

Das kennt Ihr als gestandene Musiker sicherlich. Allerdings ist eine Intervallangabe zumeist nur sinnvoll mit der gleichzeitigen Angabe eines der folgenden Attribute:

vermindert, klein, rein, groß, übermäßig

Allein aus einer zusatzfreien Intervallbezeichnung kann kein betragsmäßiger Halbtonabstand des jeweiligen Intervalls erschlossen werden. Jede Durtonleiter hat nämlich zwischen III. und IV. sowie zwischen VII. und VIII. Stufe statt des üblichen Ganztonabstands einen Halbtonabstand. In C-Dur entstehen diese automatisch durch die Verwendung der Naturtöne. Dieser bereits existente Zustand wurde dann sozusagen als Schablone für alle anderen Tonleitern angesetzt und wird dort für jede Tonart durch Vorzeichen # oder b realisiert. Dies nur als kurze Anmerkung.

Der Abstand zwischen zwei Tönen in Halbtonschritten (also für die Gitarre gesprochen: in Bünden) ist das Kriterium, um die unvollständige Intervallangabe zu präzisieren. Beispiel:

Wie eingezeichnet, heißt der Abstand zwischen C und E „Terz". Wir zählen nun die Halbtonschritte nach: C - C# - D - D# - E ergibt 4. Auf der Gitarre greife man am 3. Bund der A-Saite (= C) und verschiebe den Finger um vier Bünde Richtung 12. Bund (oder Schallloch oder Tonabnehmer oder ähnliches in dieser Ecke) und landet auf dem 7. Bund der A-Saite, wo sich tatsächlich der Ton E befindet. Nun wird allerdings natürlich nicht immer mit C gestartet. Lasst uns mal mit D beginnen. Der übernächste Ton der Tonleiter, also die Terz ab D, ist der Ton F. Wieder zählen wir die Halbtonschritte: D - D# - E - F ergibt 3. Den Ton E# gibt es nämlich nicht, zwischen E und F ist ein sogenannter natürlicher Halbton, ebenso zwischen B und C. Auf dem Klavier fehlt an diesen Stellen jeweils die schwarze Taste.

Wir haben also zweimal ein Intervall namens Terz gefunden, allerdings einmal mit 4 Halbtönen Abstand (= große Terz), einmal mit 3 (= kleine Terz).

In der folgenden Tabelle findet Ihr alle Intervalle mit der jeweiligen Angabe der Halbtonschritte.

Intervall	Bezifferung	Halbtonschritte
reine Prime	1	0
kleine Sekunde	b2	1
große Sekunde	2	2
kleine Terz	b3	3
große Terz	3	4
reine Quarte	4	5
(Tritonus)	–	6
reine Quinte	5	7
kleine Sexte	b6	8
große Sexte	6	9
kleine Septime	b7	10
große Septime	maj7	11
reine Oktave	8	12

Prime (welche als Abstand mit dem Betrag 0 unseres Erachtens nur von theoretischem Interesse sein mag), Quarte, Quinte und Oktave sind sogenannte reine Intervalle, während man Sekunde, Terz, Sexte und Septime in klein und groß unterscheidet. Vermindert man ein kleines oder ein reines Intervall um einen Halbton, so entsteht ein vermindertes, vergrößert man ein großes oder wiederum ein reines Intervall um einen Halbton, ein übermäßiges Intervall.

Eine übermäßige Sexte ist somit identisch mit einer kleinen Septime. Oder eine verminderte Sexte (ein Halbton unter einer kleinen Sexte) = reine Quinte. Von daher werden diese Attribute zumeist auch nicht für Intervalle verwendet, die eigentlich nur „klein" oder „groß" vorkommen.

In der Tabelle steht der Begriff Tritonus in Klammern. Er teilt zwar die Oktave in zwei gleiche Hälften, ist aber keinem Ton einer Tonleiter direkt als Intervall zugeordnet. Man findet ihn genau drei Ganztonschritte (daher der Name Tritonus = lat. Dreiton von griech. tritonon) vom Grundton aus. Er wird als übermäßige Quarte oder verminderte Quinte beschrieben, wobei nur die übermäßige Quarte wirklich die drei Ganztonschritte (z. B. C - D - E - F#) beinhaltet, während die verminderte Quinte zwei Ganztonschritte plus zwei Halbtonschritte enthält (C - D - E - F - Gb). Da es aber in beiden Fällen betragsmäßig sechs Halbtonschritte ergibt, wollen wir das nicht so eng sehen …

Bei der Bezifferung der Septimen liegt ein logischer Bruch vor, da ja eigentlich die große Septime allein mit der Ziffer „7" geschrieben werden müsste. Siehe auch Sekunde, Terz und Sexte. Das liegt daran, dass in der Akkordsymbolschrift, die wir Euch im nächsten Kapitel vorstellen werden, seit jeher die kleine Septime mit „7“ und nicht wie eigentlich in der Konvention festgelegt mit „b7“ geschrieben wird. So ist die Kennzeichnung maj7 zur eindeutigen Festlegung vonnöten, dass es sich bei einem Intervall eben wirklich um eine große Septime handelt.

Wichtig für uns ist zudem (wird gerne mal falsch gemacht), dass die bloßen Intervallnamen die Anzahl der beteiligten Töne wiedergeben, nicht die Anzahl der Zwischenräume! Zum Beispiel umfasst das Intervall „Terz“ in der Darstellung unter der C-Dur-Tonleiter die drei Töne C - D - E, aber nur zwei Abstände, nämlich C - D und D - E. Daher ist es besser, von Intervallen in ihrer kompletten Bezeichnung zu sprechen, also z. B. von „großer Terz“, „kleiner Sexte“ oder „verminderter Quinte“.

Vom Grundton aus sind die Intervalle mit etwas Übung leicht zu finden, insbesondere, da wir uns auf der Gitarre ja nur bestimmte Fingersätze merken müssen. Trickreicher wird es, wenn von einem bestimmten Intervall noch ein weiteres erreicht werden soll. „Von der Quarte aus noch eine kleine Terz weiter.“ Das haben wir jetzt nur erfunden, harmonisch scheint uns das im Moment wenig sinnvoll. Man kann dies tatsächlich auf einem virtuellen Griffbrett im Kopf lösen, natürlich zunächst ab C. C - eine Quarte aufwärts - F - eine kleine Terz aufwärts - Ab. Vom Ausgangston eine kleine Sexte entfernt. Und diesen Gedankengang transponiert man dann eben auf den aktuellen Grundton. Aber das ist eine persönliche Methode, Ihr mögt eine für Euch geeignetere finden.

Intervalle – Einteilung

vermindert – rein – übermäßig

vermindert – klein – groß – übermäßig

Die Akkordsymbolschrift

Voraussetzung für das Verständnis der Akkordsymbolschrift, ist die Kenntnis um die Intervalle, welche wir ja im vorherigen Kapitel besprochen hatten.

Hier die erste Zeile des Sheets für den Standard „Angel Eyes“:

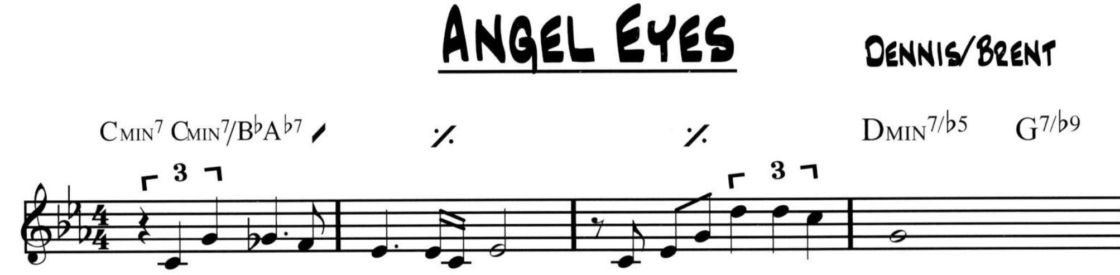

In vielen Bereichen der Musik werden Akkordsymbole verwendet, um Akkorde ohne eine explizite Darstellung mit übereinanderstehenden Noten zu bezeichnen. Dies ist für viele Instrumentalisten ein wesentlich leichter umzusetzendes Notationsverfahren und lässt zudem noch größere Freiheit beim Spiel, da ja die Realisierung des jeweiligen Akkords nicht exakt vorgeschrieben ist. An den im Folgenden abgebildeten Griffen, welche ja nur eine Auswahl der vorhandenen Möglichkeiten darstellen, wird dies offensichtlich. Es gibt leider viele unterschiedliche Konventionen, so dass wir Euch an dieser Stelle eine gebräuchliche und von uns eingesetzte Akkordsymbolschrift nahe bringen möchten.

Prinzipiell werden **Dreiklänge plus Erweiterungen** dargestellt.

Der erste Buchstabe bezeichnet immer den Grundton des Akkords. So steht ein einfaches C für den Dreiklang C-Dur C-E-G. Die Töne von (großer) Terz E und (reiner) Quinte G sind nicht erwähnt. Selten findet man die Silbe ma (für „major“ = Dur) oder MA (in Kapitälchen, z. B. CMA7) hinter dem Akkordgrundton. Das kann unangenehme Folgen haben, worauf wir noch kommen werden, wenn wir die Erweiterungen hinzufügen.

Liegt dagegen eine Mollterz vor, wird dies zum Grundton hinzu geschrieben, also Cmin für den Akkord C-Moll, bestehend aus den Tönen C-Eb-G. Auch zu finden ist Cmi, Cm, C- und (gottseidank inzwischen selten) c (Kleinschreibung).

Versetzungszeichen b und # werden direkt hinter den Grundton notiert. z. B. Eb = Dreiklang Es-Dur, G# = Dreiklang Gis-Dur, Abmin = Dreiklang As-Moll

Nach dem Buchstaben für den Grundton, ggf. einem Versetzungszeichen und der eventuellen Kennzeichen für Moll steht die erste Erweiterung. Da im Jazz überwiegend mit Vierklängen in der Form Grundton - Terz - Quinte - Septime gearbeitet wird, finden wir hier häufig die Ziffer 7. Allerdings steht die (blanke) 7 für die kleine, die Bezeichnung maj7 für die große Septime (logisch und konsequent wäre kleine Septime b7, große 7 – aber gleich wieder vergessen, so ist es eben nicht!). Statt **maj7** (bzw. MAJ in Kapitälchen, z. B. CMAJ7) ist auch **Δ7** oder (selten) j7, noch seltener 7+ zu finden.

Wegen der abweichenden Septimen-Schreibweise sind wir keine Fans der Kennzeichnung einer Durterz durch die Silbe ma oder gar maj. Insbesondere bei handgeschriebenen Akkordbezeichnungen oder wenn ein Höher- oder Tieferstellen der Silben nicht möglich ist, wird beispielsweise ein Cma7 (C-Dur Dreiklang mit kleiner Septime) schnell mit einem Cmaj7 verwechselt, welcher gemäß der hier vorgestellten Schreibweise eine große Septime enthält.

Zusätzliche Erweiterungen, welche dann aus dem Vier- einen Fünfklang oder Schlimmeres machen, werden mit / getrennt aufsteigend notiert, also Amin7/9 oder E7/#9 oder G7/#9/b13

Soll zum Akkord ein abweichender Bass(ton) gespielt werden, so wird dieser durch einen (großen) Schrägstrich getrennt hinter den Akkord geschrieben (siehe Sheet Cmin7/Bb). Stehen keine unterschiedlichen Strichgrößen zur Verfügung, wird ein Leerzeichen eingefügt. Zum Beispiel „C6/9 über den Basston G“ als C6/9 /G

Anwendungen, Sonderregelungen und die Schreibweise für verminderte und übermäßige Akkorde werden wir bei der Vorstellung derselben ergänzen.

Die Vierklänge der Durtonleiter

Wir stellen Euch die in C-Dur entstehenden Vierklänge samt ihrer sogenannten Funktionen vor, woraus wir dann die Akkorde für alle im abendländischen Dur-Moll-System vorkommenden Tonarten ableiten können. Hier nun als Basis und Tonvorrat die allseits bekannte C-Dur-Tonleiter:

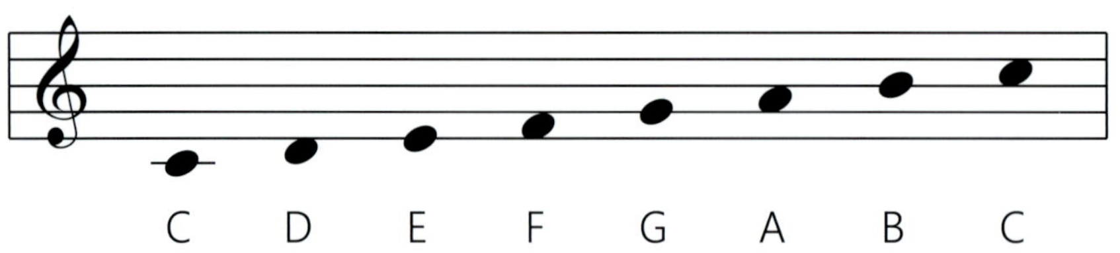

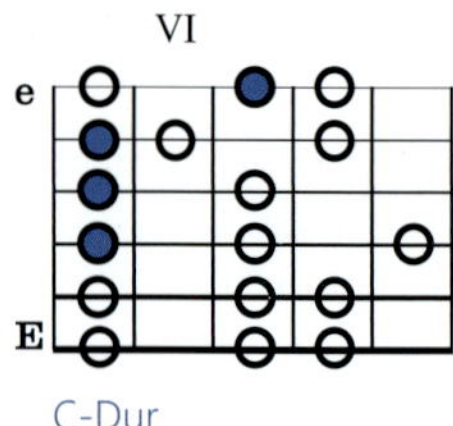

C-Dur

Da Ihr immer wieder Skalen und Akkorde auf der Gitarre spielen sollt, haben wir Euch gleich für die C-Dur-Tonleiter einen möglichen Fingersatz neben die Notation gesetzt. Damit unser Fingertraining nicht zu kurz kommt ...

Die bekannten Vierklänge werden aus den Tönen der Durtonleiter durch Terzentürmen© (wahrscheinlich heißt es korrekt „Terzschichtung" oder so ...) erzeugt.

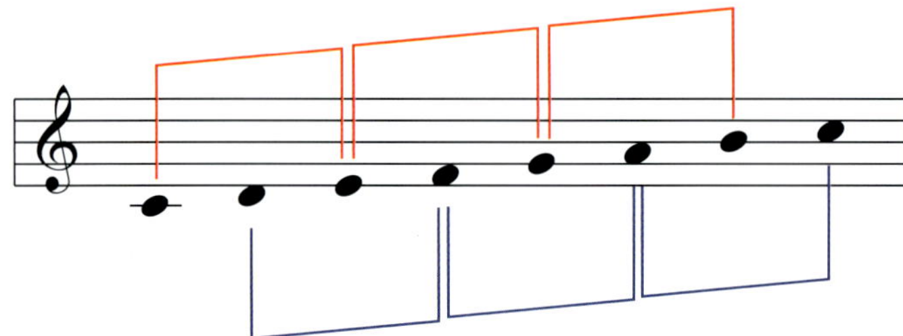

So entsteht auf jeder Stufe ein Vierklang.

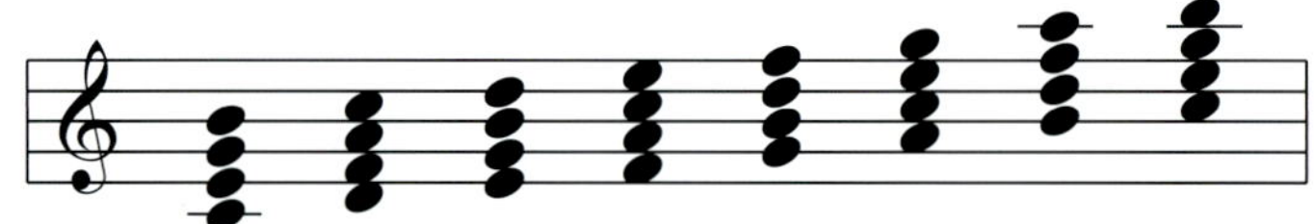

Schauen wir uns an, was da erzeugt wurde.

1. Stufe C

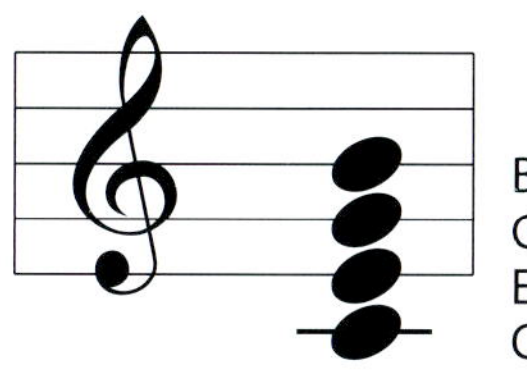

Der unterste Ton in der Notation bildet den namensgebenden Grundton des Akkords, in unserem Fall ist es C. Der zweite Ton E bildet bekannterweise mit C das Intervall Terz, und wie wir ebenso schon wissen, eine große Terz. Eine große Terz ist das Charakteristikum eines Durakkords. Bis dato wissen wir also: C-Dur oder kurz C. Der dritte Ton G, die Quinte (welche man offensichtlich erreicht, wenn man von einem Ton aus zwei Mal in Terzschritten weiter springt) vervollständigt unseren Dreiklang C-Dur. Ist eine Quinte nicht vermindert oder ähnliches (wozu wir noch später kommen werden), wird sie in der Akkordbezeichnung nicht explizit erwähnt, welche im Moment noch immer C-Dur lautet. Die Quinte, welche gemäß ihres Namens fünf Töne unserer Tonleiter umfasst, hat in ihrer reinen Form sieben Halbtöne. Wenn Ihr auf der Gitarre von einem C aus sieben Bünde nach rechts (reguläre Rechtshändergitarre) rutscht, sollte Ihr also den Ton G finden. Die verminderte Variante der Quinte hat nur sechs Halbtöne, wozu wir im weiteren noch kommen.

Der vierte und letzte Ton unseres Vierklangs ist das H (im angelsächsischen Sprachraum übrigens immer als B bezeichnet). Das Intervall zwischen C und B ist eine Septime, als 7 geschrieben. Allerdings gibt es wie bei der Terz zwei Erscheinungsformen der Septime, eine große (major7 oder maj7) und eine kleine (nur 7). Man könnte jetzt die Halbtöne vom Grundton C bis B zählen, um die Septime „auszumessen". Wir schlagen einen anderen Ansatz vor. Wir schauen auf das C der nächsten Oktave, hier immer mit C' bezeichnet. Liegt unsere Septime maximal nahe an diesem Ton C' (also nur einen Halbton darunter), ist es also der größtmögliche Abstand zum Grundton C, den wir innerhalb dieser Oktave finden können, handelt es sich folglich um eine maj7. Ist die Septime aber einen Ganzton von der Oktave entfernt, ist es eine (blanke) 7.

In diesem Fall ist es leicht. Wir wissen auswendig (schon, oder?), dass zwischen B und C' ein natürlicher Halbton ist.

Daher ist unsere Septime eine große, eine major7.

Die Akkordbezeichnung für den Vierklang, der auf der 1. Stufe der C-Durtonleiter durch Terzentürmen© entsteht, ist also C-Dur-major7, kurz Cmaj7.

Andere gebräuchliche Schreibweisen sind Cma7 und C∆7.

Beachtet hierzu bitte auch das Kapitel zur Akkordsymbolschrift auf Seite Seite 11.

Keine Sorge, bei den anderen Stufen geht es schneller.

2. Stufe D

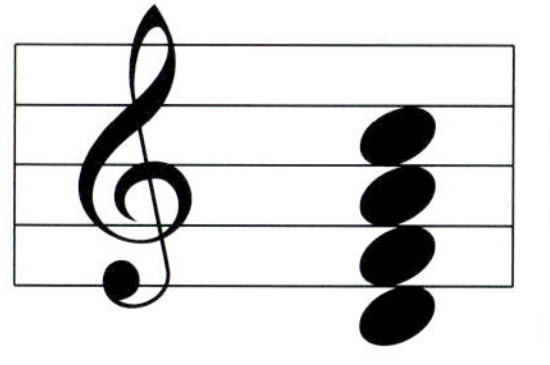

Jetzt schon etwas zügiger! Der Grundton ist D, die Terz das F. Wir zählen die Halbtöne von D nach F und finden dero drei. In diesem Akkord haben wir also eine kleine Terz, was ihn zum Mollakkord macht. Die Quinte, der Ton A, ist wie bei der 1. Stufe sieben Halbtöne vom Grundton entfernt und daher keiner gesonderten Erwähnung wert. Bleibt noch die Septime, das C.

Gemäß des vorgestellten Zählverfahrens vom Grundton eine Oktave höher, in unserem Fall D', können wir schnell feststellen, dass das C zum D keine major7 bildet, denn diese wäre der Ton C# (Cis). Im Ausschluss können wir daher festhalten, dass unser D-Moll-Akkord eine kleine Septime (welche nur mit 7 bezeichnet ist) besitzt.

Die Akkordbezeichnung für den Vierklang, der auf der 2. Stufe der C-Durtonleiter durch Terzentürmen© entsteht, ist also D-Moll-7, kurz Dmin7.

Andere gebräuchliche Schreibweisen sind Dmi7 und D-7. Bisweilen wird zur Kennzeichnung von Mollakkorden Kleinschreibung verwendet, also d-7 (das geht noch) oder d7 (das geht gar nicht). Solcherlei ist gottseidank am Aussterben, ist uns aber schon über den Weg gelaufen. Seid also gewarnt!

3. Stufe E

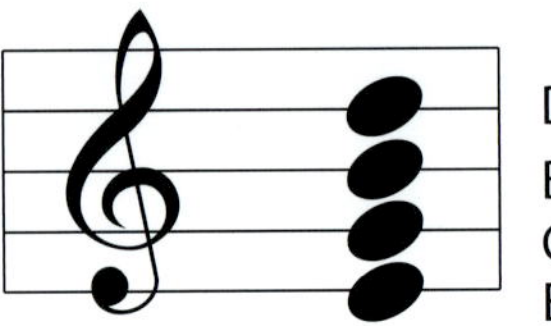

D
B
G
E

Das Verfahren wie bei D ergibt auf der 3. Stufe den Akkord Emin7.

4. Stufe F

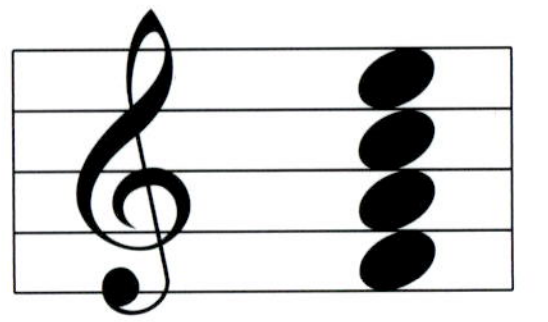

E
C
A
F

Auch hier sind alle Zutaten bekannt (Durterz, reine Quinte, große Septime), so dass wir auf der 4. Stufe der C-Dur-Tonleiter den Akkord Fmaj7 notieren können.

5. Stufe G

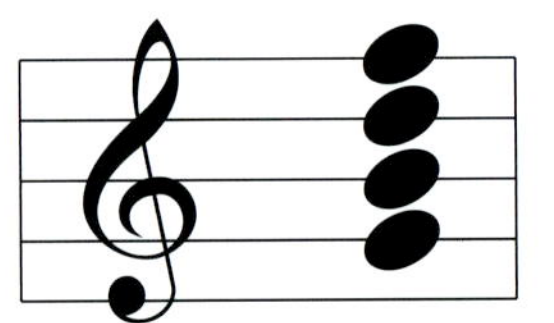

F
D
B
G

Grundton, große Terz, reine Quinte, alles ok. Die Septime ist allerdings im Gegensatz zu den bisher entdeckten Dur-Akkorden eine kleine, so dass die Akkordbezeichnung lauten muss: G7. Auf der 5. Stufe (und nur dort!) einer Durtonleiter entsteht also ein Dur-Sept-Akkord.

6. Stufe A

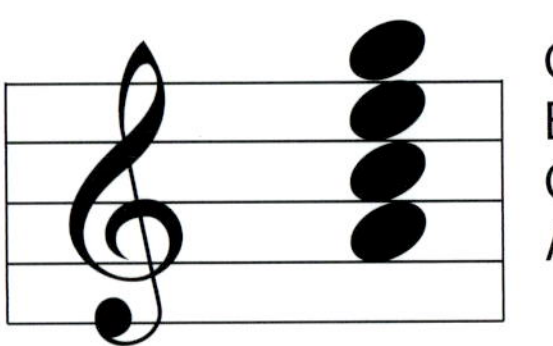

G
E
C
A

Auf der 6. Stufe entsteht wieder ein uns von der Struktur bereits wohlbekannter Moll-7-Akkord, eben Amin7.

7. Stufe B

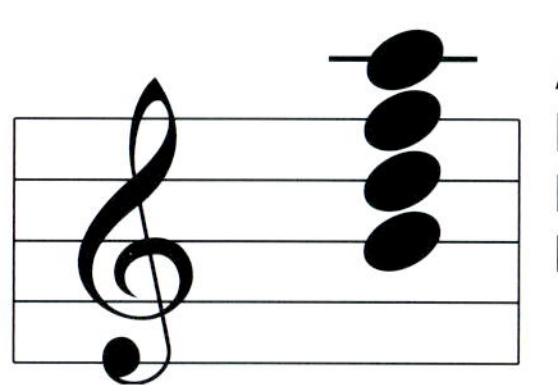

A
F
D
B

Zum Abschluss noch einmal etwas Spezielles! Grundton, kleine Terz, aha, ein Moll-Akkord. Die Septime (um dies vorzuziehen) ist klein, da ja zwischen A und B' noch ein A# passt. Wer hier aus der Reihe tanzt, ist die Quinte. Wir hatten ja festgehalten, dass eine reine Quinte sieben Halbtöne umfasst. Die hier vorliegende, also das Intervall von B bis F hat aber nur dero sechs. Dies passiert eben genau nur auf der 7. Stufe, weil wir auf dem Weg vom B zum F beide natürlichen Halbtöne überschreiten, welche bekanntlich zwischen B und C sowie zwischen E und F liegen.

Es handelt sich hier um eine verminderte Quinte b5.

Da unser Akkord keine reine Quinte beinhaltet, wird dies auch explizit durch die Angabe b5 in der Akkordbezeichnung vermerkt. Auf der 7. Stufe in C-Dur steht daher ein Bmin7/b5.

Eine weitere Schreibweise ist BØ, wobei unklar ist, welche Glyphe genau genommen wird. Halt ein von rechts oben nach links unten durchgestrichener Kreis.

Moll7/b5-Akkorde werden auch als „halbvermindert" bezeichnet.

Nun haben wir Euch alle Vierklänge in C-Dur vorgestellt, die ausschließlich durch Terzentürmen©, also sozusagen „auf natürlichem Wege" entstehen. Das hier vorgefundene Schema kann auf jede andere Durtonart übertragen werden. Wir finden also immer auf der 1. Stufe einer Durtonleiter einen maj7-Akkord, auf der 2. einen min7 usw.

Prägt Euch daher die folgende Auflistung ein:

Stufe	Akkord
I	Dur-maj7
ii	Moll-7
iii	Moll-7
IV	Dur-maj7
V	Dur-7
vi	Moll-7
vii	Moll-7/b5

Stufen und Funktionen

Wie bereits geschrieben entstehen die genannten Vierklänge in C-Dur durch simples Terzentürmen©. Im Detail sind es:

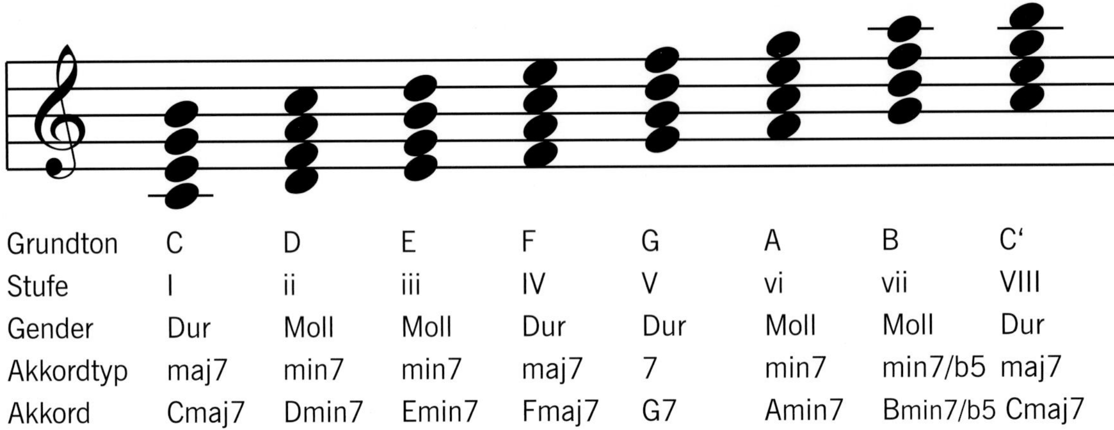

Grundton	C	D	E	F	G	A	B	C‘
Stufe	I	ii	iii	IV	V	vi	vii	VIII
Gender	Dur	Moll	Moll	Dur	Dur	Moll	Moll	Dur
Akkordtyp	maj7	min7	min7	maj7	7	min7	min7/b5	maj7
Akkord	Cmaj7	Dmin7	Emin7	Fmaj7	G7	Amin7	Bmin7/b5	Cmaj7

Die Nummern der Stufen werden mit römischen Ziffern geschrieben, Dur-Akkorde groß, Moll-Akkorde klein. Das Muster bzw. die Schablone (und eine solche solltet Ihr Euch zumindest im Geiste basteln) ist dabei in jeder (Dur-)Tonleiter gleich. Ihr findet also auch in A-Dur auf der 2. Stufe einen Moll-7-Akkord (Bmin7) oder in Gb auf der 7. Stufe einen halbverminderten (Fmin7/b5) usw.

Wenn Ihr die Akkorde in C-Dur übt, bis Ihr sie samt ihrer jeweiligen Stufe wirklich auswendig könnt, ist es ein Leichtes, das obige Schema nun auf jede andere Tonart zu übertragen, indem Ihr die Akkorde im Kopf greift und dann in die gesuchte Tonart auf dem (geistigen) Griffbrett verschiebt. Das ist natürlich ein Vorteil an der Gitarre. Bläser oder Pianisten müssen sich hier ihr eigenes Konzept basteln – falls das für diese Instrumente möglich ist.

Jetzt allerdings wollen wir der Frage nachgehen, was diese ganzen Akkordtypen denn in unserer Tonart und damit auch oft genug im Song für eine Funktion haben. Wie immer zuerst die Übersicht und folgend die Erklärung:

Stufe	Akkord	Funktion	Einsatz als
I	Cmaj7	Tonika	
ii	Dmin7	Nebenstufe	Subdominant-Parallele
iii	Emin7	Nebenstufe	Tonika-Gegenklang
IV	Fmaj7	Subdominante	
V	G7	Dominante	
vi	Amin7	Nebenstufe	Tonika-Parallele
vii	Bmin7/b5	Nebenstufe	Dominant-Gegenklang

Oh mein Gott – Du wolltest doch nur Musik machen und nicht irgendwelches Fachchinesisch lernen, oder? Muss man diese Begriffe denn jetzt auswendig können? Im Prinzip ja, aber das ist nicht der Punkt. Das Wissen um die Funktion eines Akkords in einer Akkordverbindung erleichtert uns das Verständnis des ganzen Songs und hilft immens sowohl beim Erlernen wie auch beim Transponieren desselben.

Was machen die einzelnen Funktionen?

Die **Tonika** ist der Grundakkord eines Stückes oder zumindest eines Lied-Abschnitts. Die **Dominante** zur Tonika, die V zur I oder V/I, erzeugt eine harmonische Spannung, die in der Tonika zur Auflösung kommt. Eine Dominante besitzt (mindestens) einen Leitton, der einen halben Ton unter oder über dem erwarteten Zielton liegt. Im Beispiel G7 ist dies die Terz des G7, das B, welches einen Halbton unter dem Zielton C angesiedelt ist.

Die Klangverbindung Dominante – Tonika (G7 – Cmaj7) nennt man einen **authentischen Schluss** oder eine authentische Kadenz.

Auch die **Subdominante** auf der Stufe 4 strebt zur Tonika, allerdings nicht so stark wie die Dominante. Im Beispiel Fmaj7 als Subdominante zu Cmaj7 ist der Leitton das F, welches aber nicht zum C, sondern zum E strebt, also zur Terz unserer Tonika.

Löst sich die Subdominante direkt in die Tonika auf (Fmaj7 – Cmaj7), spricht man von einem **plagalen Schluss** oder Plagalschluss.

Ein Vertreter des verpönten deutschen Schlagers besteht oft tatsächlich nur aus den Hauptstufen Tonika, Subdominante und Dominante einer Tonart, und das zumeist nur in Drei-, nicht in Vierklängen. Dies klingt auf Dauer – wer hätte das gedacht – langweilig. Und hier kommen die Nebenstufen ins Spiel. Sie nehmen nämlich in Akkordverbindungen Vertreterrollen für die drei Hauptstufen ein, was die Sache gehörig aufmischt.

Changes – Harmonische Folgen

Die meisten Jazzstandards (und auch Pop-, Folk- und Rock-Songs) bestehen aus Abfolgen von Akkorden, aus Akkordverbindungen, auch Changes genannt. An dieser Stelle seien nur Verbindungen betrachtet, die alle Akkorde aus einer einzigen Tonart beziehen. Sobald wir Akkorde mit nicht-diatonischen Erweiterungen kennengelernt haben, werden wir im Rahmen der Funktionsharmonik auch komplexere Verbindungen analysieren.

ii-V- bzw. ii-V-I-Verbindungen

Die Akkordverbindung I-vi-ii-V oder 1625

||: Cmaj7 Amin7 | Dmin7 G7 :||

kommt nicht nur in Hunderten Jazzstandards sondern auch (als Version mit Dreiklängen ||: C Amin | Dmin G :||) in unendlich vielen Pop-, Rock- und Folksongs vor! Wir betrachten zunächst nur den zweiten Takt Dmin7-G7.

Hier liegt die am häufigsten verwendete Verbindung des Jazz vor, die ii-V-Verbindung. Sie ist so mächtig und strebt so heftig zur I. Stufe, dass selbige sehr oft gar nicht auftaucht. Eine beträchtliche Anzahl von Songs (nicht nur Jazzstandards) kommt nur mit einer Aneinanderreihung von ii-V-Verbindungen aus. Ein schönes Beispiel ist das legendäre „Oye Como Va“ von Tito Puente, das durch Carlos Santana weltberühmt gemacht wurde. Es besteht sogar nur aus einer einzigen ii-V-Verbindung, also aus gerade mal zwei Akkorden.

Nehmen wir gleich „Oye Como Va“. Euer Mitmusiker stimmt die Begleitakkorde Amin und D7 an. Obwohl wir noch gar nicht über Tonleitern gesprochen haben, könnt Ihr allein aus den vorgestellten Stufen der C-Dur-Tonleiter das korrekte Tonmaterial für die beiden Akkorde ableiten. Für erfahrene Musiker ist das trivial, aber für den Einsteiger durchaus lehrreich.

Die Akkorde Amin und D7 verhalten sich zueinander wie die Akkorde Dmin und G7. Auf der Gitarre verschieben wir einfach den kompletten Akkordwechsel vom beispielsweise 5. (da lassen sich sowohl Amin wie auch D7 bequem greifen) auf den 10. Bund, wo dasselbe für Dmin und G7 gilt. Von letzteren Akkorden wissen wir aber (schon deshalb, weil beide Akkorde in der obigen Tabelle stehen), dass es sich um eine ii-V-Verbindung handelt, deren Tonika (und somit auch erzeugende Tonart) 1 Ganzton unter der ii befindet. Wieder auf dem Griffbrett findet man also Cmaj7 zwei Bünde (= 1 Ganzton) links vom Dmin7.

Somit findet man auch die Tonika Gmaj7 zwei Bünde links vom Amin7 am 3. Bund. Das Tonmaterial für die ii-V-Verbindung Amin-D7 stammt somit aus G-Dur. Carlos Santana spielt also in seinem wirklich tollen Gitarrensolo diatonisch (leitereigenes Material) über eine ii-V-Verbindung, voll nach Lehrbuch. Und klingt dennoch geil!

Erkenntnisse und Anwendungen

Die Zuordnung der in der Tabelle dargestellten Akkordtypen zur jeweiligen Stufe ist in jeder Durtonleiter des Quintenzirkels (in welchem wir die wichtigsten diatonischen Tonleitern der westlichen Musik versammelt finden) identisch! Alle Erkenntnisse, die wir im Folgenden aus den Akkorden der C-Dur-Tonleiter gewinnen, dürfen wir auf alle Tonarten des Quintenzirkels übertragen. Das spart uns Gitarristen eine Menge geistiger Arbeit, denn ein unbezahlbarer Vorteil unseres heißgeliebten Instruments ist die Möglichkeit, harmonische Zusammenhänge visuell oder haptisch abzuspeichern.

Ein kleines Beispiel:

Wenn wir zum Beispiel den Wechsel von der ii. Stufe in C-Dur (Dmin7) zur iii. (Emin7) spielen, dann verschieben wir ja nur einen Moll-Akkord um zwei Bünde auf dem Griffbrett nach rechts. Das erscheint sehr unspektakulär.

Ein Blick in die obige Übersicht der Stufen einer Durtonleiter verrät allerdings, dass die Möglichkeit, zwei aufeinanderfolgende (im Abstand von zwei Halbtönen) Moll7-Akkorde anzutreffen, ausschließlich besteht, wenn es sich eben um die ii. und iii. Stufe einer Durtonart handelt. Und diese Durtonart findet man dann zwei Halbtöne unter dem ersten der beiden Mollakkorde, also auf der Gitarre zwei Bünde weiter links. Im Beispiel natürlich C-Dur.

Ein weiteres Beispiel:

Unter allen Akkorden aus C-Dur finden wir nur genau einen Septakkord, und zwar die Dominante auf der V. Stufe, G7. Im Rückwärtsschluss verrät uns ein quasi „freistehender“ Septakkord sofort seine Tonart, da es ja pro Durtonleiter nur einen einzigen gibt. Prinzipiell bedeutet also beispielsweise ein G7 immer C-Dur, ein F#7 immer B-Dur oder ein Eb7 immer Ab-Dur, um nur einige exemplarisch aufzuführen.

Dass dies in der Praxis etwas zu differenzieren ist, werden wir feststellen, wenn wir die Molltonleitern genauer betrachten.

Der Blues – Tonika, Subdominante und Dominante als Septakkord

Es gibt noch eine Musikrichtung, in der die dargestellte Systematik so nicht zum Einsatz kommt (wie auch manch andere Regel), und zwar beim Blues. Im völlig puristischen „Schweine-Blues“, in seiner allerältesten Form, gibt es nur die drei

Hauptstufen Tonika, Subdominante und Dominante, häufig in der bekannten Form als 12-Takter, aber natürlich auch in allen möglichen und unmöglichen Taktkombinationen.

Die Pointe ist, dass jeder Akkord grundsätzlich als Dominantseptakkord gespielt wird. Ein klassischer Blues in C (gemäß der Stufentheorie hätten wir hier als Tonika, Subdominante und Dominante Cmaj7, Fmaj7 und G7) sieht also so aus:

/ C7 / F7 / C7 / C7 /

/ F7 / F7 / C7 / C7 /

/ G7 / F7 / C7 / G7 /

Über das hauptsächlich hier eingesetzte Tonmaterial für Soli, die C-(Moll-)Bluestonleiter, wird noch im Folgenden geschrieben, hier geht es um die Betrachtung gemäß der soeben dargestellten Stufen.

Wir hatten ja festgestellt, dass es in jeder Durtonleiter nur genau einen Dominantseptakkord gibt. Liegen also beim Blues tatsächlich drei Dominanten aus jeweils unterschiedlichen Tonarten vor?

Ja, das kann man so sehen. Gerade Musiker, die aufgrund ihrer Vorkenntnisse mit der Bluesskala nicht so bewandert sind, behandeln jeden Akkord des Blues als Dominante in ihrer jeweiligen Tonart (die Tonleiter heißt dann Mixolydisch, was aber an anderer Stelle erläutert wird). Für unseren C-Blues ergibt dies die Tonarten

C7 - F-Dur

F7 - Bb-Dur

G7 - C-Dur

Ein bisschen mit Verstand und Geschmack gespielt, klingt dies gar nicht übel. Natürlich kommt das nicht an die Bluesskala heran, aber das Prinzip der drei Dominantseptakkorde beim Blues ist verdeutlicht, oder?

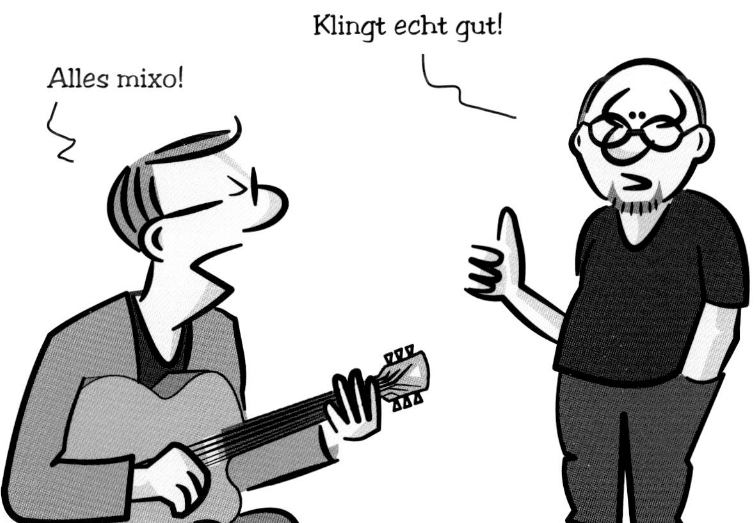

An die Gitarre

Greifen und Begreifen

Auch wenn Ihr die vorangegangenen Kapitel sorgfältig studiert habt, ist es unverzichtbar, die vorgestellten Akkordtypen wirklich gut spielen zu können. Von jedem dieser vier Vierklänge mindestens vier unterschiedliche Griffe. Wir schlagen beispielhaft vor:

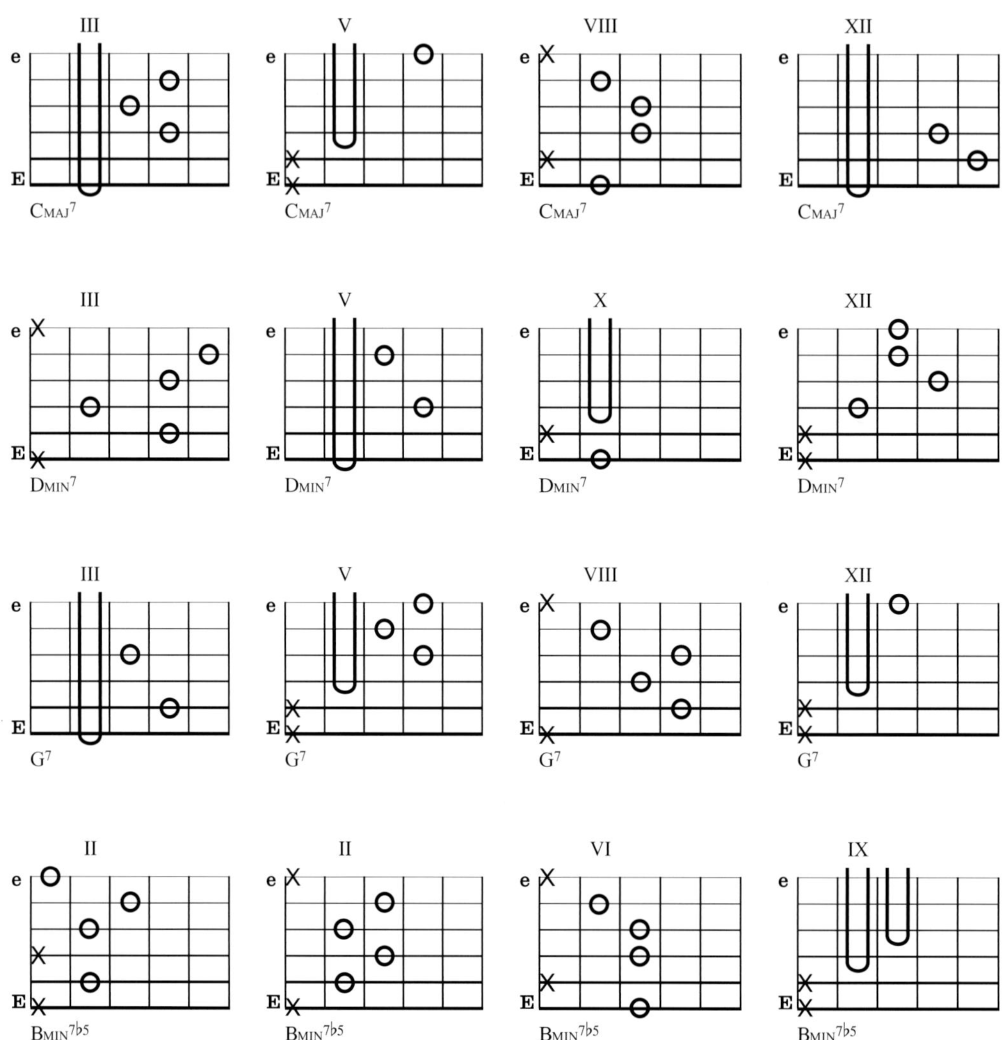

Die Kopf-Schablone

Die Methode, die wir auf dieser Seite vorstellen möchten, macht uns als Gitarristen das Leben wirklich leichter und hebt uns von allen anderen Instrumenten ab. Wir können nämlich harmonische Zusammenhänge, die wir in der Tonart C verstanden haben, durch mechanisches Verschieben in alle anderen Tonarten übertragen. Ein kleines Beispiel für das Finden von Stufen.

> *Gegeben sei der Akkord Ebmaj7 und ebenso die Vorgabe, dass dieses Ebmaj7 nicht die I. Stufe sei (was als Basistonart Eb-Dur bedeuten würde), sondern die IV. Stufe. Wir suchen also die Tonart, in der Ebmaj7 die IV. Stufe ist.*

Obwohl wir bis auf C-Dur noch keine Tonarten besprochen haben, können wir diese Aufgabe auf der Gitarre oder mit Vorstellungskraft auch im Kopf lösen. Und mit etwas Routine sogar blitzschnell!

Hilfreich ist es nun, wenn wir dabei sofort einige mögliche Griffe für Ebmaj7 im Kopf haben, zum Beispiel diese hier:

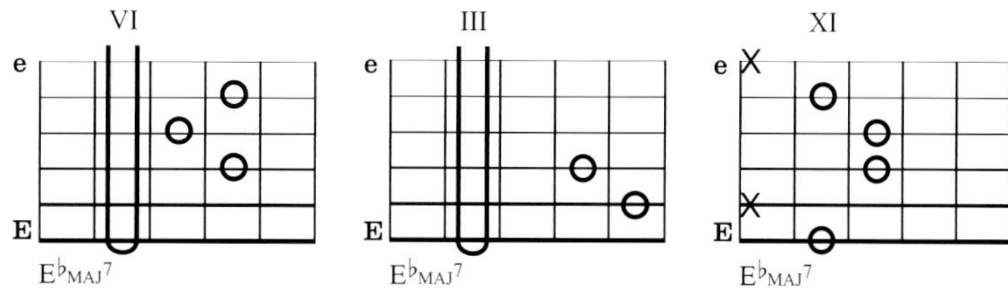

Ebenso für den Einsatz unserer Kopf-Schablone unabdingbar ist das Wissen, welcher Akkordtyp in C-Dur auf der jeweiligen Stufe entsteht. Hier zur Erinnerung noch mal das Ergebnis des Terzentürmens, ohne Ton- und Funktionsangabe:

Stufe	Akkordtyp
I	Dur-maj7
ii	Moll-7
iii	Moll-7
IV	Dur-maj7
V	Dur-7
vi	Moll-7
vii	Moll-7/b5

In unserem Beispiel ist die Erkenntnis essenziell, dass in einer Durtonart prinzipiell nur zwei maj7-Akkorde vorkommen. Jeder maj7 kann also von seiner Funktion her entweder als I. oder eben als IV. Stufe dienen. Als I. Stufe ist es trivial, die Tonart hat dann natürlich denselben Grundton wie der betreffende Akkord. Wir haben aber ein Ebmaj7 als IV. Stufe.

Das Rückrechnen eines Akkords zu seiner erzeugenden Tonart ist auf dem Notenblatt per se keine leichte Übung, da man ja nicht einfach Naturtöne abwärts zählen kann. In unserem Beispiel steckt ja schon im der Akkordnamen ein Vorzeichen b, so dass die Tonart, in der Ebmaj7 als IV. Stufe fungiert, sicherlich auch mindestens ein b beinhaltet. Wahrscheinlich haben auch Pianisten oder Bläser so ihre Methoden, bei uns Gitarristen ist es aber besonders einfach! Wir leiten uns den Weg von der I. zur IV. Stufe in C-Dur her und schließen dann rückwärts aus der (neuen) IV. Stufe Ebmaj7 dessen (neue) I. Stufe.

Die folgenden Abbildungen sollen Euch den Weg I - IV (in C-Dur) zu IV - I in der gesuchten Zieltonart verdeutlichen:

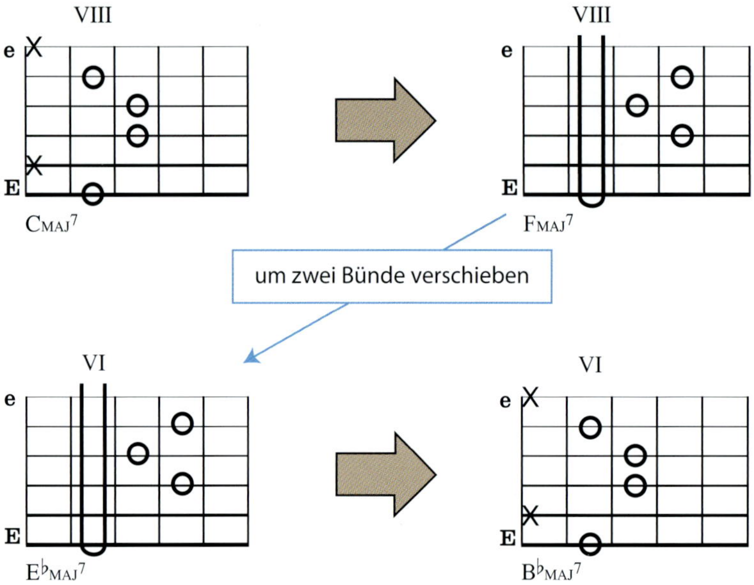

Auf ebendieser VI. Lage greifen wir nun wieder um und finden die zum Ebmaj7 gehörige I. Stufe Bbmaj7.

Auf diese Art und Weise könnt Ihr natürlich jede Verbindung und funktionale Beziehung aus C-Dur in alle nur möglichen Tonarten übertragen. Prüft Euch selbst (Lösungen weiter unten, Schummeln gilt nicht!):

Welcher Akkord ist die V. Stufe in D-Dur?

Welcher Akkord ist die ii. Stufe in A-Dur?

Welche Akkorde bilden eine ii-V-Verbindung in F-Dur?

Welche Akkorde bilden eine I-vi-ii-V-Verbindung in Gb-Dur?

Nicht schummeln! Hier drunter stehen die Lösungen:

Lösungen:

A7

Bmin7

Gmin7-C7

Gbmaj7-Ebmin7-Abmin7-Db7

Wenn Ihr in Harmonielehre bzw. in Funktionstheorie schon bewandert seid, mögen Euch die mannigfachen Übungen zum Thema „Stufen finden“ oder „Tonarten finden“ eventuell langweilen. Seid Ihr aber Ein- oder Umsteiger, so können wir Euch die vorangegangenen und folgenden Beispiele bzw. Übungen nur wärmstens ans Herz legen. Viele Dinge vereinfachen sich, wenn unsere Finger schon die Lösung wissen, bevor wir intensiv nachgedacht haben!

Zwei einfache Übungen zum Einstieg

Spielt die drei Akkorde C-Dur, F-Dur und G-Dur im langsamen Tempo mit wiederkehrendem rhythmischen Zusammenhang, also z. B.: | C-Dur | F-Dur | G-Dur | C-Dur | Gerne an dieser Stelle als pure Dreiklänge (Lagerfeuer-Akkorde), am besten als Barreeakkorde in verschiedenen Voicings (C-Dur in Lage III. und VIII. und XII.). Und nun die einzige Forderung: Sprecht bei jedem C-Dur das Wort „Tonika“, bei jedem F-Dur das Wort „Subdominante“ und bei jedem G-Dur das Wort „Dominante“ laut aus. Drei Minuten Spielen und Sprechen pro Voicing sollte genügen!

Nehmt dann als ersten Akkord einen anderen, beliebigen Dur-Akkord (dessen Bezeichnung Ihr natürlich kennen müsst!) und sprecht bei seinem Erklingen wieder das Wort „Tonika“. Eure Finger werden Euch ohne geringsten Aufwand sofort die zugehörige Subdominante und Dominante zeigen, welche Ihr dann nur noch identifizieren müsst.

Sobald dieser Automatismus funktioniert, solltet Ihr Vierklänge verwenden, d. h. zum Warmsprechen Cmaj7 (Tonika), Fmaj7 (Subdominante) und G7 (Dominante). Ihr dürft gerne alle möglichen Verbindungen in C-Dur sprechspielen, wie z. B.: Dmin7 („Zwei“) - G7 („Dominante“ oder „Fünf“) - Cmaj7 („Tonika“ oder „Eins“) oder I - vi - ii - V usw. Lehrreich wird es dann, wenn Ihr solcherlei Verbindungen in andere Tonarten übertragt, indem Ihr eine beliebige Stufe (es muss nicht immer die Tonika sein!) um ein paar Bünde verschiebt. Das Lernziel ist erreicht, wenn Ihr zu einem als ii. Stufe vorgegebenen Mollakkord in kürzester Zeit die zugehörige V und I bestimmen könnt. Also z. B. Gmin7 als ii. Stufe, zugehörige V (Dominante) ist C7, zugehörige I (Tonika) ist Fmaj7. Wobei uns die Tonika dann auch die Tonart jener Verbindung liefert, nämlich F-Dur. Für die nachfolgende Übung empfiehlt sich eine Gitarre mit Cutaway, da wir bis zur Lage XV vordringen werden. Lasst uns die Umsetzung der Stufen für C-Dur noch mal gemeinsam Schritt für Schritt durchgehen. **Wir verwenden jetzt nur transponierte Ableger des A-Akkords aus der Lage 0** (bis auf den min7/b5), was bedeutet, dass auch unser jeweiliger Grundton in jedem folgenden Akkord auf der A-Saite zu finden ist. Also einen der folgenden drei:

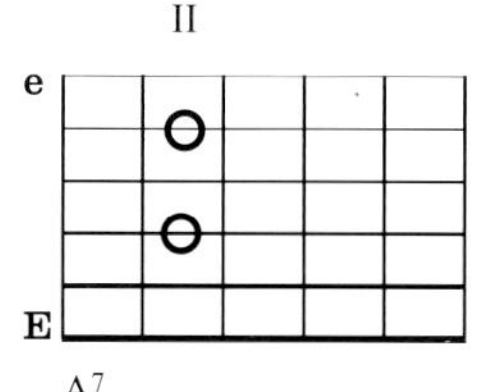

A7

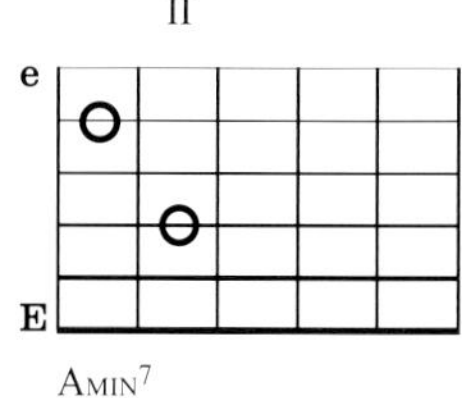

Amin7

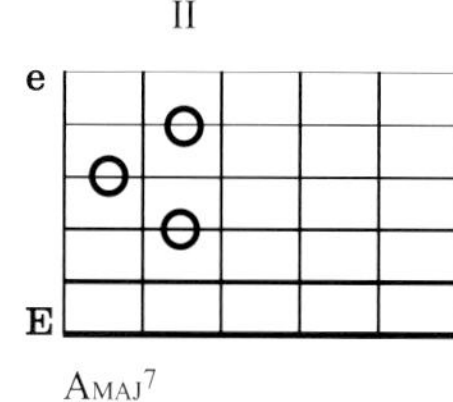

Amaj7

Wir beginnen mit Cmaj7, in der III. Lage gegriffen. Das ist die I. Stufe unserer Vierklänge in C-Dur. Die ii. Stufe ist Dmin7. Wir wählen hierfür den Akkord in Lage V. Folgerung: Ein Mollakkord zwei Bünde rechts von der Tonika ist die ii. Stufe zu ebendieser. Gilt natürlich auch anders herum:

Liegt mir ein Mollakkord vor, der als ii. Stufe ausgewiesen ist, so finde ich also die Tonika als maj7-Akkord zwei Bünde weiter links. Wichtig: Akkordtyp (in unserem Fall alles Ableger von A beibehalten, sonst stimmt's natürlich nicht mehr!

Wenn wir nun den Dmin7 um zwei Bünde in die VII. Lage verschieben, stoßen wir auf Emin7, unsere iii. Stufe in C-Dur. Eine weiteres Bündchen nach rechts kommt Fmaj7 (VIII. Lage), welcher die IV. Stufe in C-Dur darstellt und auch Subdominante genannt wird. Spielt die Stufen I bis IV vorwärts und rückwärts und prägt Euch die Abstände und natürlich auch den Klang ein. Dann rücken wir vom Fmaj7 noch zwei weitere Bünde nach rechts und spielen dort (X. Lage) G7, die V. Stufe in C-Dur, auch als Dominante bezeichnet. Noch zwei weiter nach rechts (langsam wird es ohne Cutaway eng!) spielen wir in der XII. Lage Amin7, die vi. Stufe in C-Dur. Zur VII. Stufe sind es jetzt noch mal zwei Bünde. In Lage XIV. spielen wir nun Bmin7/b5. Und dann schließlich – einen Bund weiter – in Lage XV wieder unser Cmaj7. Fertig.

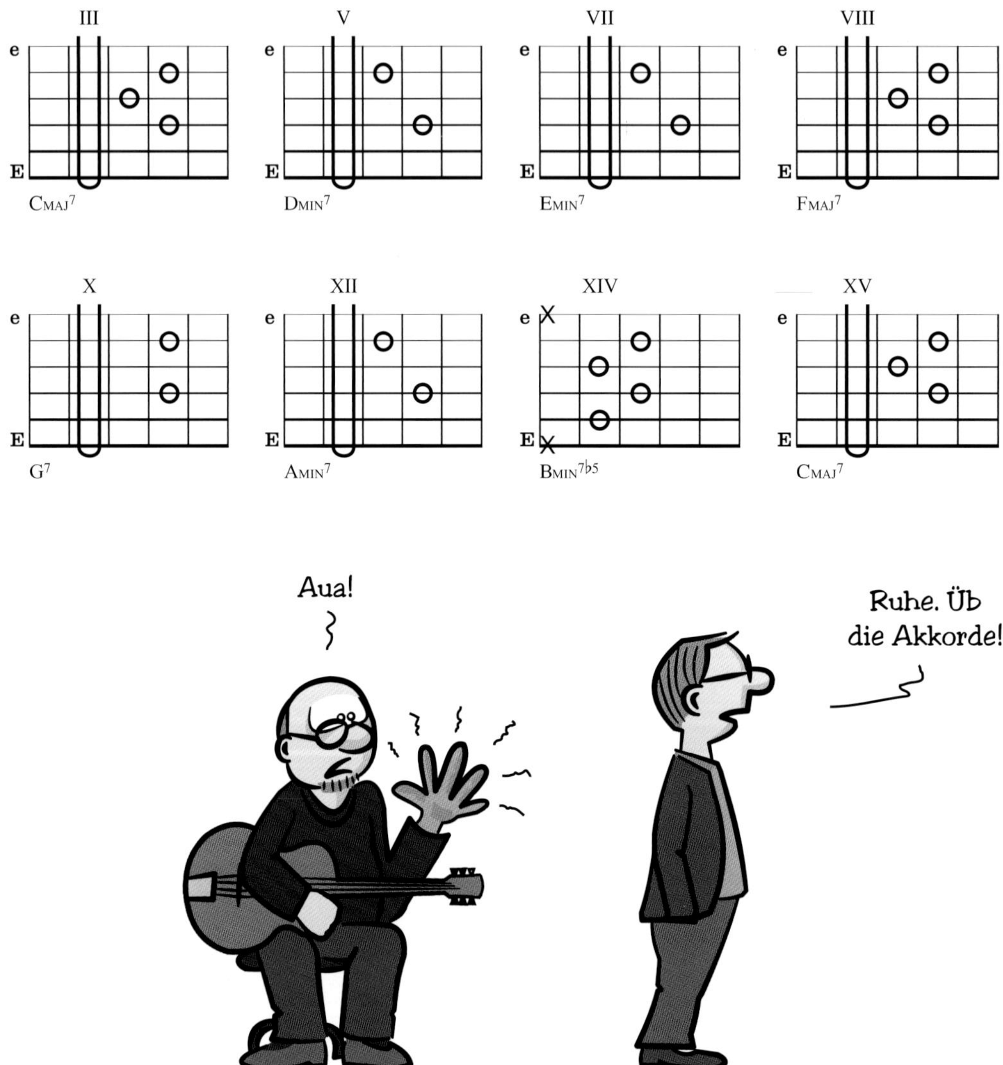

Akkorderweiterungen

Akkorderweiterungen: 9, 11 und 13

Akkorde baut man (wie bereits beschrieben), indem man sich einen Ton aus einer Tonleiter als (Akkord-)Grundton erwählt und dann auf diesen Ton Terzen schichtet. So haben wir in C-Dur auf jedem Ton den leitereigenen Akkord (Vierklang) gebildet, dessen Geschlecht und Eigenschaften Ihr ja inzwischen für jede Stufe auswendig kennt, gell?

Wenn wir das Akkordbauen z. B. in der C-Dur-Tonleiter mal auf die Spitze treiben und auf der Septime des Akkordes Cmaj7 (C, E, G und B) einfach mit dem Terzentürmen weiter machen, erhalten wir einen Cmaj7/9/11/13, eben mit den zusätzlichen Tönen D, F und A. Somit haben wir einen 7-Klang (der natürlich nicht spielbar ist und völlig bescheuert klingt) mit dem kompletten Tonmaterial aus C-Dur. Drückt mal mit dem Unterarm alle weißen Tasten eines Klaviers, die Ihr auf diese Weise erreichen könnt. So in etwa klingt das.

> *Die gute Nachricht: Es kommen keine größeren Zahlen als die 13 vor! Die nächste Terz ab dem Ton A' (der 13) wäre ja dann wieder C und somit erneut unser Grundton, allerdings dann schon zwei Oktaven höher.*

Ergänzen wir einen gegebenen Vierklang um weitere Töne, so schaffen wir also einen Fünfklang, Sechsklang oder gar Schlimmeres. Da ein solcher Mehrklang aus physikalischen Gründen (begrenzte Anzahl von Saiten oder Greiffingern, Sehnenscheidenentzündungen o. ä.) nicht komplett spielbar ist, müssen eben Töne entfallen. Bei Vierklängen z. B. sind Terz und Septime wichtige, Grundton und Quinte eher unwichtige Töne. Die Quinte doppelt oder verstärkt für unsere Ohren oft nur den Grundton und dieser wiederum wird meist ohnehin vom Bassisten gespielt. Warum ihn also doppeln?

Nun war das Terzentürmen (ein wirklich schönes Wort – man kriegt gar nicht genug davon!) in C-Dur keine schwere Übung, denn wir sind in der Tonleiter nur immer jeweils zum übernächsten Ton gesprungen und haben so einfach alle Stufen erreicht. In C-Dur sind diese Stufen leicht zu finden, da wir z. B. auf dem Klavier immer nur jeweils auf den weißen Tasten zum übernächsten Ton weiterhüpfen. Auf der Gitarre müssten wir schon die natürlichen Halbtöne bedenken, was die Sache etwas weniger anschaulich macht. Findet das Terzentürmen auch noch in einer vorzeichenlastigen Tonart (Db-Dur oder so) statt, wird die Sache sehr unübersichtlich. Hier können wir allerdings die uns inzwischen sehr vertraute (stimmt doch, oder?) Struktur der erlernten Vierklänge und die uns bereits bekannten Stufen als Orientierungspunkte für die zusätzlichen Erweiterungen nutzen. Als Beispiel diene uns an dieser Stelle der Akkord G7, entstehend auf der V. Stufe in C-Dur, der Dominantseptakkord dieser Tonart. Gut zur Veranschaulichung eignet sich das Griffbild in der III. Lage, in das wir Euch die einzelnen Stufen des Akkordes (in den jeweiligen Ton) geschrieben haben.

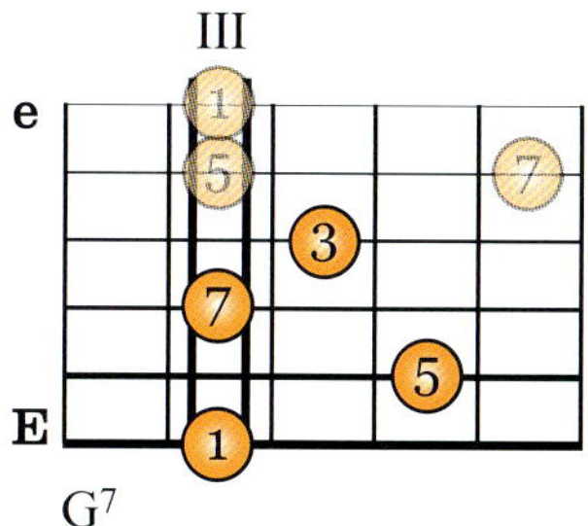

Es ist offensichtlich, dass alle Stufen des Vierklangs bereits auf den Saiten E, A, D und G vorhanden sind. Auf der H-Saite kommt nur noch eine Dopplung der Septime bzw. der Quinte, wenn man den kleinen Finger weg lässt. Dann bleibt durch den Barree ein D auf der H-Saite und auf der hohen E-Saite nochmals der Grundton.

Da ist also noch genügend Platz für unsere Akkorderweiterungen. Zudem ja bekanntlich nicht alle Akkordtöne gespielt werden müssen. In die Tabulatur zeichnen wir nun noch die noch fehlenden Stufen des G7-Akkords (s. Abb.).

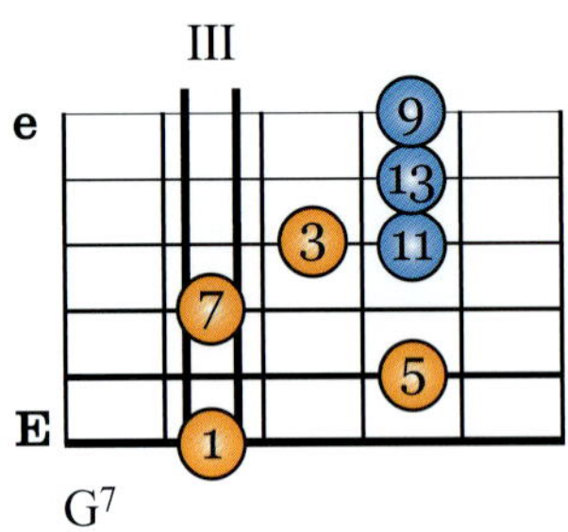

Kleine Pointe am Rande

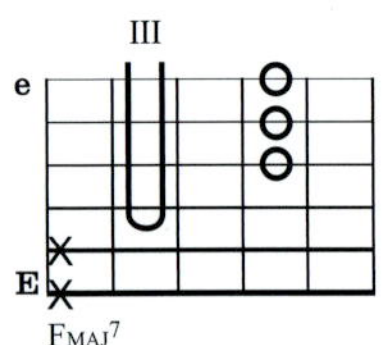

Lassen wir in diesem Akkord die E- und A-Saite weg (spielen also nur die Stufen 7, 11, 13 und 9), so erhalten wir einen astreinen Fmaj7-Akkord.

Das ist nicht mehr ganz so verblüffend, wenn wir uns vergegenwärtigen, dass wir ja das gesamte Tonmaterial aus C-Dur verbaut haben. Daher werden wir auch jeden aus eben diesem Tonvorrat geschaffenen Akkord in irgendeiner Umkehrung finden…

Lasst uns nun den oben abgebildeten Akkord G7 samt seiner Erweiterungen als Schablone einsetzen und mit den gewonnenen Erkenntnissen andere Voicings und dann natürlich Septakkorde aus anderen Tonarten generieren!

Die 9 (None)

Beginnen wir mit der 9 (None). Hierzu haben wir in das Griffbild einen weiteren Grundton auf der hohen E-Saite eingezeichnet, der im abgebildeten Griff eigentlich gar nicht mitgespielt wird:

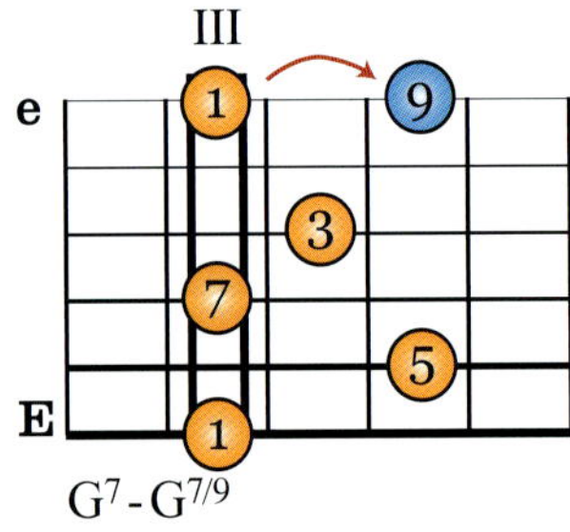

None oder Sekunde? 2 oder 9? add2 oder add9?

Die None ist per Definition das Intervall zwischen Grundton und neunter Stufe. Da wir allerdings von einer Tonleiter bisher nur acht Stufen vorgestellt haben und wir auf der achten Stufe (Oktave) bereits wieder unseren Grundton finden, muss jede Stufe > 8 in der nächsten Oktave liegen, wo unsere Tonleiter mit den selben Vorzeichen und damit dem bekannten Tonmaterial weitergeht. Wir werden also auf der neunten Stufe den Ton mit der gleichen Bezeichnung wie auf der zweiten Stufe (Sekunde) finden, eben eine Oktave höher.

Mit einem Barree-Akkord schaffen wir auf der Gitarre üblicherweise das Überspannen von mehr als zwei Oktaven, so dass wir zum Beispiel beim C-Dur am 8. Bund drei Grundtöne C im Akkord finden. Das Zählen in der C-Dur-Tonleiter vom C bis zur None führt uns zum D', welches (zumindest als Tonbezeichnung) auch auf der Sekunde, der 2. Stufe, zu finden ist. Egal, welches D nun zu einem

C-Dur-Akkord hinzugefügt wird, man bezeichnet den Akkord dann inkorrekt (siehe unten) häufig als C9 oder korrekt als Cadd9, selbst wenn er von der Lage des D auch C2 (bzw. Cadd2) heißen könnte.

Die 9 finden wir stets zwei Halbtöne (= zwei Bünde) über dem Grundton. Ohne die Finger überstrecken zu müssen, können wir nun schon zwei G7/9 basteln. Ob das Voicing mit dem A im Bass sinnvoll oder nicht ist (s. Abb.), dürfen Eure Ohren entscheiden – korrekt ist es auf jeden Fall.

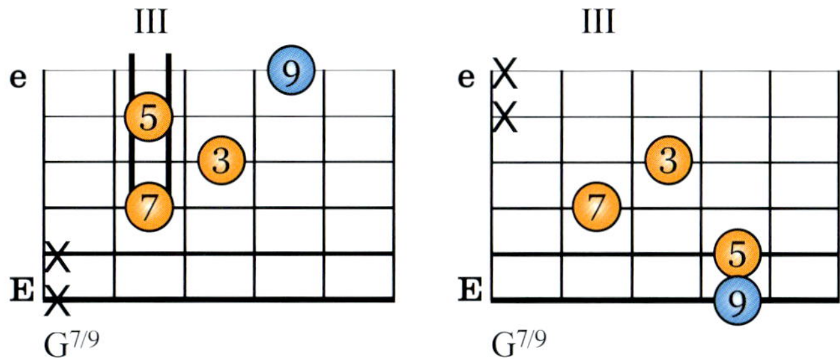

Kleine Zahlenlehre

Eigentlich ist die Verwendung der Zahlen 9, 11 und 13 folgendermaßen geregelt: Wird ein kompletter Vierklang (mit vorhandenen Stufen 1, 3, 5 und 7, also Grundton, Terz, Quinte und Septime) um eine Sekunde (2), Quarte (4) oder Sexte (6) ergänzt, werden diese Stufen zur 7 addiert, also mit dem Ergebnis 9, 11, bzw. 13. Somit handelt es sich bei z. B. einem G13-Akkord um einen Fünfklang, einem G7 erweitert mit der 13. Oder bei einem C9 ausgeschrieben um einen Cmaj7/9 (die wesentlich präzisere Schreibweise).

Beachte: C9 ≠ C7/9 ≠ Cadd9!

Wird dagegen die Original-Stufe aus der ersten Oktave angegeben, so entfällt – falls nicht explizit erwähnt – die Septime. Ein G6 ist also ein G-Dur-Dreiklang, ergänzt durch die Sexte, den Ton E. Übrigens ein typischer Tonika-Klang der 1920er Jahre, bevor man begann, den eleganter klingenden maj7-Akkord einzusetzen.

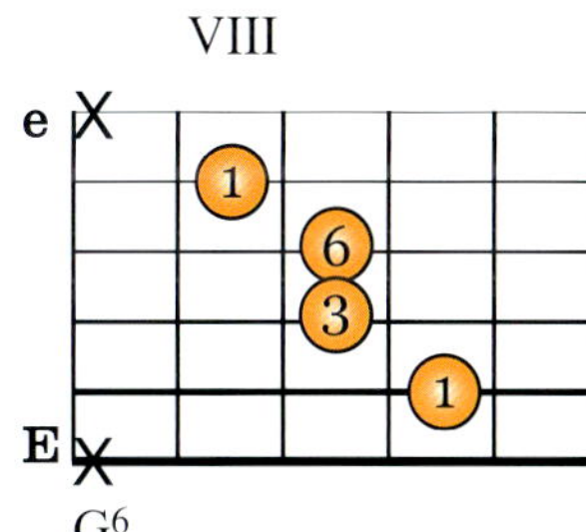

Die 11 (Undezime)

Kommen wir nun zur 11. Zur Diskussion Undezime – Quarte vergleicht bitte None – Sekunde.

Wir finden die 11 stets einen Halbton (Bund) über der Terz, eben die Quarte. Zur Orientierung tragen wir noch eine zusätzliche Terz in unser G7 ein (wird nicht gespielt, da hinter dem Barree) und sodann den Pfad zur 11.

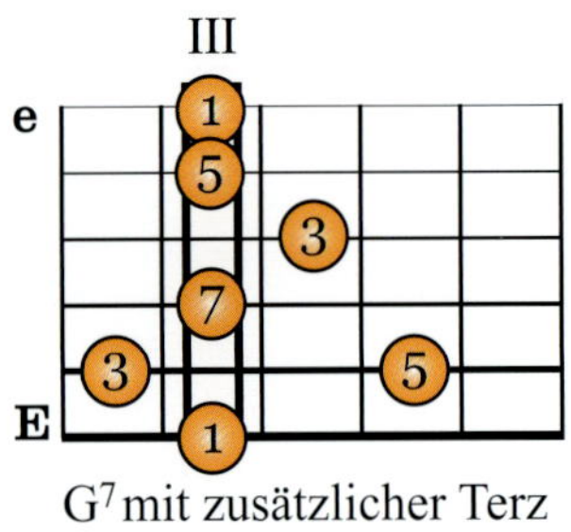

G7 mit zusätzlicher Terz

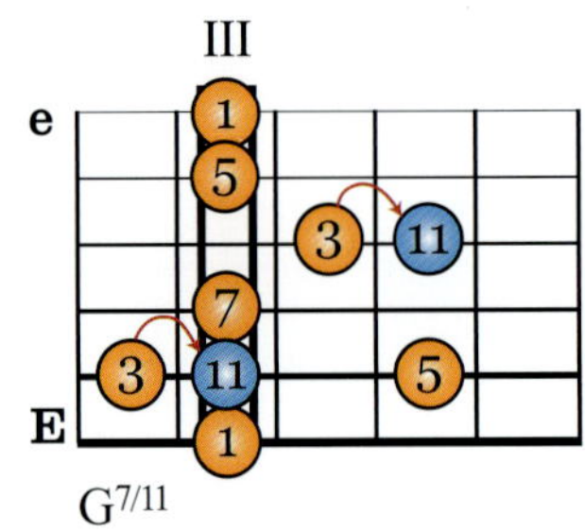

$G^{7/11}$

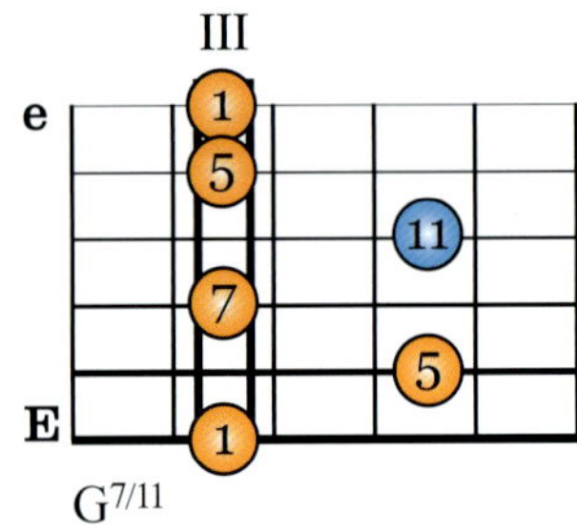

$G^{7/11}$

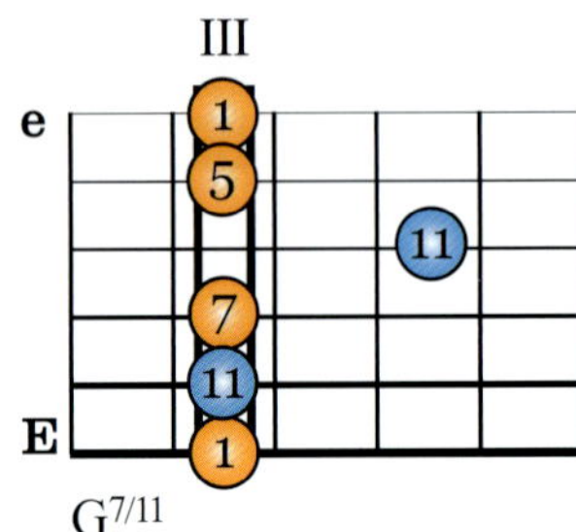

$G^{7/11}$

Da sind nun einige Stufen gedoppelt und es ist sehr viel Bass enthalten. Aber keiner zwingt Euch, alle abgebildeten Töne auch tatsächlich zu spielen. Nebenbei haben wir durch die Substitution der Terz durch die Quarte den das Tongeschlecht bestimmenden Ton entfernt, sodass die Bezeichnung G7/11 gar nicht mehr korrekt ist – es könnten beide ebenso Gmin7/11 sein!

Nun ist die 11 oder auch die 4 (Quarte) im Zusammenklang mit dem Grundton ein etwas seltsamer Kamerad. Zumeist wird die Terz durch die 4 (bzw. die 11) ersetzt, der Akkord verliert daher sein Tongeschlecht.

sus-Akkorde

Die 11 klingt stets etwas instabil, weshalb Akkorde, bei denen die Terz durch die Quarte ersetzt wurde, als sus-Akkorde (sus = suspended = außer Kraft gesetzt) bezeichnet werden. Ein Beispiel, das sicherlich jeder von Euch schon einmal gedankenverloren vor sich hingeklampft hat, ist die Umspielung des Akkordes D-Dur: Hier ersetzen wir die Terz des D-Dur (also den Ton F#) durch die Quarte (das G). Der entstehende Klang ist spannend, strebt aber nach Auflösung, also zurück zum D-Dur. sus-Akkorde werden als klanglicher Ersatz für die Dominante, für die II. Stufe, aber bisweilen auch für die Tonika eingesetzt, wenn es etwas abgefahrener klingen soll.

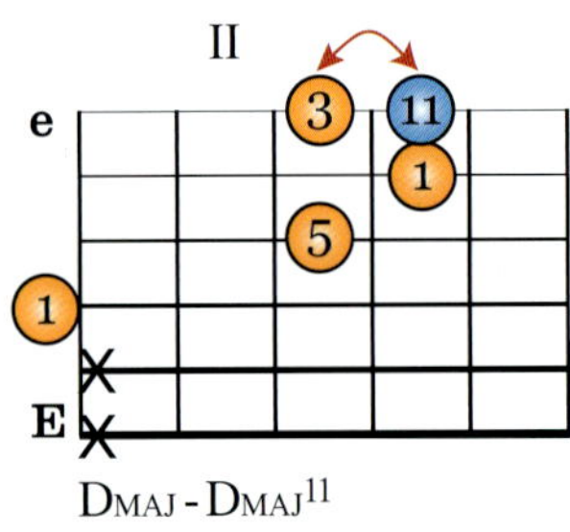

DMAJ - $DMAJ^{11}$

Nebenbei ...

Auf einem Sheet kann einen die Bezeichnung Dmaj oder DMAJ schon mal durcheinander bringen! Insbesondere wenn wir am Anfang unserer Jazz-Karriere stehen, werden wir stets angehalten, jeden nur möglichen Major7-Akkord quasi „aus der Hüfte“ spielen zu können, so dass wir uns bemühen werden, umgehend ein Dmaj7 auf das Griffbrtt zu zaubern. Aber Achtung! Dmaj7 steht hier gar nicht, sondern nur Dmaj, die (bzw. eine) internationale Schreibweise für den D-Dur-Akkord, einen Dreiklang. Über solcherlei Kleinigkeiten sind auch schon erfahrene Kollegen gestolpert.

Und noch mehr am Rande:

Insbesondere bei Pop- oder Rocksongs ist der Vierklang nicht automatisch die bessere Alternative zum herkömmlichen Dreiklang! Ich erinnere an „Sweet Home Alabama“: D7 - Cmaj7 - Gmaj7 (als Song in G) oder Dmaj7 - C7 - Gmaj7 (als Song in D mit C7 als Doppelmollsubdominante)? Klingt natürlich alles schrecklich und ist mehr humoristisch gedacht.

Die Vieldeutigkeit von sus-Akkorden wird insbesondere von Jazzmusikern gerne genutzt, um bestehende Songs oder auch Kompositionen harmonisch spannender zu gestalten. Zwei schöne Beispiele sind im Folgenden abgebildet:

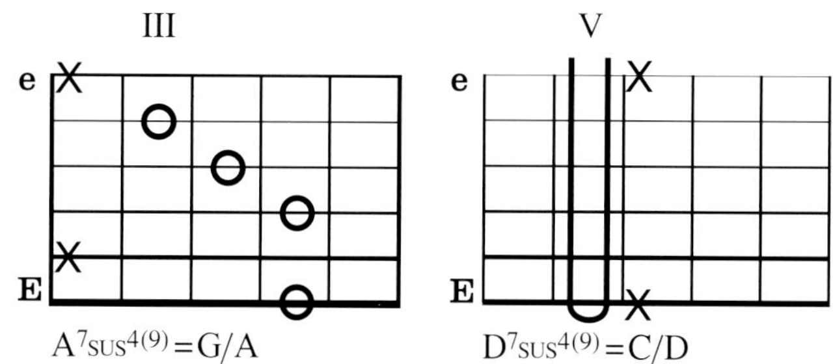

Ich persönlich (als Jazzer mit ausgesprochen altbackenen Klangvorstellungen) nutze diese Akkorde zumeist als Ersatz für den jeweiligen Dominantseptakkord, also D7 oder A7. Wenn aber ein Komponist Geschmack daran findet, zum Beispiel das A7sus an Stelle eines Amin7 oder auch Amaj7 zu verwenden, kann ihm das nicht verboten werden, der Akkord beinhaltet ja keine Terz, die das Tongeschlecht festlegt. Erst durch eine zugehörige Gesangs- oder Instrumental-Melodie bzw. auch durch den harmonischen Kontext, also die restlichen Akkorde, kann eventuell die tatsächliche Absicht des Komponisten oder Interpreten erklärt werden.

Es ist mehr als einmal passiert, dass sich die Klangvorstellungen eines Sologitarristen heftig von denen des Liedschreibers unterschieden, so dass für ein und dieselbe Akkordfolge tatsächlich zwei sogar von der Tonart völlig unterschiedliche Melodien entstanden, von denen keine als „falsch“ beanstandet werden kann.

Bei den Akkordbeispielen habe ich mit Absicht die leider sehr verbreitete Schreibweise C/D und G/A (sprich: „G über A“) angegeben, welche ja völlig korrekt ist und einem hilft, diese Akkorde auf die Schnelle zu finden und zu greifen. Aber… die harmonische Funktion, welche ohnehin wie soeben ausgeführt Interpretationssache ist, wird noch mehr verschleiert. Bei G/A denken wir eben aus Gewohnheit primär an den G-Dur-Akkord, erst danach an den zugehörigen Basston (welchen wir in der Band ohnehin üblicherweise dem Kollegen mit den vier Saiten überlassen sollen). Alle besprochenen Interpretationen des G/A waren aber definitiv Ersetzungen eines A-Akkords. Hier führt die Schreibweise „x über y“ in die Irre!

Insbesondere bei Transkriptionen des genialen Stevie Wonder ist es mir des öfteren untergekommen, dass die Begleitakkorde durchgehend x/y notiert sind, was zwar eine Begleitung „vom Blatt“ ermöglicht, aber keinesfalls ein zügiges Verständnis für die harmonischen Finessen der jeweiligen Komposition.

Die 13 (Tredezime oder Terzdezime)

Verbleibt noch die 13. Zur Diskussion Tredezime – Sexte vergleicht bitte None – Sekunde.

Die 13 wird zwei Halbtöne über der 5 (reinen Quinte) gefunden.

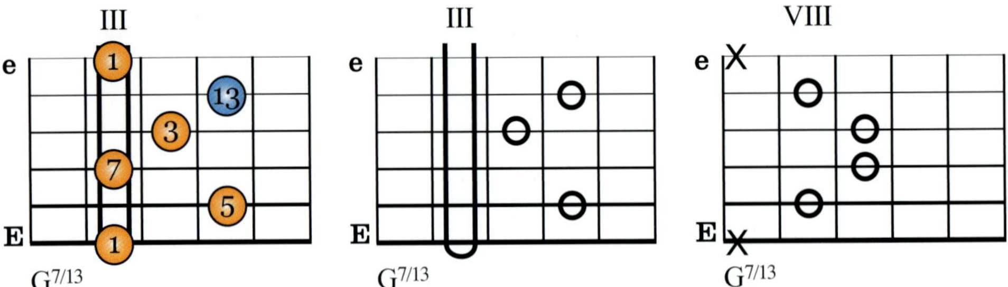

Wie bereits beschrieben, ist es wichtig, dass die Septime noch im Akkord verbleibt. Wird sie durch die Sexte ersetzt, entsteht der schon vorgestellte G6, der dann als Tonika (in G-Dur) funktioniert und nicht mehr als Dominante (in C-Dur).

Nun haben wir Euch die Akkorderweiterungen mit Tönen aus der zugrunde liegenden Tonart vorgestellt, so dass Ihr für jeden 7-, moll7- und maj7-Akkord (den Typ „halbvermindert" dürfen wir mangels Anwendungsbeispiel außer Acht lassen) die Erweiterungen 9, 11 und 13 finden könnt.

Akkorderweiterungen: b9, #9, #11 und b13

Die Erweiterungen 9, 11 und 13 können auch teilweise um einen Halbton alteriert (verändert) werden. Die Stufen-Ziffer wird dann mit einem # bzw. einem b ergänzt. Keine Panik, nicht jede Alterierung ist sinnvoll, die Anzahl bleibt überschaubar!

b9 und #9

Es ist möglich, die 9 um einen Halbton zu vermindern, sie also zur b9 zu machen, oder um einen Halbton zu erhöhen, was dann #9 geschrieben wird. Hier gleich demonstriert am Beispiel G7/9 in zwei unterschiedlichen Voicings bzw. Fingerings. In der III. Lage haben wir jetzt mal auf den Bass verzichtet:

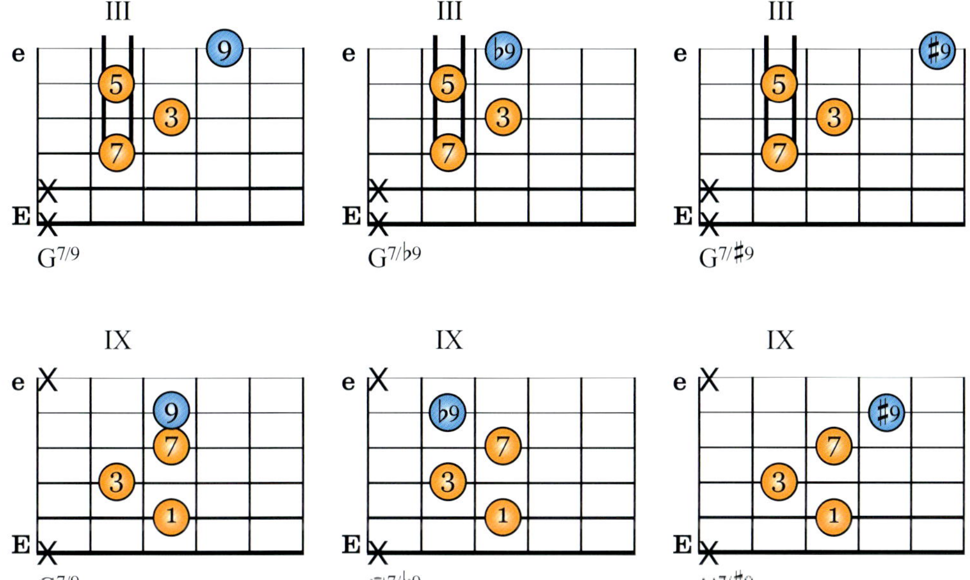

Die hier eingeführten Töne Ab (für die b9) und A# (für die #9) sind nicht im Tonmaterial von C-Dur enthalten! Wir haben sie nur über unser Schablonenmodell gefunden und können somit Akkorde solchen Typs dann konstruieren und spielen. Das eigenmächtige Alterieren einer vorgegebenen Begleitung erfordert Kenntnis der aktuellen Tonart und auch Erfahrung im Umgang mit Akkorderweiterungen. Ein Beispiel:

Eine ii - V - I - Verbindung in C-Dur (auf vier Takte gestreckt) beinhaltet die Vierklänge

| Dmin7 | G7 | Cmaj7 | % |

Korrekte Erweiterungen wären z. B.:

| Dmin7/9 | G7/9/13 | Cmaj7/13 | % |

Falsch im Sinne von „nicht-diatonisch“ (also nicht-leitereigen in der C-Dur-Tonleiter) dagegen ist:

| Dmin7/b9 | G7/b9 | Cmaj7 | % |

Der Faulenzer

Übrigens: Statt die unveränderte Begleitung für einen folgenden Takt nochmal zu notieren, darf man auch % schreiben (= Faulenzer).

Trügerische Akkorde

Falls Ihr die Voicings in der „falschen“ Variante korrekt hinbekommen habt, ist der Einwurf „Klingt zwar anders, allerdings auch nicht schlecht!“ durchaus berechtigt! Aber es ist nicht mehr derselbe Song. Durch die Alterierung des Dmin7 und des G7 mit der b9 habt Ihr die Ohren der Zuhörenden (und damit auch Eure eigenen) für die ersten beiden Takte in einen anderen Tonraum gezwungen (nämlich in den von C-Moll). Und anschließend überrascht Ihr den Zuhörer durch die C-Dur-Tonika. Cole Porter hat in dem Song „Night and Day“ eindrucksvoll bewiesen, dass solcherlei sehr gut funktioniert. Das nennt sich tatsächlich „Trugschluss“.

Dennoch: Ihr habt die Verbindung reharmonisiert, den Song verändert. Ein Solist hätte Euch umgehend die Freundschaft gekündigt, da Ihr ihm durch Eure Eigenmächtigkeit ein Paket an ungewollten Dissonanzen beschert habt.

#11

Bei der 11 gibt es nur die Erhöhung zur #11, denn die Verminderung um einen Halbton führte ja zur großen Terz und dieser Posten ist schon besetzt. Beispiele für Griffe, zunächst mit Tonmaterial ausschließlich aus C-Dur:

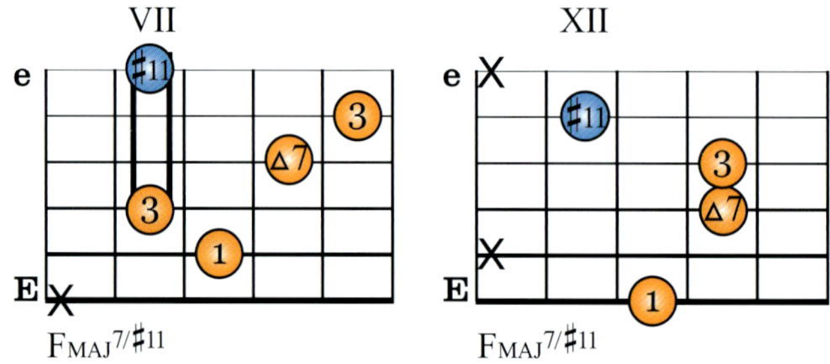

Voicings mit Leersaiten

Beim Voicing in Lage XII (was natürlich dem in Lage 0 bzw. I entspricht, was hier aus den folgenden Gründen eben nicht angegeben wurde) sei angemerkt, dass natürlich beim Spiel der erweiterten Vierklänge der Einsatz von Leersaiten erlaubt ist. Allerdings gilt ein solches Griffbild dann nur für den explizit beschriebenen Akkord und kann nicht durch Verschieben in eine andere Tonart übertragen werden. Daher ist der Erkenntnisgewinn beschränkt und wir haben zumeist auf die Angabe der Leersaiten verzichtet.

b13

Die 13 ist wiederum nur nach unten zur b13 alterierbar, denn hier ergibt die Erhöhung um einen Halbton die bereits besetzte Septime.

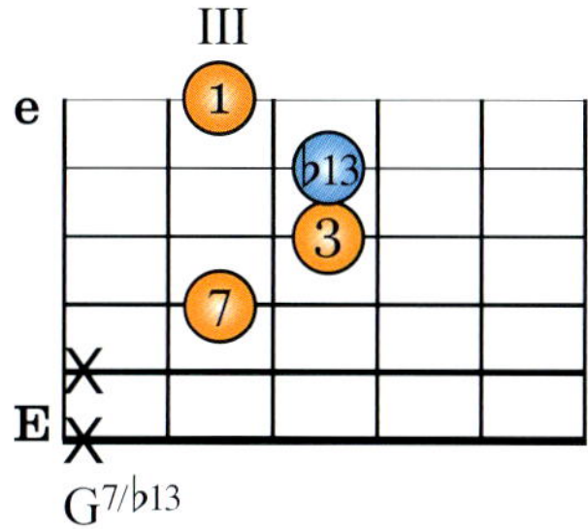

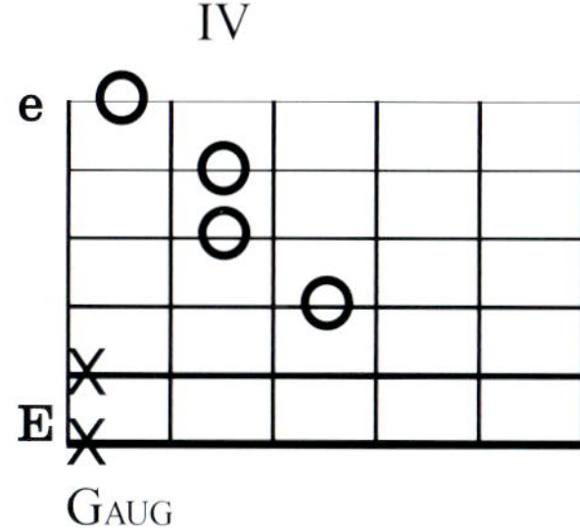

Verzichtet man beim Gb7/13 auf die Septime (man müsste den Akkord dann korrekt G b6 nennen und zudem das b eindeutig der 6 zuordnen, um eine Verwechslung mit dem Grundton Gb auszuschließen) und greift auf der D-Saite statt der Septime den Grundton G, ergibt sich folgender, fast identisch klingender:

Und diesen Griff werden wir noch kennenlernen. Es ist Gaug (oder G^+, übermäßig). Ein übermäßiger Akkord in seinem Lieblings-Job, nämlich als Alternative zur alterierten Dominante in einer Molltonart (hier: als G7/b13 Richtung C-Moll).

Nochmal zurück zu den Vierklangerweiterungen. Wir haben kennengelernt: b9, 9, #9, 11, #11, b13 und 13. Natürlich dürfen diese Stufen auch simultan auftreten, wie etwa beim Akkord G7/b9/b13:

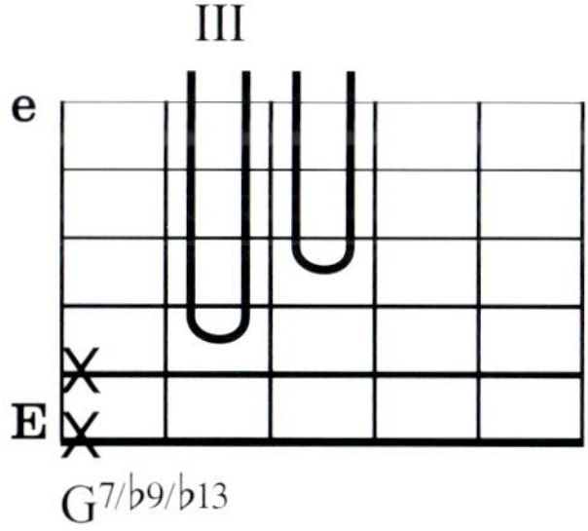

Möglicherweise (wenn Ihr bis hierher schön geübt habt) kommt Euch dieser Griff bekannt vor. Etwa als Fmin7/b5. Oder als Abmin6 (ohne Grundton). Oder als Db7/9 (ebenfalls ohne Grundton). Die Folgen Dmin7/b5 - G7/b9/b13 - Cmin7 und Dmin7/b5 - Fmin7/b5 - Cmin7 beschreiben wie dargelegt dieselben Griffe, aber nicht auf den ersten Blick dieselbe Verbindung (nebenbei: eine ii - V - i in Moll). Es ist also durchaus relevant, die Akkordsymbole möglichst sinnhaft zu notieren. Im Kapitel Funktionsharmonik werden wir das vertiefen.

An dieser Stelle noch mal der Aufruf an alle Gitarristenkollegen: Übt die Akkorde !!!

Andere Akkorde

Die bisher gezeigten Akkordtypen sind alle entstanden, indem wir aus dem Tonvorrat der C-Dur-Tonleiter durch Terzentürmen Vierklänge geschaffen haben, deren jeweiliger Typ sich also sozusagen automatisch ergab. Da gibt es aber auch noch andere …

Verminderte Akkorde

Verminderte (wie später auch übermäßige) Akkorde entstehen nicht auf „natürliche" Weise, also nicht durch Terzschichtung (naja, zumindest nicht in der vorgestellten Form, Terzen sind es schon …) in einer Durtonleiter. Wobei hier Musikerkollegen, die ihren Tonvorrat aus Skalen wie Harmonisch-Moll oder Melodisch-Moll schöpfen, zu Recht Einspruch erheben werden, denn in solchen Skalen entstehen durch Terzentürmen die wildesten Akkorde. Aber so weit wollen wir an dieser Stelle nicht gehen.

Die Bezeichnung „vermindert" (engl.: diminished chords) kommt offensichtlich vom Abstand Grundton - Quinte, der bei „normalen" Dur- und Mollakkorden sieben Halbtöne beträgt. Ein Durakkord besteht bis zur Quinte aus einer großen plus einer kleinen Terz (4 + 3 Halbtöne), ein Mollakkord aus einer kleinen plus einer großen Terz (3 + 4 Halbtöne). Im Fall der verminderten Akkorde beträgt der Abstand Grundton - Quinte dagegen nur sechs Halbtöne (kleine Terz plus kleine Terz, also 3 + 3), die Quinte ist daher vermindert. Damit sollte an dieser Stelle schon klar sein, warum die später behandelten übermäßigen Akkorde eben diese Bezeichnung tragen.

Wir können uns einen C-Vermindert (oder Cdim, C°) einfach basteln, indem wir auf den Ton C kleine Terzen schichten, also C - Eb - Gb - A. Da dieser Vierklang, egal ab welchem seiner einzelnen Töne gespielt, stets der selbe ist, haben wir auf diese Weise gleich drei weitere Akkorde geschaffen, nämlich Eb°, Gb° und A°. Wir verwenden überwiegend die folgenden Griffe für diese Monster:

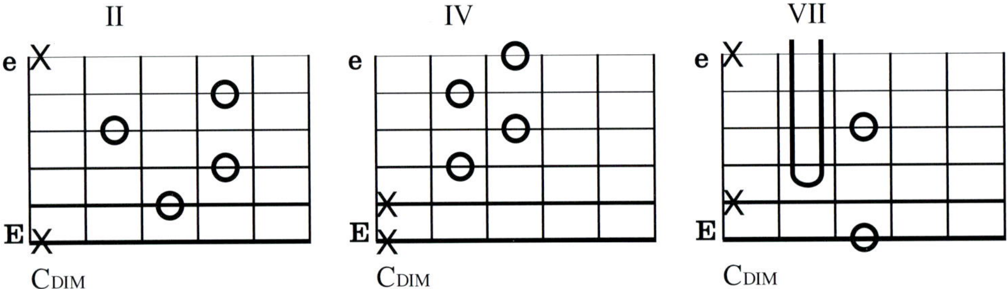

Wer mehr braucht, möge sich selbst welche bauen, wir sind die letzten 20 Jahre mit eben diesen dreien gut zurecht gekommen. Unbedingt die Griffe um kleine Terzen (also um drei Bünde) auf dem Griffbrett verschieben (was den Akkord ja bauartbedingt nicht ändert!) und gegebenenfalls auch die Griffart wechseln. Auf die Funktion von verminderten Akkorden in Verbindungen wird noch im Speziellen eingegangen.

Bisweilen findet Ihr die jeweilige Akkordbezeichnung noch mit einer 7 versehen, also Cdim7 statt Cdim. Dies ist korrekt, denn ein Dreiklang C-Eb-Gb würde auch schon als „vermindert" bezeichnet werden und die Angabe der kleinen Septime vervollständigt die Beschreibung des Vierklangs C-Eb-Gb-A, welcher dann aus den Stufen 1-b3-b5-bb7 besteht. Wie bei den Intervallen erwähnt, kann eine kleine Septime (b7, aber nur als 7 in der Akkordsymbolschrift) nochmals um einen Halbton erniedrigt werden, was dann zur Bezeichnung bb7 führt.

Allerdings wäre der Dreiklang Cdim baugleich mit einem Cmin/b5, da sich die verminderten von den halbverminderten Akkorden eben nur in der Septime unterscheiden. Weil wir im Jazz aber beide Akkordtypen brauchen und üblicherweise Vier- und nicht Dreiklänge verwenden, kann die Angabe 7 bei den verminderten Akkorden entfallen.

An dieser Stelle sei nur darauf hingewiesen, dass die meisten Exemplare im Jazz als Umkehrung eines Dominantsept-akkordes eingesetzt werden. Sobald wir auf den Typus 7/b9 treffen, sollten wir uns wieder an die verminderten Akkorde erinnern.

Übermäßige Akkorde

Statt kleiner Terzen schichten wir nun bei den übermäßigen Akkorden (engl.: augmented chords) große Terzen (4 Halbtöne) aufeinander. Technisch bedingt entstehen bei der stumpfen Addition von großen Terzen nur Drei- und keine Vierklänge, da wir nach der dritten Terz 12 Halbtöne und damit wieder unseren Grundton (eine Oktave höher) erreicht haben. Auf dem Grundton C basierend wird der so entstandene Akkord C-Übermäßig (oder Caug, C+) bezeichnet.

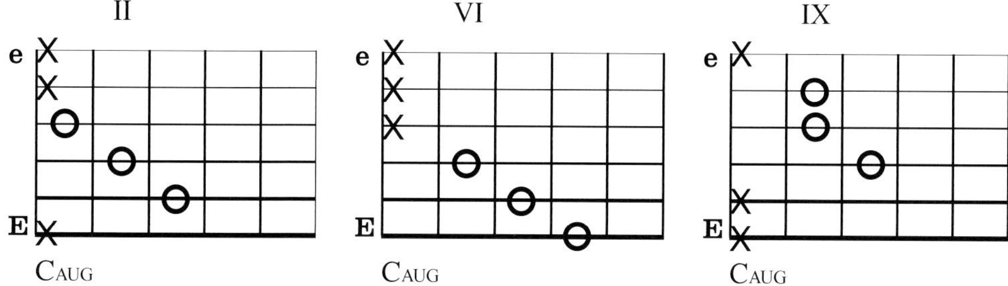

Nun benötigt man bei der Begleitung oder auch beim Fingerstyle bisweilen Vier- statt Dreiklänge, oft einfach, um den Sound etwas „dicker" zu machen. Es ist natürlich zulässig, jeden der drei Akkordtöne zu doppeln. Hier nun also die drei oben abgebildeten Akkorde mit jeweils zweifachem C:

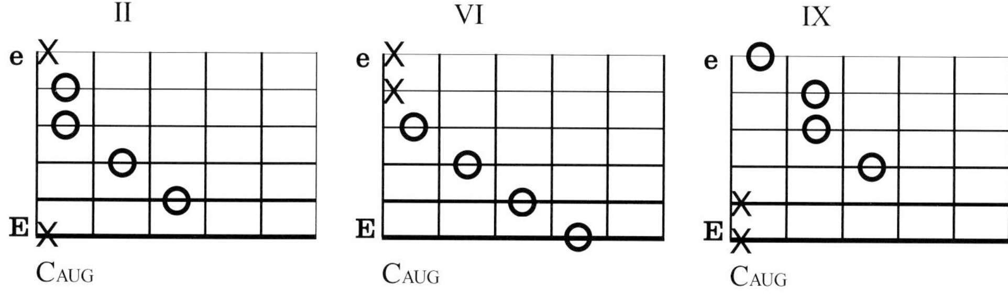

Ähnlich wie bei den verminderten Akkorden sind hier in einem Dreiklang auch gleich zwei weitere enthalten, da es wegen des symmetrischen Aufbaus egal ist, nach welchem der enthaltenen Töne der Akkord benannt ist. So ist ein Caug gleichzeitig ein Eaug und ein G#aug. Man findet diese Umkehrungen, indem man irgendeinen der oben abgebildeten Griffe um eine große Terz (vier Halbtöne bzw. vier Bünde) verschiebt – egal in welche Richtung. Ebenso können alle möglichen übermäßigen Akkorde durch einfaches Verschieben des Griffes erzeugt werden.

Verschiebt man also z. B. einen der abgebildeten Akkorde um einen Bund nach rechts (das C wird zum C#), so erhält man die Dreiklänge C#aug, Faug und Aaug.

Ist doch schick, oder?

Häufig werden übermäßige Akkorde als Dominanten in Moll-Verbindungen eingesetzt. Sobald wir auf den Typus 7/b13 treffen, sollten wir uns wieder an die übermäßigen Akkorde erinnern.

Tritonus-Substitution

Ein Tritonus ist ein Intervall, das drei Ganztöne umfasst. Auf der Gitarre entspricht dies einem Abstand von sechs Bünden (drei Ganztöne = sechs Halbtöne). Die Richtung ist hierbei egal. Da wir uns in einem System von 12 Tönen befinden, führt ein Weg von 6 Schritten immer genau zum zugehörigen Tritonuston. Einfach mal vom C aus probieren – wir landen immer beim F# bzw. Gb.

Gleichzeitig gespielt klingt ein Tritonus(-Zweiklang) ... sagen wir mal: spannend. Auf jeden Fall schreit er geradezu nach Auflösung.

Man kann auf dem Tritonus eines Septakkords wieder einen Septakkord aufbauen (Kochrezept: Grundton, Durterz, kleine Septime, Quinte (vorläufig) weglassen), welcher dann irgendwie klanglich gut zu unserem Ausgangsakkord passt. Eklatant wird das, wenn wir dem neu gebauten Septakkord noch seine eigene verminderte Quinte (b5) bzw. erhöhte Quarte (#11) hinzufügen, also seinen eigenen Tritonus. Dieser ist nämlich – aha! – wieder der Grundton unseres Ausgangs-Dominantseptakkordes.

Ok, viele Zahlen, viele Namen. Hier ein Beispiel:

||: Dmin7 G7 | Cmaj7 | % :||

Unsere bereits bekannte ii-V-I Verbindung in C-Dur. Das G7 ist der Dominantseptakkord zu C-Dur. Kennen wir ja. Nun der o. a. Septakkord auf dem Tritonus: Es entsteht ein Db7/#11. Als neue ii-V-I schreiben wir nun

||: Dmin7 Db7/#11 | Cmaj7 | % :||

Das liest sich nun allerdings schon viel weniger vertraut als vorher. Wir zeigen hier mal die zu tauschenden Griffe, vielleicht klingt's ja besser, als es aussieht.

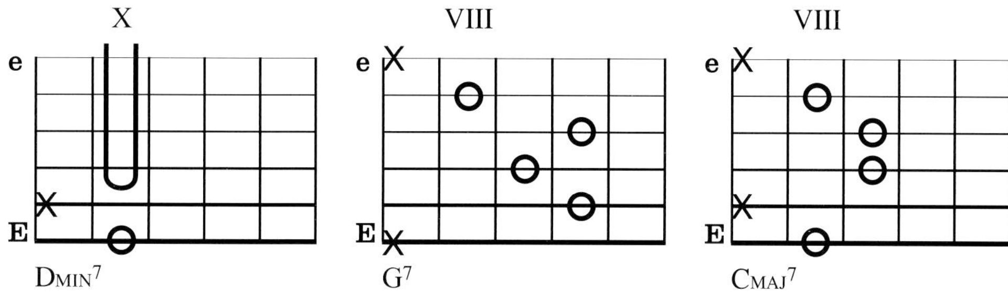

In der Akkordverbindung wird also der Dominantseptakkord G7 gegen sein Tritonussubstitut (seinen Ersatzmann) Db7/#11 getauscht:

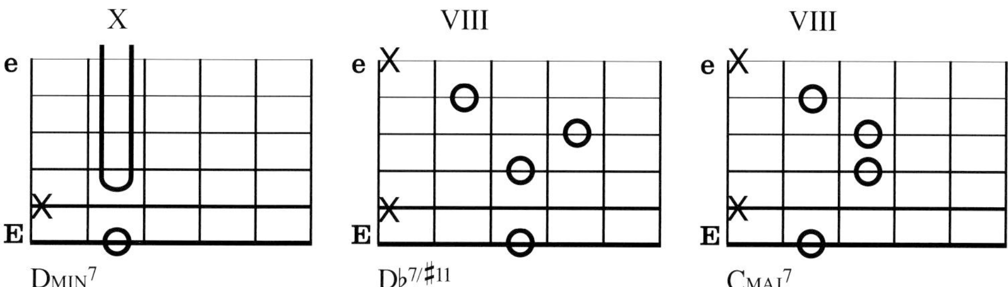

Dieses Voicing könnt Ihr derart oft einsetzen, dass es sich wirklich lohnt, es viel und in unterschiedlichsten Tonarten zu üben (verschieben und auszählen!).

Den Wechsel zwischen einem Dominantseptakkord und seinem zugehörigen Tritonus-Partner solltet Ihr unbedingt haptisch automatisieren (auf deutsch: viel üben)! Als Start einer Fingerübung eignet sich hier insbesondere der oben dargestellte G7-Akkord in der IX. Lage, der ja aus einem verschobenen (transponierten) C7 entstanden ist. Man muss zwar drei Fingerchen umsetzen, aber der Zeigefinger bleibt liegen und der Klang der beiden verwandten Akkorde prägt sich gut ein. In tieferer Lage stellt sich die zu übende Verbindung so dar:

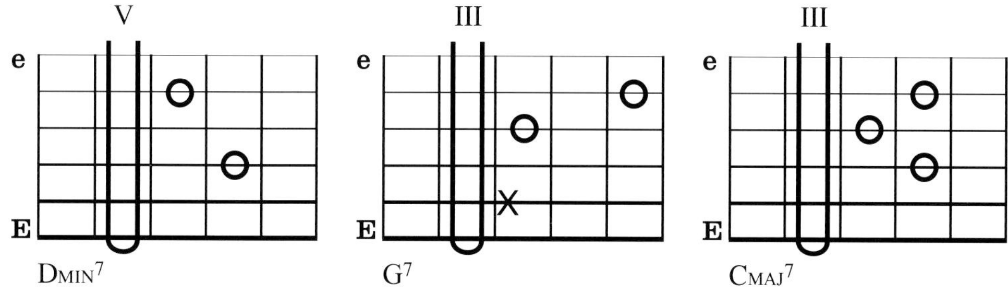

Um die Ähnlichkeit des G7 mit seinem Tritonussubstitut zu verdeutlichen, haben wir von den möglichen Varianten in Lage III den oben abgebildeten gewählt. Die Verbindung schaut dann nach dem Austausch des Dominantseptakkords G7 gegen Db7/#11 so aus:

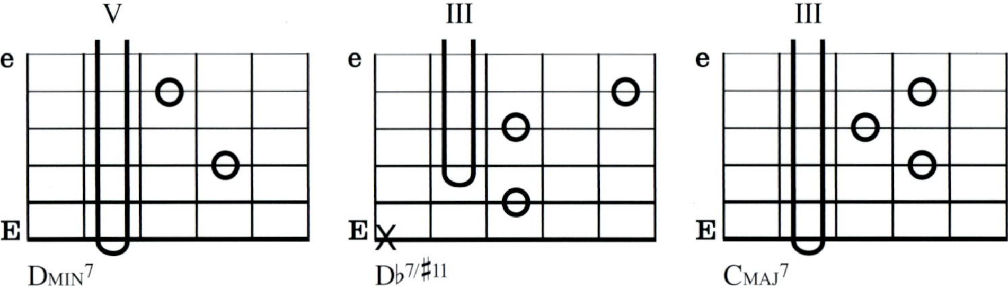

Das Db7/#11 ist übrigens in dieser Version ein echter Fingerbrecher.

Und mal zwei Beispiele für eine Tritonusvertauschung, wie übereinander gelegte Folien:

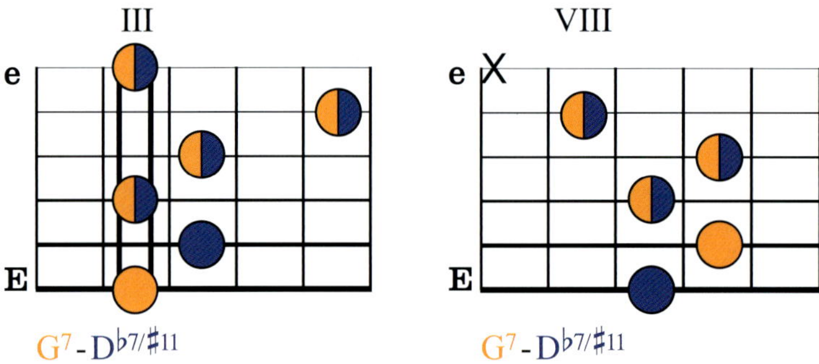

Wenn wir in Leadsheets auf Tritonus-Substitute stoßen (was nicht zu selten passiert), denken wir zumeist automatisch den ersetzten Dominantseptakkord beziehungsweise die originale V. Ein Automatismus, der einem das Spiel und die Analyse wirklich vereinfacht.

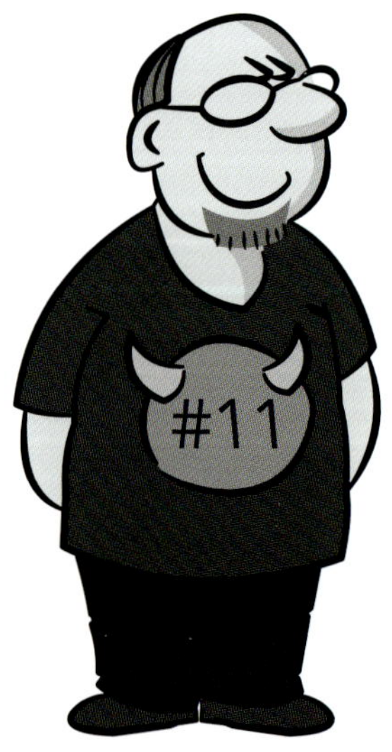

Melodie und Skalen – von der Begleitung zum Single-Note-Spiel

Mit dem Üben von Tonleitern verbringen viele Musiker im Amateur- und Semi-Profi-Bereich die meiste ihrer kostbaren Übungs- und damit auch Lebenszeit. Der Wust an Skalen und Tonleitern ist sehr unübersichtlich, so dass sich die Suche nach der „richtigen" Tonleiter schon mal zu einer Lebensaufgabe entwickeln kann. Das ist unseres Erachtens zu viel! Wir behaupten ketzerisch, dass man als Gitarrist nur ganze drei (!) Tonleitern und die Bluesskala spielen können muss, um über nahezu alle Stücke korrekt und geschmackvoll zu solieren, die unseren Weg jemals kreuzen werden.

Es sind – soviel sei schon an dieser Stelle verraten – die drei Molltonleitern, also Natürlich-, Harmonisch- und Melodisch-Moll und eben die Bluesskala! Eher spezielle Gebilde wie Ganzton-Halbton- oder Halbton-Ganzton-Skalen wollen wir nicht zu intensiv betrachten. Durch ihre statische künstliche Struktur klingt ihr dauerhafter Einsatz immer etwas … sagen wir: anstrengend, da sie eben nur teilweise in das Dur-Moll-System passen.

Die sporadisch einzusetzende Harmonisch-Dur-Skala wird in den folgenden Beiträgen nicht explizit besprochen, allerdings bei Harmonisch-Moll kurz gestreift und auf Seite 111 tatsächlich angewendet.

Aus der Natürlichen Molltonleiter werden wir alle Modi der Kirchentonarten ableiten, Harmonisch-Moll ist die Mutter der Moll-Verbindungen und mit Melodisch-Moll erschlagen wir nebenbei auch noch die Monster „Alteriert" und „Mixolydisch#11". Zudem sind wir als Gitarristen ja in der Lage, Erkenntnisse aus einer Tonart durch bloßes Verschieben sofort in eine andere Tonart zu übertragen. Wichtig ist nur stets ein Verständnis für die harmonischen Zusammenhänge eines Stückes. Der Rest ist Mechanik!

Bevor wir Euch die versprochene Pentatonik, die Bluesskala und die Molltonleitern erklären, stellen wir Euch noch die sehr einfach zu verstehende, aber durchaus hilfreiche Akkordzerlegung vor, das sogenannte Arpeggio.

Arpeggien: Akkorde in Einzelteilen

Ein Arpeggio (Pl.: die Arpeggien) ist die Brechung oder Auflösung eines Akkordes, so dass die einzelnen Töne in kurzen Abständen erklingen. Nicht gleichzeitig, sondern nacheinander. Eine neue Erkenntnis bei der Recherche war, dass der gerne verwendete Plural „Arpeggios" gar nicht existiert …

Arpeggien sind ein mächtiges Hilfsmittel, um Soli über Stücke zu spielen, deren harmonische Zusammenhänge man nicht kennt (z. B. weil man 10 Sekunden vorher das Sheet auf den Notenständer geknallt bekommt) oder (noch) nicht begreift. Wenn man über einen Akkord dessen einzelne Töne nacheinander spielt, ist es gar nicht möglich, falsch zu spielen. Harmonisch wird ein solches Solo sicher keine Innovation bedeuten, aber immerhin.

Für Pianisten ist ein Arpeggio keine große Sache, denn sobald sie den Akkord, am besten noch mit seinen Umkehrungen, als Begleitung abrufen können, steht der Fingersatz ja schon fest. Bei uns Gitarristen sieht es da schon anders aus. Wir müssen uns pro Akkordtyp (siehe Vierklänge) schon einige Fingersätze in verschiedenen Lagen zusammensuchen.

Bloß nicht gleichförmig werden!

Im Kampfeinsatz empfiehlt es sich, die einzelnen Akkordtöne nicht ständig in auf- oder absteigender Reihenfolge zu spielen und auch in der Phrasierung von stetig wiederkehrenden Achteln oder gar Vierteln abzusehen. Das gilt immer für das Spielen von Singlenotes, auch wenn wir später Pentatoniken oder Tonleitern besprechen.

Das Solo-Spiel mit Arpeggien stößt an seine Grenzen, wenn wir zu erweiterten Akkorden (Amin/maj7, E7#5 o. ä.) spielen möchten. Natürlich können auch Fünf-Klänge als einzelne Töne gespielt werden, aber hier wird die Angelegenheit sehr schnell unübersichtlich, so dass man mit kurzer harmonischer Analyse und der geeigneten Tonleiter weiter kommt und letztendlich weniger üben muss.

Die folgenden Fingersätze für die Akkordtypen maj7, min7 und 7 sowie – als Sahnehäubchen – die verminderten Akkorde legen wir allen Gitarristen wärmstens ans Herz!

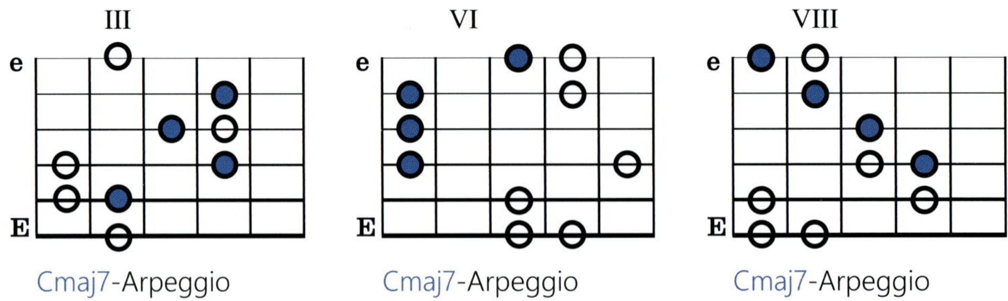

Cmaj7-Arpeggio Cmaj7-Arpeggio Cmaj7-Arpeggio

Bei unserem Übungsschema für den Akkord Cmaj7 kommt man nun mit Notenschreibweise nicht wirklich weiter, daher die Darstellung als Tabulatur:

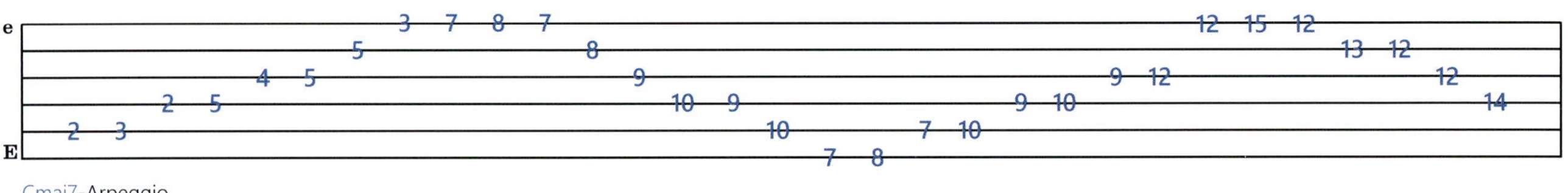

Cmaj7-Arpeggio

In dieser Tonreihe fehlt bisweilen ein Akkordton, was aber nicht weiter stören soll. Es ist ja nur EINE Möglichkeit, die an den Akkorden angelehnten Fingersätze aus verschiedenen Lagen zu verbinden. Da ja Arpeggien auch zur Improvisation eingesetzt werden, ist es am schlausten, sich selbst wohlklingende Linien zusammenzubasteln.

Am besten beim Ausprobieren die Lagenwechsel selber festlegen! Es ist zudem für das Verständnis und das Training der Ohren sehr förderlich, zwischen einzelnen Arpeggio-Linien immer wieder den Ursprungsakkord selbst (als Ganzes) zu spielen. Hier nun Arpeggien für min7-, 7-, min7/b5- und dim-Akkorde:

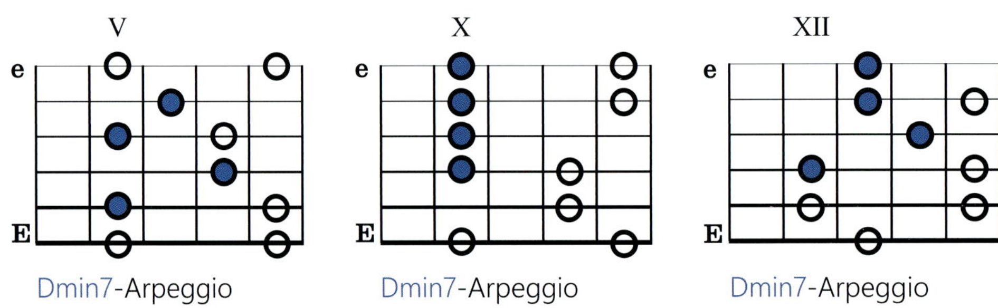

Dmin7-Arpeggio Dmin7-Arpeggio Dmin7-Arpeggio

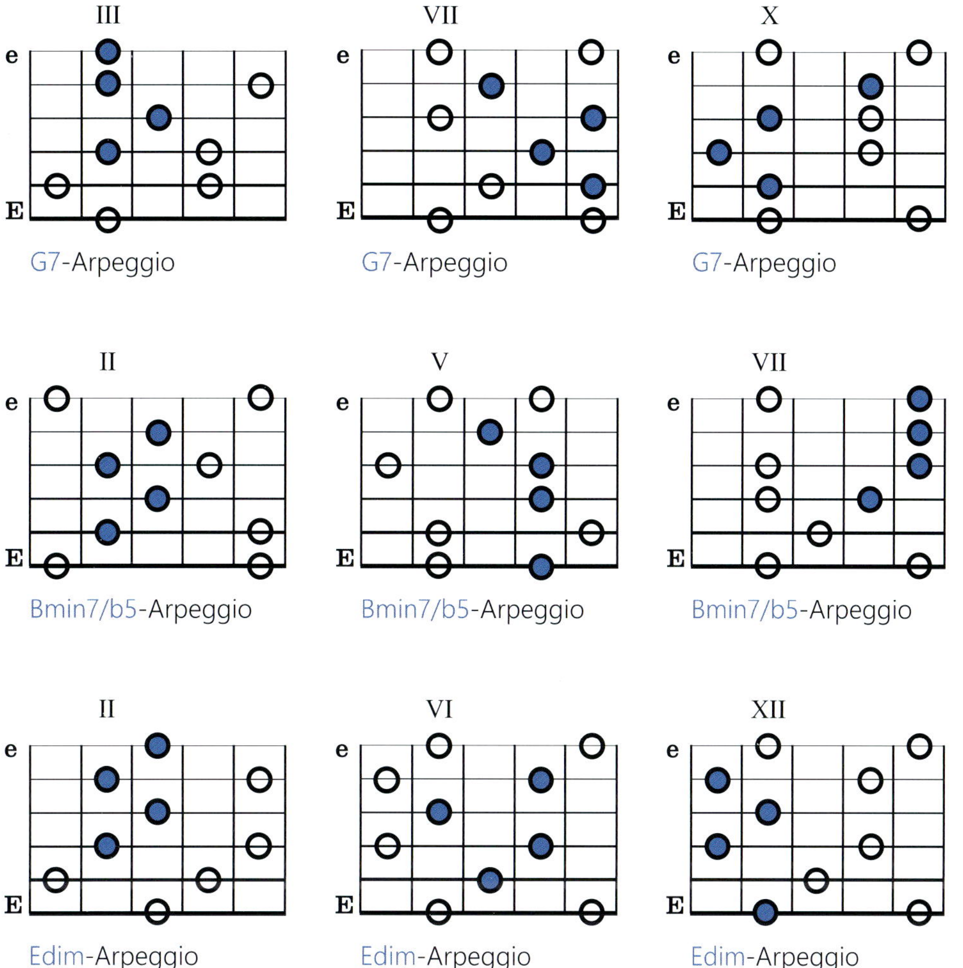

G7-Arpeggio G7-Arpeggio G7-Arpeggio

Bmin7/b5-Arpeggio Bmin7/b5-Arpeggio Bmin7/b5-Arpeggio

Edim-Arpeggio Edim-Arpeggio Edim-Arpeggio

Ob man die Abfolgen der Töne wie oben (nur zur Übersicht) abgebildet, oder sie eher in horizontaler Richtung entlang des Griffbretts spielt, ist neben der Spielsituation vor allem vom persönlichen Geschmack abhängig. Mancher zieht das Spiel an der Stelle, also in der näheren Umgebung des Akkordes vor, das sehen aber erfahrungsgemäß viele Rockgitarristen ganz anders.

Der geübte Umgang mit den Arpeggien der verminderten Akkorde (und der mit denen der anderen natürlich auch) sowie die Tatsache, dass jeder verminderte Akkord und damit auch sein Arpeggio immer um eine kleine Terz nach oben oder unten verschoben werden kann, ohne dadurch das Tonmaterial zu verändern, sollte für viele der Leser – insbesondere, wenn sie dem Jazz eher nicht zugeneigt sind – dieses Thema eigentlich bis zum Ende ihrer Tage erledigen.

Noch eine Anmerkung

Obwohl diese Harmonielehre vor allem deshalb geschrieben wurde, damit Euch solches nicht passiert, kommt es vor: Ihr bekommt das Sheet eines Songs auf den Notenständer gelegt und habt trotz Eurer Erfahrung und Eurer Musikalität bei einem Akkord (der von seiner Verweilzeit gerade so lang notiert ist, dass Ihr ihn nicht überspringen bzw. ignorieren könnt) nicht die geringste Ahnung, wie selbiger harmonisch in den Song passen soll. Unter Stress leiden die funktionsharmonischen Analysefähigkeiten und die benötigte Zeit habt Ihr im Moment eben nicht. Und in solchen Fällen ist die Beherrschung der wichtigsten Arpeggien ein wahrer Segen!

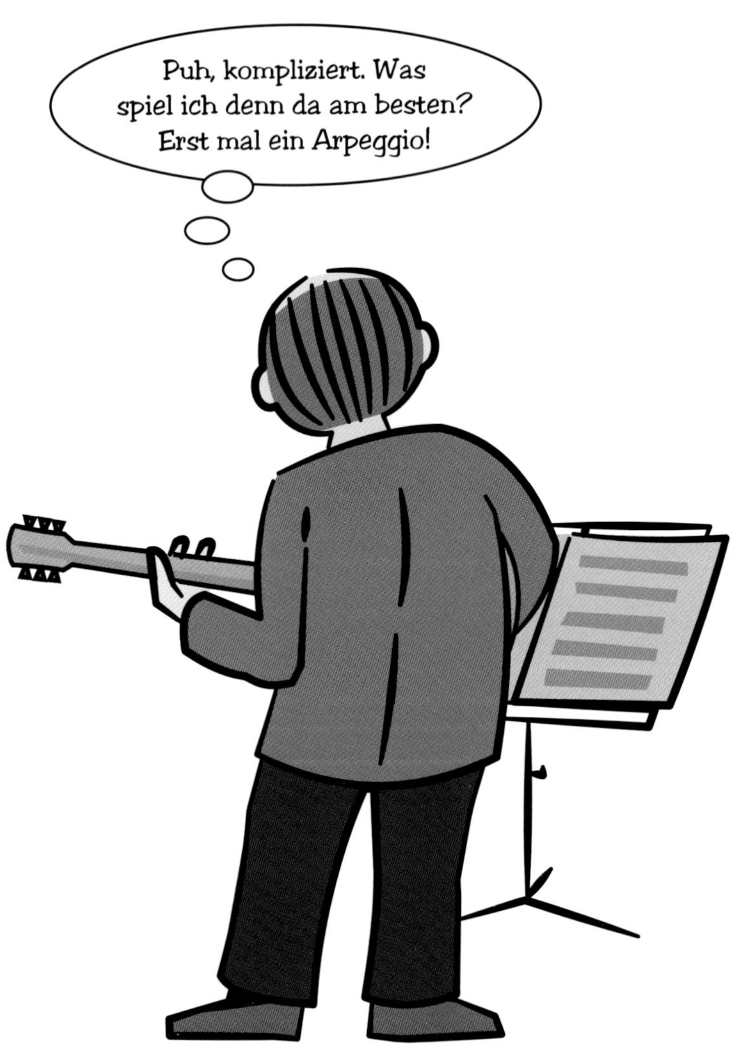

Pentatonik – fünf Töne zum Glück

Ein für Gitarristen ebenso vielseitiges wie einfaches Werkzeug ist die Pentatonik – auf deutsch: Fünftönigkeit. Diese Skala kommt in der Regel ohne Halbtonschritte (anhemitonisch) aus, Pentatonik mit Halbtönen (hemitonisch) ist eher in Japan, Indonesien und Island verbreitet.

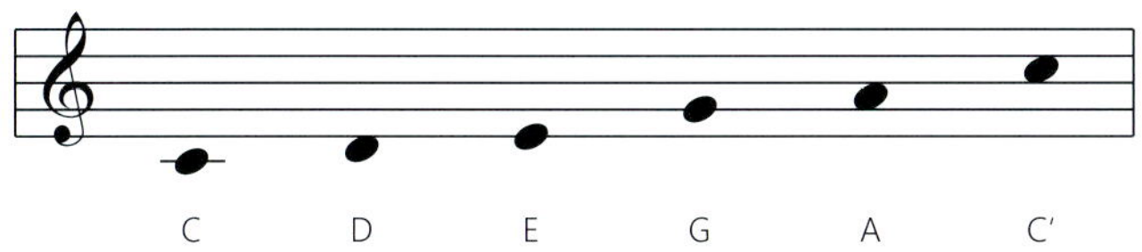

Pentatonische Skala in C-Dur (anhemitonisch)

Übertragen auf die beliebte Gitarristen-Tonart A-Moll stellt sich das Griffbild folgendermaßen dar:

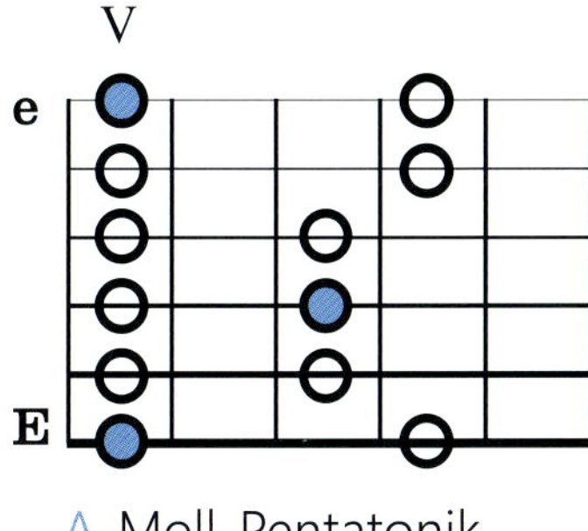

A-Moll-Pentatonik

Wie immer haben wir Gitarristen es besonders komfortabel dadurch, dass wir, vom jeweiligen Grundton ausgehend, dieses Griffbild in alle gewünschten Lagen übertragen können. Sollten sich die Leser unter Euch, die bereits vom Jazz infiziert wurden, an dieser Stelle fragen, was sie denn im Jazz mit dieser Rock-typischen Skala anfangen sollen, genügt ein Blick auf die ersten zwei Zeilen des Jazz-Standards „The Birds and the Bees“ von Attila Zoller, der von den zwei Gitarren-Großmeistern Jim Hall und Pat Metheny sehr hörenswert eingespielt wurde. Astreine Pentatonik (B-Moll, in der VII. Lage schön spielbar) ohne irgendwelche Sperenzchen!

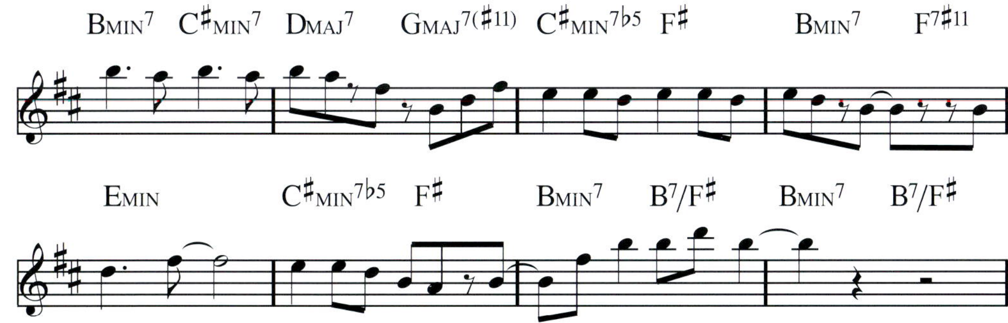

Weil wir im Folgenden noch so viel über Skalen und Soli reden werden, ist dieses Kapitel kurz geraten. Manchem eventuell zu kurz. Wir möchten aber an dieser Stelle festhalten, dass wir absolute Fans der Wunderwaffe „Pentatonik“ sind. Unzählige Blues-, Rock- und auch Jazz-Gitarristen haben mit dem Ausschnitt der Durtonleiter großartige Soli gespielt und ihr jeweiliges Publikum begeistert. Natürlich war unser erstes Gitarrensolo ein pentatonisches und noch heute greifen wir gerne zu den Zaubertönen, wenn es mal schnell gehen soll.

Die Bluesskala

Wir werden Euch nicht „den Blues erklären“, weil es zum Einen nicht geht und zum Anderen nicht unser eigentliches Revier ist, aber wir werden Euch einige Informationen liefern und einen praktikablen Umgang mit dem Tonmaterial darstellen, das man so salopp als „Bluesskala“ bezeichnet:

Enthält die Dur- und Mollpentatonik ausschließlich Tonmaterial, das diatonisch (leitereigen) ist, kommen bei der Bluestonleiter Töne hinzu, die in der Harmonik des abendländischen Musikverständnisses so nicht vorkommen. Da sie unserer Tonleiter eine bestimmte Klangcharakteristik verleihen, werden sie gemeinhin als Bluenotes bezeichnet.

Schon bei der Festlegung, welche Noten eigentlich genau als Bluenotes bezeichnet werden, beginnt die allgemeine Verwirrung. Wir möchten Euch die Kandidaten vorstellen:

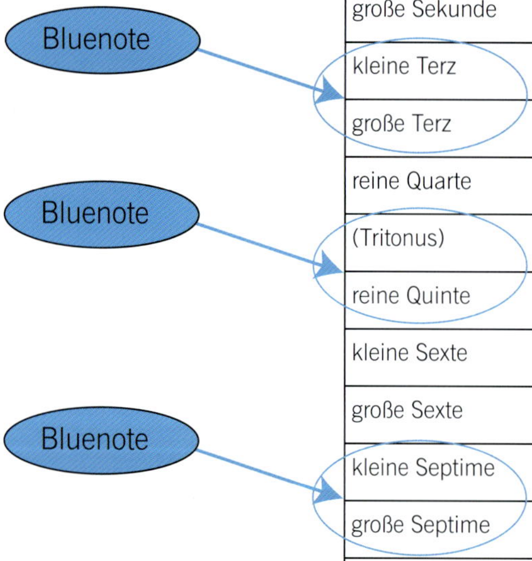

Intervall	Bezifferung	Halbtonschritte
reine Prime	1	0
kleine Sekunde	b2	1
große Sekunde	2	2
kleine Terz	b3	3
große Terz	3	4
reine Quarte	4	5
(Tritonus)	-	6
reine Quinte	5	7
kleine Sexte	b6	8
große Sexte	6	9
kleine Septime	b7	10
große Septime	maj7	11
reine Oktave	8	12

Zunächst einmal sei festgehalten, dass sich alle drei Bluenotes zwischen den markierten Intervallen befinden, nicht exakt darauf. Tragischerweise kann man auf dem Klavier, einem Hauptinstrument der Musik überhaupt, keine wirklichen Bluenotes spielen, da es im Unterschied zu anderen Instrumenten mechanisch festgelegte Tonhöhen hat. Die beteiligten Noten oder Intervalle (kleine und große Terz, verminderte und reine Quinte sowie kleine und große Septime) waren ja schon längst vorhanden, nur eben die Töne dazwischen nicht. So sind die Bluenotes zum Beispiel durch die menschliche Stimme oder eine Posaune erzeugbar, durch Bending (Ziehen der Saite) auch auf der Gitarre, nicht aber auf dem Klavier. Hier behilft man sich, indem man die eine Bluenote umgebenden Töne gleichzeitig oder nacheinander („Thriller") spielt.

Diese Bluenotes, ohne die wir uns die heutige Popmusik gar nicht mehr vorstellen können, wurden zunächst einmal im europäischen, temperierten Musiksystem als fremdartig, ja atonal empfunden. Schließlich erhält diese Musik ihren besonderen Reiz gerade durch den Tritonus.

Für uns Gitarristen ist es gar nicht schwierig, sich die Bluenotes herzuleiten. Gerade am Anfang unserer Gitarristen-Laufbahn arbeiten wir erfahrungsgemäß viel mit der A-Moll-Pentatonik (die ihre Töne natürlich aus der C-Dur-Pentatonik bezieht) in der V. Lage:

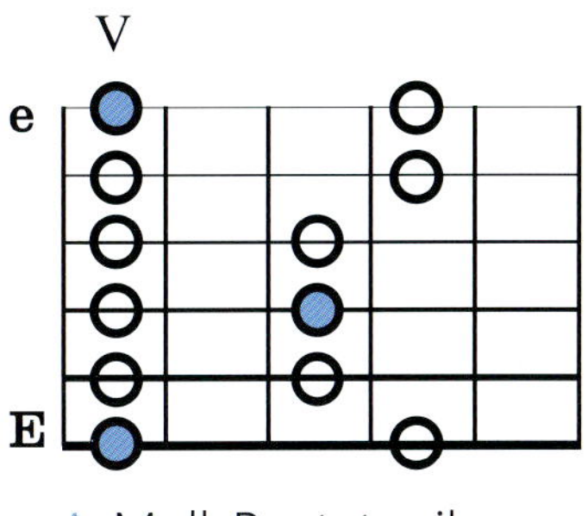

A-Moll-Pentatonik

Zunächst müssen wir die Bluenotes zu exakten Intervallen machen, da wir sie sonst nicht vernünftig notieren und (zumindest auf fest intonierten Instrumenten) auch nicht spielen könnten. Wir fügen für die Bluenotes zwischen b3-3 und b7-7 einfach das jeweilige obere Intervall der Zwischennote sowie den Tritonus b5 als zusätzlichen Ton in unsere A-Moll-Pentatonik ein und das bei allen Saiten:

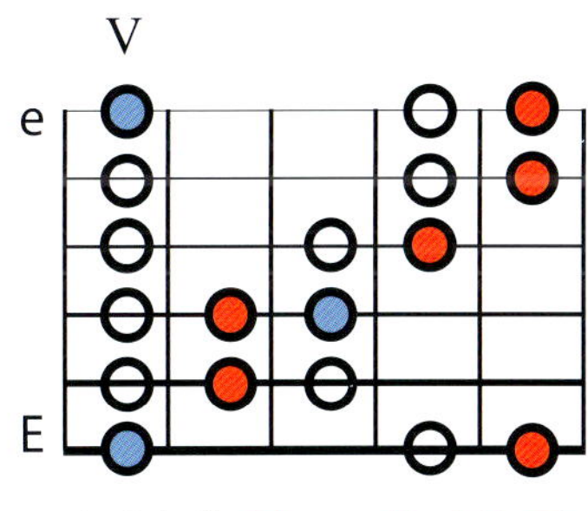

A-Moll-Blues (3, b5, 7)

Diese Skala (A-Moll-Blues mit allen drei Bluenotes) hat schon in Teilen chromatische Züge und ist derart vollgepackt gar nicht leicht einzusetzen.

Obwohl wir ja die Töne der A-Moll-Pentatonik aus der C-Dur-Tonleiter entnommen haben, ist die Sicht- und Schreibweise der Bluenotes auf den Ton A bezogen. Nicht nur deshalb ist es keine gute Idee, nun einfach alle vorgestellten Bluenotes in die C-Dur-Pentatonik einzutragen und dies dann C-Bluesskala zu nennen. Die entstehende Tonleiter hätte dann schon 5 + 3 = 8 Töne ohne Oktave. Durch das Einzeichnen der Bluenotes (bzw. ihrer Annäherungen) in eine auf einer Notenzeile geschriebene C-Pentatonik wird eher Verwirrung als Klarheit geschaffen. In der Literatur findet man zwar häufig die drei beschriebenen Bluenotes, jedoch inkonsequenterweise dann nur Bluesskalen mit ein oder zwei Bluenotes. Wir brauchen nun aber eine praktikable Lösung!

Im am meisten verbreiteten Sprachgebrauch unter Musikern spricht man bei der nur um eine Bluenote (die auf der b5) erweiterten A-Moll-Pentatonik von der A-Bluesskala, ohne die Angabe von Dur oder Moll. „A-Blues" meint also zumeist dieses:

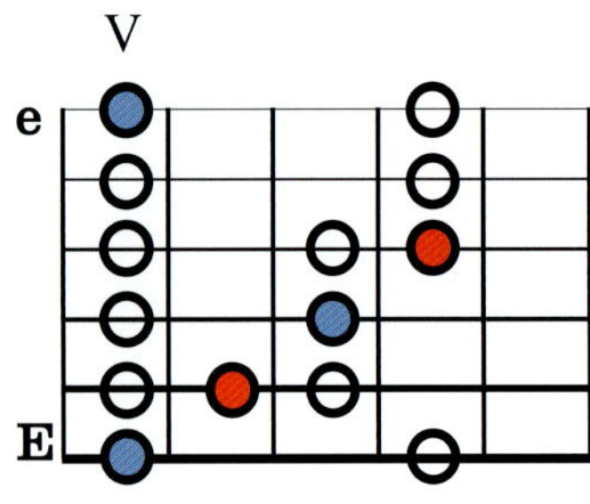

A-Moll-Blues

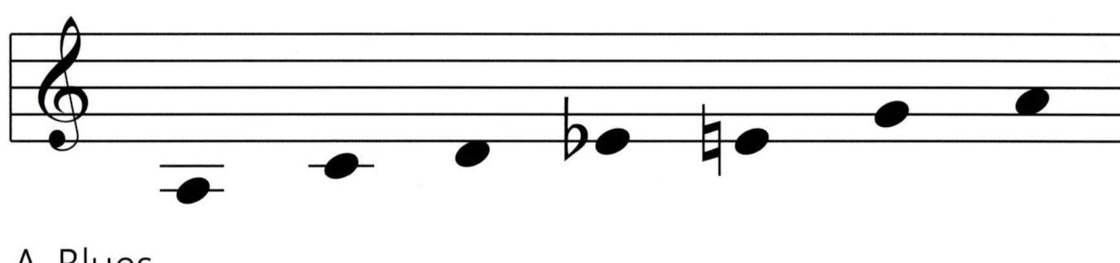

A-Blues

Diese Skala kann nun über

- Blues in A-Moll
- Blues in A-Dur(7)
- Blues in C-Dur(7)

gespielt werden. A-Moll leuchtet sofort ein, da alle Töne bis auf die b5 der A-Moll-Pentatonik entnommen sind. Beim Blues über A7 entsteht die vorgestellte zweite Bluenote auf der 3 (großen Terz) durch den Zusammenklang der b3 in der Skala mit der 3 in der Begleitung. Zudem dürft Ihr in diesem Fall gerne die große Terz (C#) der Bluesskala hinzufügen, zumindest während des Grundakkords A7.

Warum funktioniert aber die A-Bluesskala auch über C-Dur(7)-Blues (C7 - F7 - G7)? Wobei dies zugegebenermaßen eher nach Country denn nach Blues klingt. Nun, der Ton Eb, in A-Moll die b5, wird in C-Dur zur b3, erzeugt also in C-Dur wiederum eine, wenn auch andere Bluenote.

Noch ein abschließendes Wort

Es soll uns an dieser Stelle fern liegen, die mühsam erklärten Bluenotes und ihre Integration in die Pentatonik zu diskreditieren. Allerdings werden schon seit Gitarristengedenken Töne der Melodie oder eines Solos chromatisch angenähert. Nichts anderes tun Bluenotes. Sie bilden einen klanglichen Übergang zu einer stabileren, spannungslösenden Stufe. Der Unterschied zu den chromatischen Annäherungen aus dem Jazz oder auch aus alten volkstümlichen Melodien ist, dass die Reibungen der erwähnten Bluenotes sozusagen ein fester Bestandteil des Blues sind und nicht nur eine zeitweilige Variation von Melodie oder Solo. Wie immer gilt auch hier: Das Verhältnis von Spannung und Entspannung muss ausgeglichen sein, sonst wird die Musik anstrengend oder eben langweilig!

Viel Spaß beim Blues (ist das erlaubt?)

Die Kirchentonarten

Erfahrungsgemäß ist die Erklärung und Darlegung der sogenannten Kirchentonarten tatsächlich einer der Haupt-Stolpersteine in der Harmonielehre. Zu viele Begriffe, zu viele Konventionen bei zunächst fehlender praktischer Anwendung. Wir probieren es mal so:

Wir stellen Euch die Festlegungen und Bezeichnungen möglichst knapp und mit nur wenigen unserer üblicherweise blumigen Ausschmückungen dar, Ihr verinnerlicht das Gelernte und wir erklären Euch am Ende des Kapitels, wie Ihr das Konzept der Kirchentonarten langsam aber sicher in Euer Spiel einbauen könnt. Nun also, die Kirchentonarten:

Betrachten wir ein Klavier, welches sich in diesem Fall als Anschauungsinstrument besser eignet als z. B. eine Gitarre oder ein Saxofon, weil nämlich auf den Tasten des Klaviers alle Töne hübsch nebeneinander angeordnet wurden. Hier findet sich – ordentlich auf den ausschließlich weißen Tasten – die C-Dur Tonleiter. Sie beginnt beim Ton C, dann folgen D, E, F, G, A, B und … wieder C, letzteres dann aber eine Oktave höher, daher als C' bezeichnet. Und mit diesem Ton beginnt die nächste C-Dur Tonleiter.

Da also jede weiße Taste ein leitereigener Ton aus C-Dur ist, kann man über einen Song in C-Dur gar nicht wirklich falsch spielen, wenn man immer nur schön die Finger von den bösen schwarzen Tasten lässt. Ein Umstand, den sich so mancher Pop-Titan zu eigen macht.

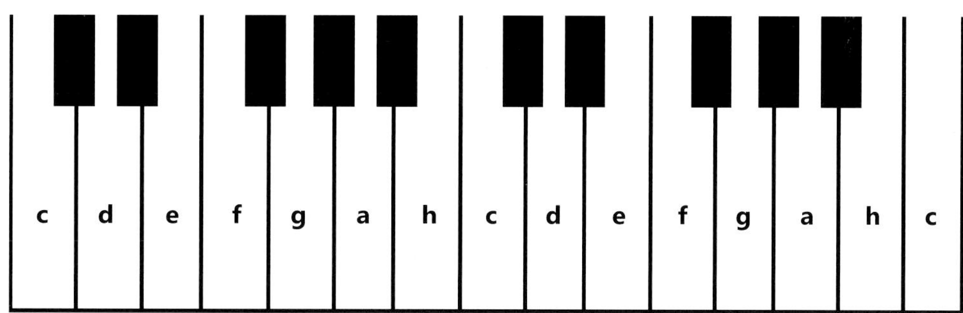

C-Ionisch

D-Dorisch

E-Phrygisch

F-Lydisch

G-Mixolydisch

A-Äolisch

B-Lokrisch

Von Dieter Bohlen wird berichtet, er habe auf die anbiedernde Frage, wie es ihm gelänge, immer so tolle Melodien zu komponieren, geantwortet, dies sei kein Hexenwerk, immerhin gäbe es ja nur acht verschiedene Töne …

Nun ist man ja nicht gezwungen, die obengenannten Töne der C-Dur Tonleiter immer der Reihe nach und vor allem mit dem Ton C beginnend zu spielen. Eine schöne Tonleiter entsteht auch, wenn wir als Erstes ein D spielen und uns dann (immer brav auf den weißen Tasten bleiben!) zum nächsten D voranspielen. Da ja nur Töne aus C-Dur zum Einsatz kamen, wird dies ja wohl immer noch eine C-Dur Tonleiter sein, oder?

Um wieder mal mit Radio Eriwan zu sprechen: Im Prinzip, ja. Allerdings nennt man diese Tonfolge (die C-Dur-Tonleiter von D bis zum nächsten D' eine Oktave höher gespielt) D-Dorisch, oder noch genauer: D-Moll-Dorisch. Und so beginnt in C-Dur auf jedem Ton eine eigene (Kirchen-)Tonleiter.

Die Namen der dargestellten Tonleitern lauten (ohne die natürlich von der jeweiligen Tonart abhängigen Ton-Vorsilbe): Ionisch, Dorisch, Phrygisch, Lydisch, Mixolydisch, Äolisch, Lokrisch. Ein ganz persönlicher Merksatz (zumindest für die Anfangsbuchstaben) ist hier von Vorteil, etwa: „Irgendwelche Doofen Pfosten Lassen Mich Ätzend Labern." Wobei es hier sicher geschmeidigere Sätze gibt. Dichter & Poeten sind gefragt!

Man nennt die einzelnen Tonleitern auch Modi, in unserem Fall die sieben Modi von C-Dur.

E-Phrygisch ist beispielsweise der 3. Modus von C-Dur.

Hier nun die Kirchentonarten unter die Notation der C-Dur-Tonleiter geschrieben:

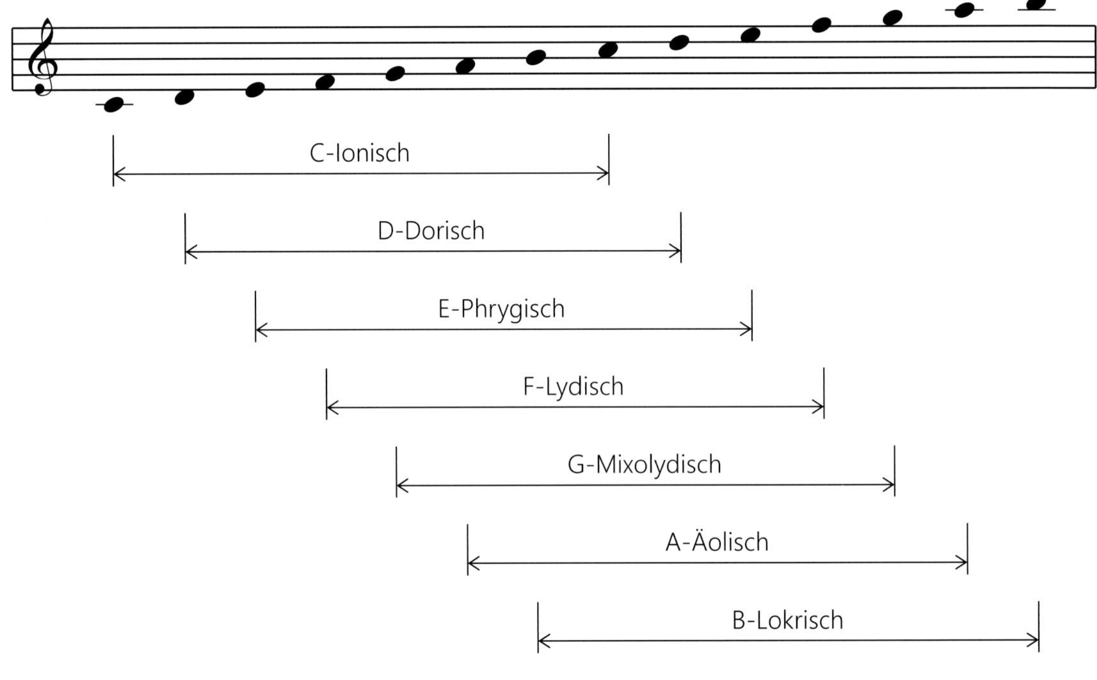

Ist das logisch?

Viele Einsteiger monieren die Festlegung, dass die erzeugende Basistonart aus der Skalenbezeichnung erschlossen werden muss und nicht im Namen vermerkt ist, dass also beispielsweise in D-Dorisch der Ursprung C oder C-Dur nicht erkennbar ist. Mit dieser Hürde muss sich leider jeder herumschlagen und es ist wahrscheinlich nur wenig tröstlich, mitzuteilen, dass im Laufe der Zeit die Erkenntnis kommen wird, dass die obigen Bezeichnungen tatsächlich sinnvoll und arbeitstauglich sind. D-Dorisch ist eben wirklich eine D-Molltonleiter und daher auch mit D zu bezeichnen und auch ohne Herkunftsbezeichnung voll einsatzfähig. Ob wir beim Anblick einer Kirchentonleiter dennoch heimlich im Kopf auf die Schnelle die Basistonart ausrechnen, muss ja keiner wissen ...

Nun die entscheidende Frage:

Was soll der ganze Kram überhaupt?

Das ist nicht nur so dahingesagt, das ist des Pudels Kern! Das sollten wir erläutern, bevor wir die vorgestellten Tonleitern analysieren und verinnerlichen. Also dann:

Die immergleiche Tonleiter je nach Startton unterschiedlich zu benennen, bringt zunächst keinerlei Vorteil, es erschwert uns nur alles, da wir sieben Tonleiter-Namen auswendig lernen sollen!

Die Pointe ist, dass kein Musiker gezwungen wird, über einen Akkord den passenden Modus der jeweiligen Tonart zu spielen. Oder dass es eben keine eindeutige Tonart für einen Akkord oder eine Akkordverbindung gibt. Ist zum Beispiel über mehrere Takte nur ein einziger Akkord notiert, erzeugen wir durch die Wahl der Tonleiter für die Melodie (als Komponist) oder Improvisation (als Interpret) höchst unterschiedliche Musik.

Kramt bitte Euer Wissen über die Akkordstufen hervor (siehe Seite 18). Ein major7-Akkord ist eben nicht automatisch die I. Stufe einer Tonart, er kann auch die IV. Stufe (einer anderen Tonart) sein. Wenn wir über mehrere Takte nur die Angabe „Fmaj7“ lesen, ist eben nicht eindeutig, dass es sich hierbei um die Tonika (also die I. Stufe) aus F-Dur handelt. Es könnte ja durchaus auch die IV. Stufe aus C-Dur sein, wo bekanntlich auch der Akkord Fmaj7 steht.

Das bedeutet, über den „freistehenden“ Akkord Fmaj7 sind beide Tonleitern (F-Dur und C-Dur) spielbar, ohne dass wir eine der beiden Varianten als richtig oder falsch bestimmen können.

Gige erzählt – die Sache mit der Bluesharp

Manchmal führen lange triste Autofahrten zu (zugegebenermaßen kleinen) Erkenntnissen. Im Handschuhfach meines Autos entdeckte ich eine kleine Bluesharp, welche dort zum Zwecke des Zeitvertreibs auf langweiligen Nachtfahrten oder in stundenlangen Staus ihrer Benutzung harrte.

Jeder von Euch, der eine Karriere als erfolgloser Singer/Songwriter in den 1970ern und 1980ern hinter sich hat, mag sich in diesen Zeiten mal an der Bluesharp versucht haben. Die Pointe war und ist, dass die richtige Harp zum Blues eigentlich ganz einfach zu spielen ist, zur falschen Begleitung aber gar nicht. Mein Bruder schenkte mir in den frühen 1970er Jahren eine E-Harp, damit ich den inzwischen von mir ganz ordentlich intonierten E-Blues etwas abwechslungsreicher gestalten möge. Tja, die Harp besitze ich heute noch, und sie ist nahezu neuwertig, denn der passende Blues ist natürlich nicht der in E, sondern der in B (H), was für den aufstrebenden Junggitarristen nun wahrlich keine bequeme Tonart darstellt.

Was ist denn nun mit diesen Bluesharps? „Das, was da draufsteht, plus eine Quinte aufwärts oder eine Quarte abwärts, gibt die auf der Gitarre zu spielende Blues-Tonart.“ Echt griffig!

Eine Bluesharp ist eine diatonische Mundharmonika in „Richterstimmung“, die über zehn Kanzellen (Blasöffnungen) verfügt. Durch Blasen und Ziehen lassen sich insgesamt 19 unterschiedliche Töne erzeugen. Der Blaston an Kanzelle 3 und der Ziehton an Kanzelle 2 sind identisch.

Diatonisch vs. chromatisch

Ein Instrument, das nur Töne einer bestimmten Tonart besitzt, wird diatonisch genannt. Dies entspricht einem Piano ohne schwarze Tasten. Mit diesem kann folglich auch nur in einer Tonart gespielt werden. Im Gegensatz dazu verfügt ein chromatisches Instrument über alle 12 Halbtöne der westlichen Musik und kann in allen Tonarten gespielt werden.

Beispiel: Eine diatonische Mundharmonika in der Tonart C-Dur hat nur die Töne C, D, E, F, G, A und B (deutsch: H). Auf einem Klavier entspricht dies nur den weißen Tasten, die schwarzen lassen sich nicht spielen.

Interessant ist bei der Bluesharp auch die Anordnung der Töne (geblasene in Groß-, gezogene in Kleinschreibung):

C-Dur										
Kanzelle	1	2	3	4	5	6	7	8	9	10
Blasen	C	E	G	C	E	G	C	E	G	C
Ziehen	d	g	h	d	f	a	h	d	f	a

Das erklärt so manchen Schuss daneben, den ich beim Herum-Dilettieren gemacht habe.

Nun noch einmal zurück zur Auswahl der richtigen Harp für bestimmte Blues-Tonarten. In Kirchentonarten gedacht, wird die Sache leichter.

Über einen Septakkord spielt man traditionell die Skala Mixolydisch, welche in der Durtonleiter auf der fünften Stufe entsteht. In C-Dur heißt das: Die Töne der C-Dur-Tonleiter (die weißen Tasten eines Klaviers) von G bis zum G in der nächsten Oktave gespielt, heißen G-Mixolydisch, sind aber tatsächlich allesamt aus C-Dur.

In einem Blues in G, welcher die Akkorde G7, C7 und D7 enthält, erwischen wir so mit einer C-Bluesharp schon eine Menge cooler Töne: G-H-D-F für den ganzen G7, C-E-G immerhin aus C7 und D-A-C aus D7. Wie zigtausendmal bewiesen durchaus genug.

Es gilt also, für den gewünschten Blues die Harp zu finden, deren Durtonleiter die Mixolydische Skala unserer gewünschten Bluestonart darstellt. Für einen Blues in G war dies die C-Harp.

Für den unter Gitarristen verbreiteten E-Blues suchen wir also eine Durtonleiter, auf deren fünfter Stufe die Skala E-Mixolydisch entsteht. Dies ist A-Dur. Merke: E-Blues spielbar mit A-Harp.

Wer das System der Kirchentonleitern verstanden hat, wird leicht alle anderen möglichen Konstellationen ausrechnen können.

Dennoch klingen meine persönlichen Myxolydisch-Gehversuche auf der Bluesharp eher traurig…

Mit unseren frisch erlernten Bezeichnungen spielten wir dann im Falle von F-Dur über Fmaj7 die Skala F-Ionisch, im Falle von C-Dur über Fmaj7 F-Lydisch über den Akkord.

Wie bei den Terzschichtungen der Vierklänge haben auch die einzelnen Modi der Durtonleiter ein Geschlecht, glücklicherweise natürlich in der selben Verteilung, so dass wir selbige nicht zweimal lernen müssen:

Stufe (Modus)	Geschlecht	Bezeichnung
I	Dur	Ionisch
ii	Moll	Dorisch
iii	Moll	Phrygisch
IV	Dur	Lydisch
V	Dur	Mixolydisch
vi	Moll	Äolisch
vii	Moll	Lokrisch

Die Angabe des Tongeschlechts Dur/Moll kann auch entfallen, da z. B. eine lydische Tonleiter per se immer eine Durtonleiter ist. Um das Tongeschlecht einer der Kirchentonleitern zu bestimmen, zähle man die Halbtonschritte der Terz vom jeweiligen Grundton aus, also bis zum übernächsten Ton der Skala. Beispiel: D-Dorisch. Grundton: D, Terz F. Wir sind ja immer noch in C-Dur, also nur weiße Tasten! Auf der Gitarre schnell gerutscht und gezählt ergibt 3 Halbtöne, also eine sog. kleine Terz. Das Tongeschlecht einer Dorischen Tonleiter ist also immer Moll. Beispiel F-Lydisch: Grundton F, Terz A. Gerutscht, gezählt ergibt 4 Halbtöne, also eine große Terz, also F-Dur-Lydisch. Siehe Tabelle oben.

Ein kleines Anwendungsbeispiel:

| Cmaj7 | Amin7 | Dmin7 | G7 |

Eine trivialer aber dennoch häufiger Viertakter bestehend aus den Stufen I - vi - ii - V der Tonart C. Soll nun über die oben angegebene Akkordfolge soliert werden, ist kein Wechsel der Tonleiter erforderlich, alles findet in C-Dur statt (weiße Tasten!). In der Nomenklatur der Kirchentonarten erbringen wir jedoch beim sturen Runternageln der Töne aus C-Dur schon eine bemerkenswerte Leistung.

Wir spielen nämlich nacheinander (jeweils zum Akkord): C-Ionisch, A-Äolisch, D-Dorisch und G-Mixolydisch. Und zwar automatisch, ohne uns auch nur einen Gedanken über diese Tonleitern gemacht zu haben.

Faustregel zum Improvisieren

Identifizieren wir über die bereits bekannten (Akkord-)Übungen die Tonika und damit auch die Tonart einer Verbindung, so können wir über alle Akkorde dieser Verbindung die Töne aus der (Tonika-)Tonart spielen und werden damit richtig liegen. Wobei dies nichts über die Qualität oder gar Innovation eines solchen Solos aussagt. Aber es sind die Töne der erzeugenden Tonart und von daher schon mal nicht falsch.

Ausnahmen sind Verbindungen, die aus den Molltonleitern Harmonisch- oder Melodisch-Moll entnommen wurden. Dazu an anderer Stelle mehr.

Das oben genannte Prinzip gilt natürlich für alle Tonarten des Quintenzirkels (siehe Anhang Seite 124). So wird man mit etwas Übung schnell erkennen, dass z. B. G-Dorisch eben eine F-Dur-Tonleiter (prinzipiell von G bis G') ist oder A-Mixolydisch nur eine D-Dur-Tonleiter über dem Akkord A7. Klingt kompliziert, ist aber für Gitarristen gar nicht so schlimm, denn auf unserem Instrument können wir ganze Abfolgen von Tönen einfach horizontal verschieben, ohne dass wir neue Fingersätze einstudieren müssen. Das bedeutet, wenn wir eine C-Dur-Tonleiter und damit auch D-Dorisch, E-Phrygisch etc. spielen können, sollte auch eine D-Dur-Tonleiter mit den einhergehenden Kirchentonarten E-Dorisch, F#-Phrygisch, G-Lydisch usw. kein Problem darstellen (alles zwei Bünde weiter schieben!).

Bis jetzt haben wir ja nur festgestellt, dass man nicht falsch spielt, wenn man in der Tonart eines Songs bleibt, auch wenn das verwendete Tonmaterial unterwegs seltsame Namen annimmt. Zur Bestimmung der Tonart kann man ggf. die Vorzeichen eines Stückes betrachten oder – da ja gerade im Jazz auch gerne mal ein Song durch mehrere Tonarten galoppiert – die Akkordkombinationen erkennen. Insbesondere aus letzteren ist zumeist eine klare Feststellung der aktuellen Tonart möglich (siehe Kapitel „Kopf-Schablone" auf Seite 23).

Wie schon erwähnt, wird die Sache trickreich, wenn eine eindeutige Feststellung der Tonart nicht möglich oder vielleicht gar nicht gewünscht ist. Wir möchten dies anhand dreier Beispiele aufzeigen: An einem 12-taktigen (Standard- also nicht Jazz-) Blues in A, sowie den Jazzstandards „Just Friends" (John Klenner) und „So what" (Miles Davis).

Nun wollen wir ja die besprochenen Skalen allesamt auf der Gitarre spielen. Wie bereits mehrfach erwähnt, halten wir nichts davon, Fingersätze zum Beispiel von Dorischen oder Mixolydischen Skalen abzudrucken. Euch muss klar sein, dass Ihr durch das Erlernen der C-Dur-Tonleiter (= C-Ionisch) gleichzeitig auch D-Dorisch, E-Phrygisch usw. erlernt.

Also wieder Gitarristenkram zum Abschluss:

Die abgebildeten Voicings (Fingersätze) der C-Dur-Tonleiter, die sich in der Umgebung des jeweiligen Cmaj7-Akkords (dessen Erscheinungsbild wir durch die gefüllten Töne andeuten) finden, solltet Ihr üben.

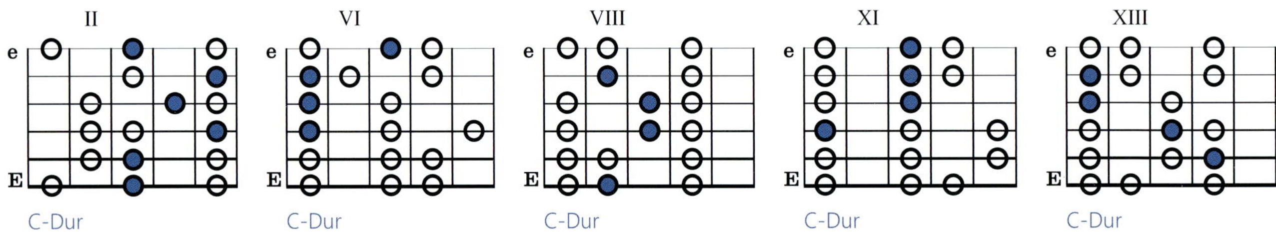

Zum Einen findet man in den Lagen möglicherweise auch noch andere Voicings von Cmaj7 und zum Anderen gibt es natürlich auch noch mehr Voicings der C-Dur-Tonleiter auf der Gitarre, insbesondere solche, die den Wechsel der Lage erfordern. Aber das wäre doch dann mal eine schöne Aufgabe zum Selbststudium …

Wenn Ihr die oben abgebildeten Fingersätze zum Beispiel um zwei Bünde nach rechts, also in Richtung Steg oder Tonabnehmer verschiebt, habt Ihr schon fünf Voicings für D-Dur. Durch diese Verschieberei könnt Ihr ab jetzt jede nur denkbare (Kirchen-)Tonleiter spielen. So einfach ist das!

Beispiel 1: Blues in A

Der 12-taktige Blues in A hat folgende Akkorde und folgendes Schema:

| A7 | D7 | A7 | A7 |

| D7 | D7 | A7 | A7 |

| E7 | D7 | A7 | E7 |

Wir bitten um Verständnis!

Bläser, insbesondere Saxophonisten, die mit dem Blattspiel aufgewachsen sind, verziehen bei den typischen Gitarren-Blues-Tonarten immer etwas die Mundwinkel (wenn sie keine Profis sind). Das liegt daran, dass z. B. das Tenorsaxophon in Bb und das Altsaxophon in Eb gestimmt ist. Als transponierende Musikinstrumente klingen sie anders als notiert, das Tenorsax eine große None tiefer, das Altsax eine kleine Terz höher.

Ein unter Gitarren-Anfängern durchaus populärer Blues in E ist für Tenoristen ein Blues in F# (uh, 6 #!), für Altisten einer in Db (5 b – auch nicht so bequem). Außerdem wäre ja die Bluesskala wie schon besprochen eine Erweiterung der jeweils parallelen Mollpentatonik, also im Fall des klingenden E-Blues für Tenor Db-Blues und für Alt Bb-Blues. Alles machbar, aber viel Rechnerei. Wenn Ihr also den Saxophonisten einen Gefallen tun wollt, spielt Euren Blues zum Beispiel in Bb.

Der oben zitierte A-Blues ist nun wirklich der älteste Hut der Welt, und wahrscheinlich hat jeder der Leser schon mal einige Töne über das oben abgebildete Schema soliert und sich bestimmt keine Gedanken über irgendwelche Kirchentonarten oder Jazzskalen gemacht. Aber so trivial ist das Ganze gar nicht…

Die Bluesskala soll für die folgende Betrachtung einmal ausscheiden! Wie wir wissen, kommt in freier Wildbahn nur genau EIN Dominantseptakkord pro Tonart vor (also z. B. in C-Dur der Akkord G7). Und hier sind gleich drei notiert! Woraus wir folgern können, dass wir es mit drei Tonarten im selben Stück zu tun haben. Klingt zwar angesichts des (angeblich) einfachen Blues etwas übertrieben, entspricht aber prinzipiell den Tatsachen.

Wenn nun also die C-Dur-Tonleiter über den Akkord G7 gespielt korrekt klingt (G-Mixolydisch), dann wird wohl zu dem Akkord A7 die entsprechende Tonleiter D-Dur, für D7 G-Dur und für E7 A-Dur sein. Somit spielen wir jeden Akkord Mixolydisch (als jeweils V. Stufe in seiner eigenen Tonart). Es gibt Kollegen, die lernen verschiedene Formen der mixolydischen Tonleiter und spielen dann dieselbe, sobald ein Dominantseptakkord auftaucht. Kann man machen und klingt auch gut. Wer zu faul für das Anlegen einer Skalensammlung ist, soll die entsprechende Grundtonart des Septakkordes bestimmen und dann diese spielen. Das sind natürlich dieselben Töne, nur der Denkansatz ist unterschiedlich.

So muss man sich nur die C-Dur-Tonleiter in allen ihren Erscheinungsformen auf der Gitarre aneignen, der Rest entsteht entweder durch Verschieben (in die anderen Tonarten) oder Nachdenken (bzgl. der jeweiligen Kirchentonarten). Die sehr häufig verwendeten Tonleitern Harmonisch- und Melodisch-Moll mal ausgenommen…

Es ist nur wichtig, die Tonart für einen Akkord oder eine ganze Akkordfolge zu ermitteln! Ob man dann wie im Fall des D7 G-Ionisch, A-Dorisch oder D-Mixolydisch spielt, ist eine reine Sache der Benennung – es ist stets das selbe Tonmaterial!

Bei alleinstehenden (ach, die Armen!) Septakkorden ist die Angelegenheit sehr einfach: Wie bereits mehrfach erwähnt, kommt in den Akkorden einer Tonart immer nur ein einziger Septakkord vor, und zwar stets auf der V. Stufe. Wenn wir also so ein Kerlchen antreffen, liegen wir meist mit Mixolydisch ziemlich richtig. Für irgendwelche wilden Erweiterungen (A7/b13/b9 oder so) gibt's später noch Erklärungen. Solcherlei kommen aber in unserer Kirchentonartenwelt zunächst gar nicht vor.

Gige erzählt – Bluessolo – intuitiv richtig

Kleine Anekdote am Rande: Aus langjähriger Erfahrung beim Solieren über den A-Blues ist in meiner Erinnerung gespeichert, dass es durchaus gut klingt, wenn man in Takt 2 des Bluesschemas (also über D7) von A-Dur (heute weiß ich: A-Mixolydisch) nach A-Moll wechselt. Eben A-Moll-Blues oder so … Nun, die korrekte Kirchentonart über D7 wäre D-Mixolydisch, was aus der Tonleiter G-Dur entstammt. In letzterer finden wir auf der zweiten Stufe wie immer eine Dorische (Moll-)Tonleiter auf dem Ton A, also tatsächlich eine A-Moll-Tonleiter.

Quod erat demonstrandum!

Dass man mit der A-Bluesskala über den ganzen 12-Takter beeindruckende Soli spielen kann, haben die Blueser seit nunmehr 100 Jahren bewiesen. Doch die Bluesskala hatten wir ja bereits besprochen, es soll nun um die Anwendung der Kirchentonarten gehen. Wir wollen es mal durchgehend mit Mixolydisch probieren. Die Vorgabe ist also, über alle A7-Akkorde D-Dur, über alle D7-Akkorde G-Dur und über alle E7-Akkorde A-Dur zu spielen, so dass eben jeder unserer Septakkorde als V. Stufe seiner jeweiligen Tonart angesehen wird. Da dies dann jeweils Mixolydisch genannt wird, wäre unsere Mission erfüllt.

Wir nehmen uns das Voicing einer C-Dur-Tonleiter, welches wir ordentlich beherrschen (zumeist wird hier die Variante in der V. Lage vorgeschlagen) und verschieben es um zwei Bünde nach rechts:

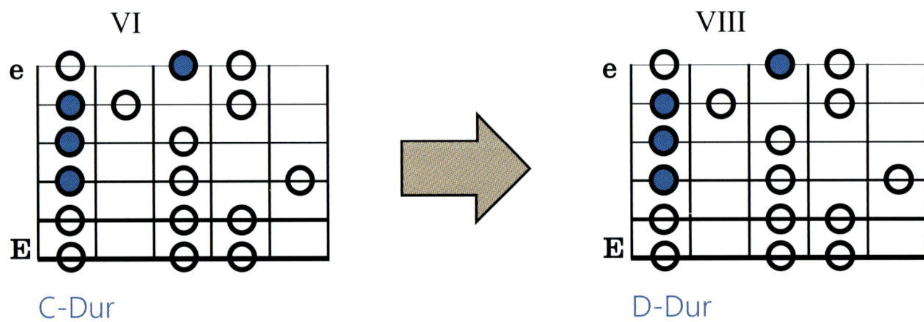

Nun ist uns auch klar, wie man telefonbuchdicke Skalenbücher füllt. Es bleibt ja derselbe Fingersatz, nur eben in Lage VII statt in Lage V. Per Definition besteht ja D-Dur aus denselben Tönen wie unser gesuchtes A-Mixolydisch, so dass wir – wieder in der identischen Skala – nur mal schnell die zwei aufzufindenden Töne A kennzeichnen. Versucht, diese Töne beim Üben etwas lauter als die restlichen zu spielen, so dass Ihr die Skala als A-Mixolydisch und nicht mehr als D-Ionisch hört. Wird schwer, weil es eben identische Skalen sind. Auch der Beginn mit dem Ton A statt dem D ist hilfreich.

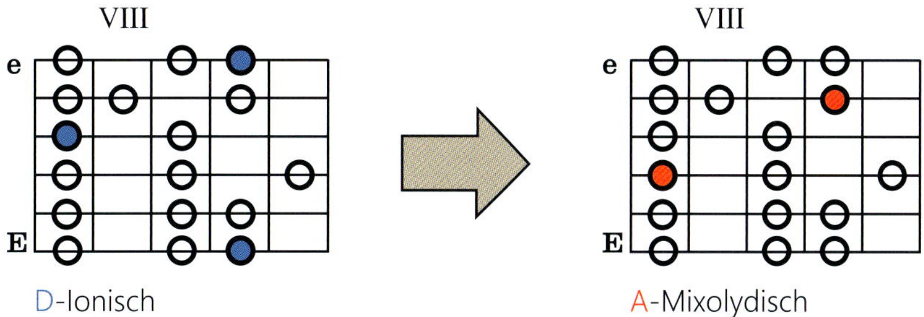

Mit Begleitung ist besser!

Wesentlich nützlicher ist es, die oben abgebildete Skala mit Begleitung zu spielen. Das heißt, die D-Dur-Tonleiter zunächst mit Dmaj7 und dann mit A7 als Hintergrund zu spielen. Das erzeugt durchaus unterschiedliche Klänge. Probiert es aus, das wird den Ionischen bzw. Mixolydischen Sound in Euren Ohren verankern!

Nun fehlen allerdings noch die Skalen über D7 und E7, also D- und E-Mixolydisch. Hier behelfen wir uns zunächst mit stumpfem Verschieben. Wir sind Gitarristen, wir können und dürfen das!

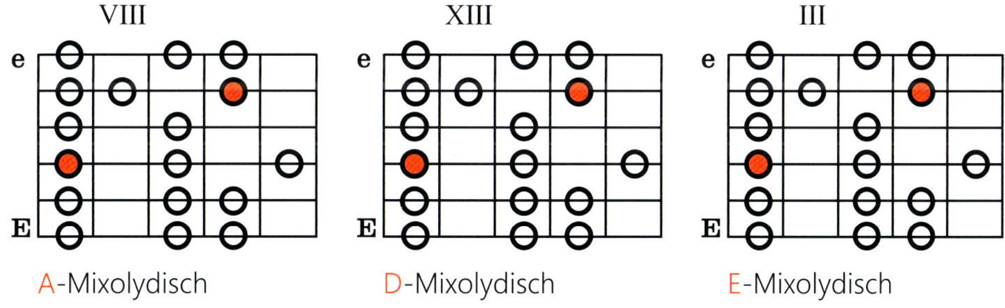

Offensichtlich drei Mal derselbe Fingersatz sowie zugegebenermaßen eine elende Rutscherei. Von der VII. in die XII. und dann noch in die II. Aber für den Anfang besser als nix. Und wenn Ihr Euch einen ordentlichen A-Blues aufs Band oder auf den Looper gespielt habt, dann klingt es tatsächlich manchmal nach Blues, oder?

Nun aber wollen wir alle benötigten Skalen (wir erinnern uns: D-Dur, G-Dur und A-Dur) in einer oder zumindest in der nächsten Umgebung einer Lage finden. Immerhin haben wir ja vier Voicings von C-Dur erlernt, da werden wir schon was Passendes finden. Mal ein Vorschlag:

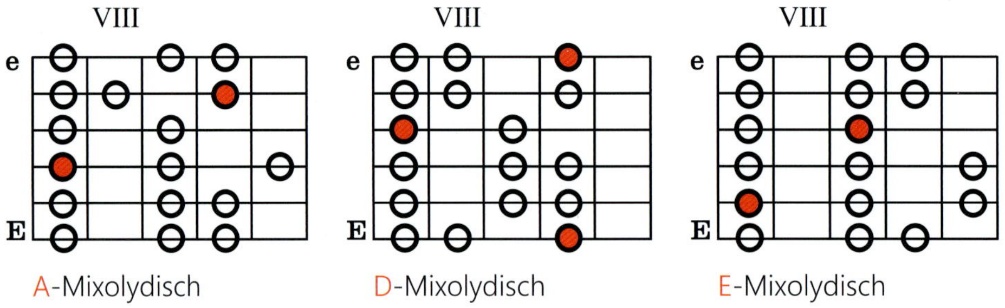

Wow, alle Skalen in der selben VII. Lage! Da kommt man beim Solieren auch sicher nicht durcheinander…

Es genügt übrigens, wenn Ihr zunächst das Solo komplett auf den drei hohen Saiten G, H und E spielt, natürlich in langsamen Tempo. Dann sind es nicht mehr allzuviele Töne, die sich von Akkord zu Akkord ändern und Ihr bekommt ein Gefühl für die Nuancen, wenn die Skala zum Beispiel von A-Mixolydisch zu D-Mixolydisch wechselt. Es ändert sich genau nur das C# zum C…

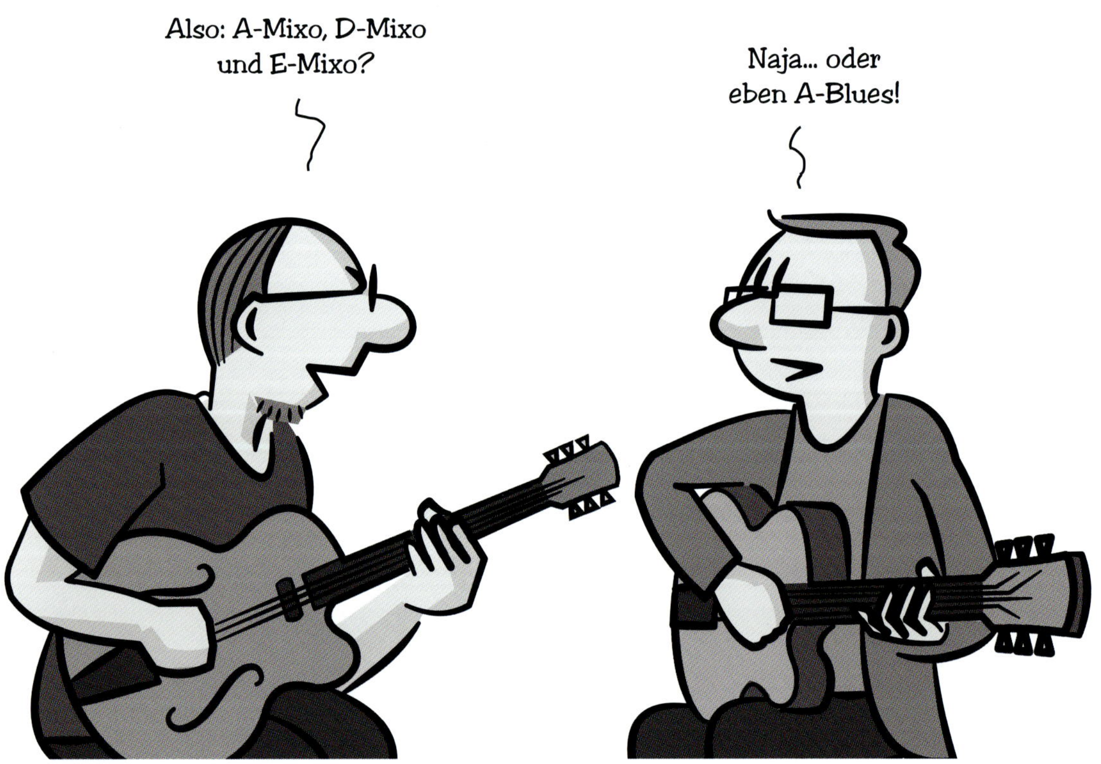

Beispiel 2: Just Friends

Folgend seht Ihr einen Auszug aus dem Leadsheet des Jazzstandards „Just Friends“ von John Klenner aus dem Jahr 1931. Zur Veranschaulichung reichen die beiden ersten Zeilen:

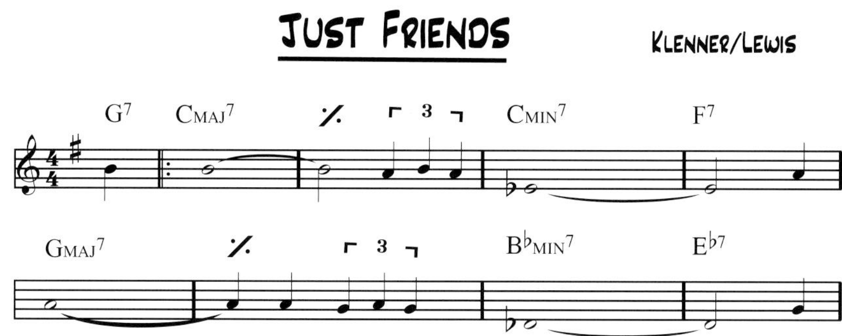

Eine durchgängige Analyse solcher Fragmente und natürlich von ganzen Songs werden wir im Kapitel „Funktionsharmonik“ ab Seite 76 durchziehen. An dieser Stelle wollen wir zunächst nur die ersten beiden Takte betrachten. Die Fragestellung lautet: Welche Töne können wir über das Cmaj7 spielen?

Nun, da gibt es drei Ansätze. Etwas ungeduldige Zeitgenossen sehen den Akkord, identifizieren ihn als Tonika und spielen C-Dur (Ionisch). Vorsichtigere Gitarristen versuchen zunächst, „die Gegend zu erkunden“ und entdecken als Auftakt ein G7, welches nun ja als bekannter Dominantseptakkord wiederum auf C-Dur hinweist.

Beide liegen – wer hätte es gedacht – falsch. Am Beginn der ersten Notenzeile sind zumeist die Vorzeichen der Grundtonart notiert. In unserem Fall steht hier ein (1) Kreuz, was gemäß Quintenzirkel auf die Tonart G-Dur hinweist. In Takt 5 wird die Tonika (der Grundakkord) dann tatsächlich auch erstmalig gespielt.

Wichtig ist nun, dass – zumindest in traditionellen Jazz-Kompositionen – versucht werden sollte, Akkorde als leitereigene Stufen zu interpretieren, anstatt einen Tonartwechsel anzunehmen. Das bedeutet, wenn wir die Tonart des Stückes als G-Dur feststellen, dann wird Cmaj7 als IV. Stufe in G-Dur interpretiert (und nicht als I in seiner eigenen).

Was tun wir also, wenn wir korrekterweise Töne aus G-Dur über den Akkord Cmaj7 spielen? Wir spielen **Lydisch**!

Relativitätstheorie

Nun ist das mit dem Einsatz der Modi der Durskalen, also den Kirchentonarten, eine Sache der Betrachtung. Im obigen Beispiel kann der Zuhörer (sofern er den Song oder das Klischee nicht kennt) beim ersten Intonieren der Takte 1 und 2 ja noch gar nicht wissen, dass das Cmaj7 eine IV. (Subdominante) und nicht eine I. Stufe (Tonika) darstellt. Erst im zweiten Durchgang – wenn sich die Ohren schon an den Tonraum G-Dur gewöhnt haben – könnte ein Zuhörer das Gefühl bekommen, dass Ionisch über Cmaj7 hier nicht die erste Wahl ist.

Anders herum gedacht, sind wir bei Akkorden ohne Bezugssystem frei in der Wahl des Modus, es ist eine Sache des Geschmacks. In der durchaus stilbildenden Musikerschmiede Berklee (allgemein anerkannte Abkürzung für Berklee College of Music in Boston/USA) wird über jeden maj7-Akkord prinzipiell Lydisch gespielt, auch wenn es sich um eine Tonika und nicht um eine Subdominante handelt. Es entspricht eben eher dem akzeptierten modernen Geschmack. Überspitzt gesagt, fassen die Kollegen das altbackene Ionisch seit Jahren nicht mehr an.

Im nächsten Kapitel stellen wir Euch ein weiteres Beispiel für einen prinzipiell „falschen" Modus vor, der sich für das Spiel über die Moll-Tonika durchgesetzt hat.

Beispiel 3: So What (Miles Davis)

Folgend seht Ihr einen Auszug aus dem Leadsheet des Jazzstandards „So What" von Miles Davis:

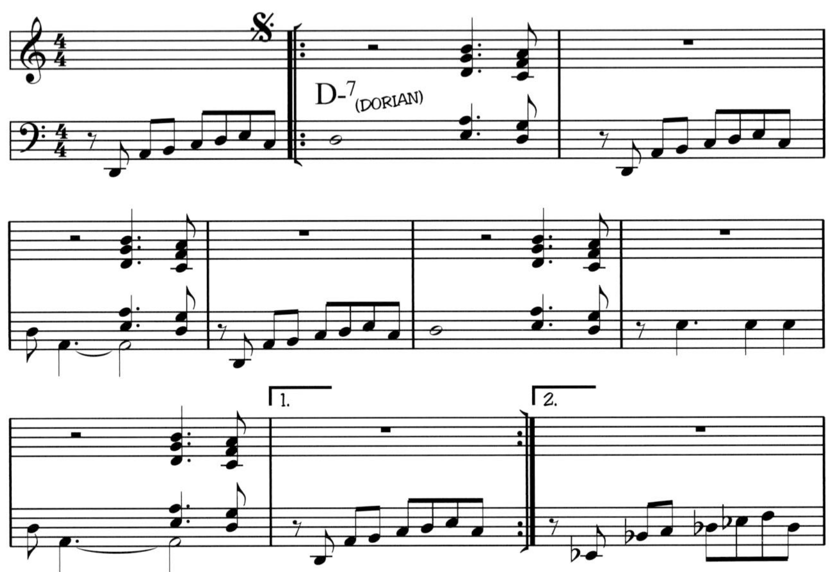

Was hat nun unser vorgestelltes Stück mit den Kirchentonarten zu tun, wenn wir ohnehin nur 16 Takte lang über den immergleichen Akkord spielen müssen?

Nun, die erste Wahl – D-Äolisch, also D-Natürlich-Moll = F-Dur – ist schon mal daneben! Dafür gibt es nicht zu vernachlässigende Hinweise:

- Es sind keinerlei Vorzeichen notiert (das spricht für C-Dur)
- In der sehr sparsamen Melodielinie ist in Takt 1 in der Violinschlüssel-Stimme ein Dreiklang mit den Tönen D - G - B notiert. Und das B ist genau der Ton, der in der Tonart F-Dur zu Bb erniedrigt wurde.
- Die Verfasser des Sheets haben uns die Skala in das Sheet geschrieben („Dorian")

Miles Davis wollte also definitiv C-Dur über den Akkord Dmin7 gespielt haben. Das nennt man bekanntlich D-Dorisch. Dass die dorische Tonleiter in einer modalen Welt für die Moll-Tonika sehr oft unsere erste Wahl ist, haben wir schon erwähnt und werden es Euch dann in einem später folgenden Beitrag noch genauer darlegen. Auch was mit „modale Welt" gemeint ist…

Das Gipsy-Paradoxon

Im Beispiel „So What" hatten wir erklärt, dass die Zuordnung einer Skala zu einem Akkord oder einer Funktionsstufe zwar theoretisch, aber nicht praktisch und schon gar nicht geschmacklich entschieden werden kann. Konservative Spieler spielen tatsächlich des Öfteren Ionisch über eine Dur- oder Äolisch über eine Moll-Tonika, modernere Musiker eher Lydisch oder Dorisch an entsprechender Stelle. Alles eine Sache des Geschmacks, Dogmatismus ist hier nicht hilfreich.

Ein spezieller Fall liegt im sogenannten Gipsy-Swing vor. Ob dies aus der Behinderung des Übervaters Django Reinhardt, welcher bekanntlich sein virtuoses Spiel mit nur 2,5 Fingern der linken Hand praktizierte oder aus geschmacklichen Gründen resultiert, mag offen bleiben.

Die meist eingesetzten Skalen der Gipsy-Solisten sind Harmonisch- und Zigeuner-Moll (eine umgangssprachliche, inzwischen verfemte, aber musikhistorische Bezeichnung), welche wir hier schon einmal abbilden, aber erst im Folgenden ausführlich besprechen möchten. Sie entstehen aus der Äolischen Skala:

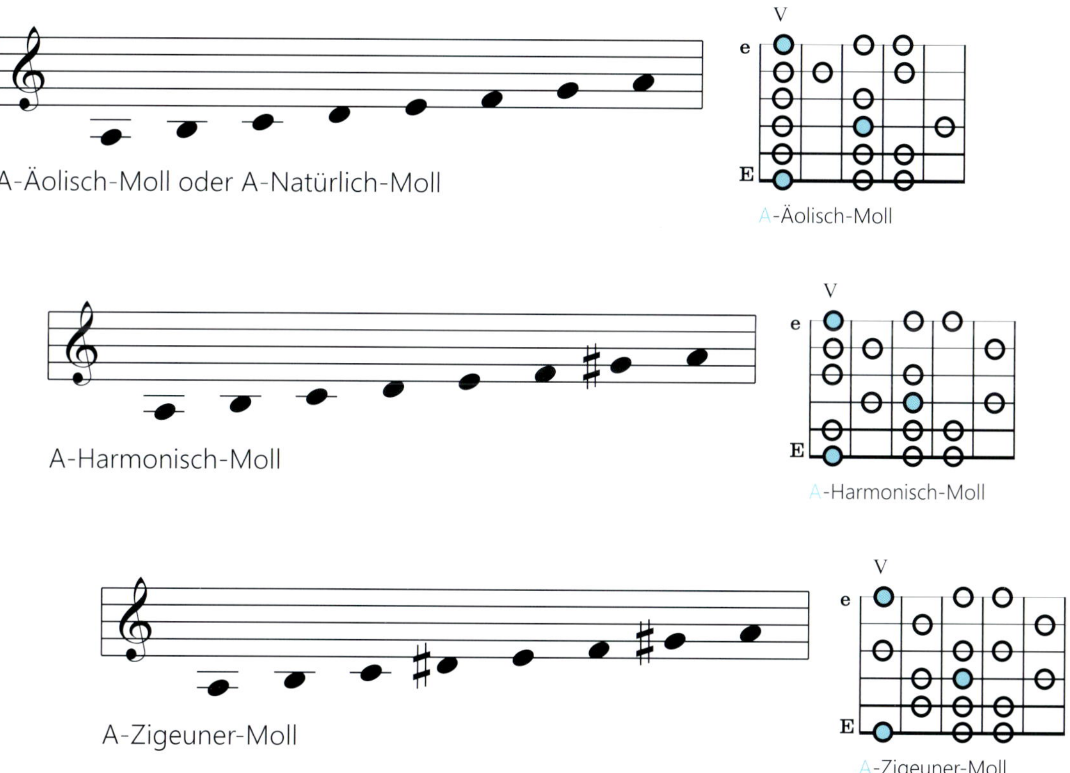

Wenn man die Skalen genauer betrachtet, ändert sich in der Äolischen Skala jeweils ein Leiterton zu einer Bluenote. Harmonisch-Moll = Äolisch-Moll/maj7 und Zigeuner-Moll = Harmonisch-Moll/#11, also summa summarum: Zigeuner-Moll = Äolisch-Moll/maj7/#11.

Wer das jetzt auf die Schnelle nicht umsetzen konnte, dem sei gesagt, dass dies zum Einen an dieser Stelle kein Problem ist und wir zum Anderen ja auf etwas anderes hinaus möchten. Ein Ton, der in allen drei Skalen stets fest gemauert steht, ist die kleine Sexte b6 oder b13, das F. Die Begleitakkorde, die von den obligatorischen Rhythmusgitarristen für den jeweiligen Meister gespielt werden, haben allerdings zumeist folgendes Aussehen:

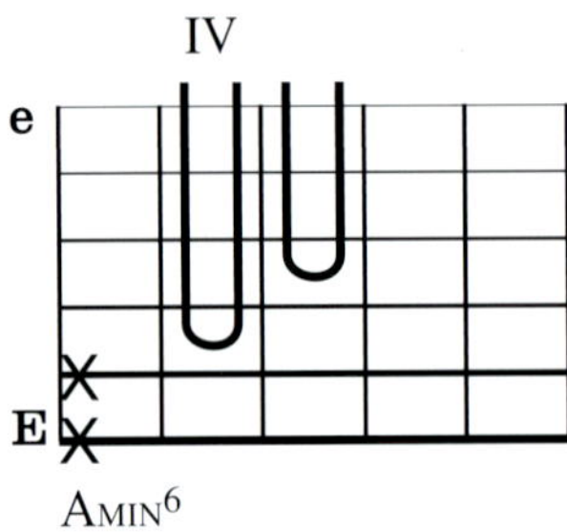

Die verbreitete Umsetzung der min6-Akkorde mit zwei Fingern ist historisch wie erwähnt der linken Hand Django Reinhardts geschuldet. Interessanterweise kommt hier ein F# im Akkord vor, kein F wie in den o. a. Skalen. Im Gipsy-Swing haben wir also den umgekehrten Fall wie in „So What“:

Statt Dorisch über eine (Äolische) Moll-Tonika wird Äolisch (oder Varianten) über eine (Dorische) Moll-Tonika gespielt.

Kirchentonleitern Zusammenfassung

Je nachdem, ab welchem Ton wir die Töne einer Tonleiter spielen, entsteht eine neue Tonleiter mit eigener Benennung. Spielen wir diese Skalen über den jeweils passenden Akkord, könnten wir uns den ganzen Namenszirkus auch sparen. Wiederholung des Beispiels aus dem Kapitel Kirchentonarten: Über die Akkordfolge Dmin7 - G7 - Cmaj7 (ii., V. und I. Stufe aus C-Dur) spielen wir die Skalen D-Dorisch, G-Mixolydisch und C-Ionisch, die aber allesamt aus dem Tonmaterial von C-Dur stammen. Wir spielen also Töne aus C-Dur über Akkorde aus C-Dur.

Wichtig ist es daher, nicht unbedingt immer die richtige Tonleiter zu kennen, sondern die Tonart, in der ein Song oder einzelne Teile desselben sind. Interessant wird es, wenn ich zu bestimmten Gelegenheiten bewusst die „falsche“ Skala einsetze, zum Beispiel Dorisch über die (Moll-)Tonika eines Moll-Blues oder Lydisch über eine Dur-Tonika, die ja „korrekt“ Ionisch gespielt werden müsste.

Nun kommen aber in freier Wildbahn Akkordverbindungen vor, denen wir mit den vorgestellten Durtonleitern nicht beikommen. Zum Beispiel:

| **Bmin7/b5 E7** | **Amin7** |

Bmin7/b5 und Amin7 sind Bestandteile der C-Dur-Tonleiter, aber statt E7 kommt dort Emin7 vor. Was können wir also über dies Verbindung spielen? Ach ja, A-Moll-Blues gilt nicht! Von daher – auf in die Welt der Molltonleitern!

Die Molltonleitern

Nun haben wir in den vorangegangenen Beiträgen doch schon einige Molltonleitern kennengelernt, oder? Zur Erinnerung: Dorisch, Phrygisch, Äolisch und (unter Vorbehalt) Lokrisch. Warum also noch mehr Moll-Tonleitern? Weil bestimmte harmonische Gebilde mit dem uns inzwischen zur Verfügung stehenden Material noch nicht erklär- bzw. spielbar waren! Hier nochmals das Beispiel:

| Bmin7/b5 E7 | Amin7 |

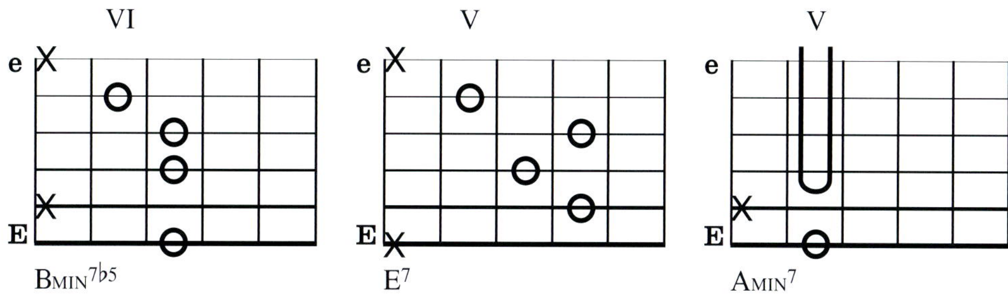

Das sieht sehr nach C-Dur aus, oder? Also fast wie eine vii - iii - vi - Verbindung in C-Dur. Nur das E7 passt nicht in unsere Tonart. Die produziert nämlich auf der iii. Stufe mit den leitereigenen Tönen ein Emin7. Allerdings klingt die Verbindung wie notiert durchaus schlüssig und das Amin7 gibt eine wunderbare (Moll-)Tonika.

Und genau so wie vermutet verhält es sich auch! Die Verbindung stellt eine ii-V-i - Verbindung in A-Moll dar. Und weil der Dur-Dominantseptakkord E7 den sogenannten **Leitton** G# zum A enthält, führt er energischer zur Tonika als das Emin7 mit seinem G. Ein Leitton oder Strebeton weckt die Erwartung einer Auflösung zu einem einen Halbton höher oder tiefer befindlichen Zielton.

Äußerst zielstrebig: der Dominantseptakkord

Der Drang der Dominante zur Tonika liegt im Streben ihrer einzelnen Töne zu den Tönen des Tonika-Akkords begründet. Im Beispiel eines G7 als Dominante zu Cmaj7 haben die zwei wichtigsten Töne des G7, die Terz B und die Septime F, ihr angestrebtes Ziel fast erreicht: Das B ist nur noch einen Halbton vom C entfernt und das F ist ebenso nur noch einen Halbton (allerdings nach unten) vom E entfernt, wobei letzterer die Terz der Tonika bildet. Zudem beinhaltet jeder Dominantseptakkord einen Tritonus (das Teufelsintervall!), in unserem Fall gebildet von den Tönen B und F, der ja prinzipiell um Auflösung bettelt. Die abgebildeten Griffe sind in dieser Form nicht spielbar. Es soll nur die Klangführung von der Dominante zur Tonika verdeutlicht werden!

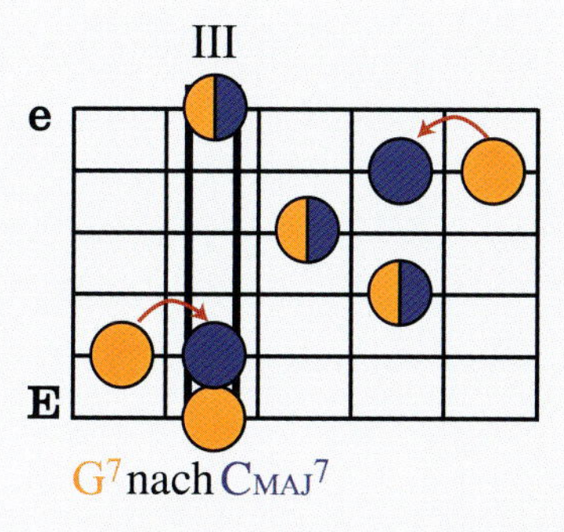

Der Einsatz eines (Dur-)Dominantseptakkords für den Moll-7-Akkord in einer Mollverbindung ist übrigens eine Option, keine Verpflichtung! Das berühmte „Still Got the Blues" von Gary Moore beinhaltet eine astreine Moll-Dominante.

Auf der VI. Stufe einer Dur-Tonleiter entsteht bzw. beginnt die Äolische Molltonleiter. Da sie die Skala des parallelen Akkords zum Grundtonakkord auf der I. Stufe ist, heißt sie auch **Paralleltonleiter** oder **Natürlich-Moll**. Im Fall der C-Dur-Tonleiter ist es A-Natürlich-Moll oder – wie ja schon gelernt – A-Moll-Äolisch.

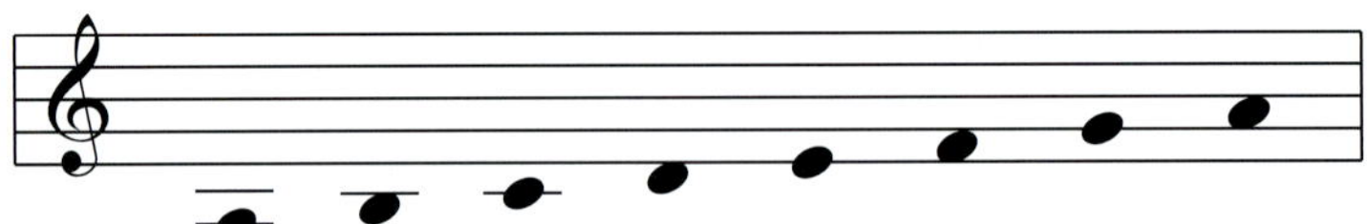

A-Äolisch-Moll oder A-Natürlich-Moll

Weil die Entwicklung der Molltonleitern aus der Äolischen Skala auf der Gitarre so anschaulich ist, seien die Tabulaturen in diesen Fällen etwas größer dargestellt.

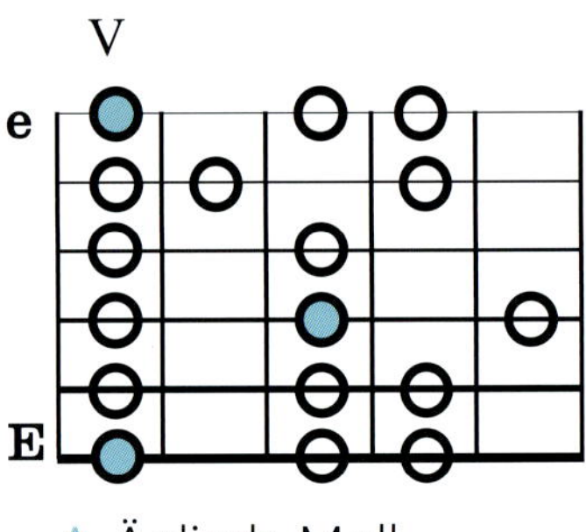

A-Äolisch-Moll

Und an dieser uns bekannten Tonleiter A-Moll-Äolisch wurde nun für die Realisierung der Dur-Dominante ein Tönlein verändert. Für ein E7 benötigen wir ja statt des G ein G#. Die entstandene Tonleiter, mit dem Ton G# statt G, heißt A-Harmonisch-Moll (HM).

Harmonisch Moll

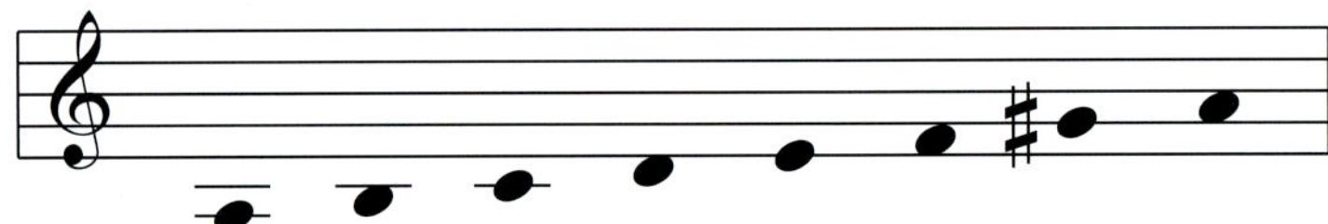

A-Harmonisch-Moll

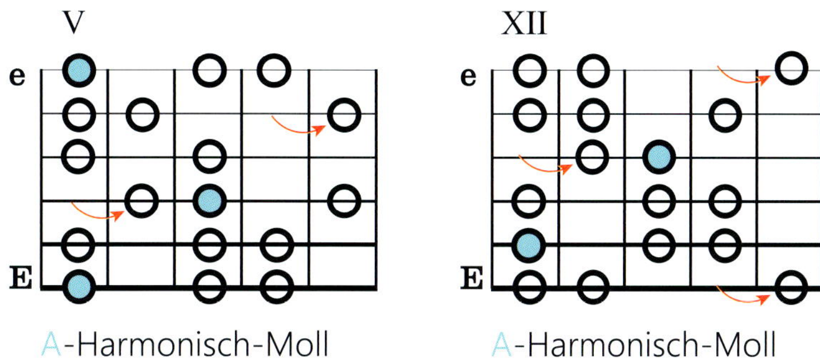

A-Harmonisch-Moll A-Harmonisch-Moll

Die Harmonisch-Moll-Tonleiter hat für unsere Ohren einen „orientalischen“ Sound. Das liegt an dem drei Halbtöne umfassenden Schritt zwischen VI. und VII. Stufe, einem sogenannten **Hiatus**. In den oben dargestellten Tabulaturen ist er gut zu sehen.

Technisch gesehen ist Harmonisch-Moll eine Äolische (oder natürliche) Molltonleiter mit einer Major-7.

Nun kann auch in A-Harmonisch-Moll ein munter Terzentürmen beginnen, was zu den Stufenakkorden dieser Tonleiter führen würde, so wie wir es im Kapitel „Die Vierklänge der Durtonleiter“ ab Seite 14 mit C-Dur durchgezogen haben. Das funktioniert mit etwas Erfahrung auch ohne Notenpapier. Wir müssen nur jeden uns aus C-Dur bekannten Akkord, welcher den Ton G enthält, finden und eben den Ton G gegen G# tauschen.

Beginnen wir entsprechend dem Namen unserer Tonleiter mit dem Akkord Amin7. Er enthält als Septime ein G. Alterieren wir nun dieses G durch das in A-Moll-Harmonisch obligate G#, so erhalten wir ein Amin/maj7 (sprich: A-Moll-Major-7). Da der Einsatz solcherlei Akkorde in freier Wildbahn eher seltener vorkommt, dürfen wir die Sache etwas abkürzen und die übrigen, von den Vierklängen aus C-Dur abweichenden Akkorde an dieser Stelle einfach mitteilen: Aus Cmaj7 wird Cmaj7/#5 (ein Caug mit maj7 – ein seltsamer Geselle!), aus Emin7 wird E7 (das hat uns den Schlamassel eingebrockt!) und aus G7 wird (perfide, weil es hier den Grundton erwischt!) G#dim (Gis-vermindert). Miles Davis hat übrigens in seinem Song „Solar“ konsequent die Harmonisch-Moll-Skala eingefordert: Die Begleitung des Jazzstandards beginnt mit dem Akkord … Cmin/maj7! In der Praxis wird allerdings meist nicht der gesamte Song in A-Harmonisch-Moll angelegt, sondern nur Teile.

In unserem Beispiel: | Bmin7/b5 | E7 | Amin7 | % | ist es dem Bmin7/b5 schon mal egal, ob natürlich oder harmonisch, der Ton G bzw. G# ist ohnehin im Akkord nicht enthalten. Ok, das E7 ist eindeutig aus Harmonisch-Moll. Das Amin7 ist nicht aus HM – es enthält ein G. Ansonsten müsste da Amin/maj7 stehen (siehe oben).

Im täglichen Überlebenskampf verfährt man folgendermaßen: Falls es durch den Akkord oder die Verbindung (Dominantseptakkord zur Moll-Tonika) nicht ausdrücklich gefordert wird, verbleiben wir in Natürlich-Moll oder eben der parallelen Durtonleiter (weil wir die ja schließlich geübt haben). Über die Dominante selbst spielen wir dann Harmonisch-Moll. Das klingt komplizierter, als es ist – es geht ja nur um einen (Halb-)Ton hin oder her.

Natürlich oder Harmonisch? – Die Mischung macht's!

Viele spielen ohnehin zumeist eine gemischte Skala. Natürlich ist diese Skala stets falsch, wenn man sie komplett über einen Akkord spielen würde. Doch meist dient die maj7 nur als Auftakt und da ist es fast immer zulässig, den gewünschten Zielton über einen Halbton von unten anzusteuern. Die Bassisten der Swing-Ära spielten grundsätzlich (das gibt jetzt Ärger mit der Bassisten-Fraktion!) nur Grundtöne mit chromatischen Einleitungen.

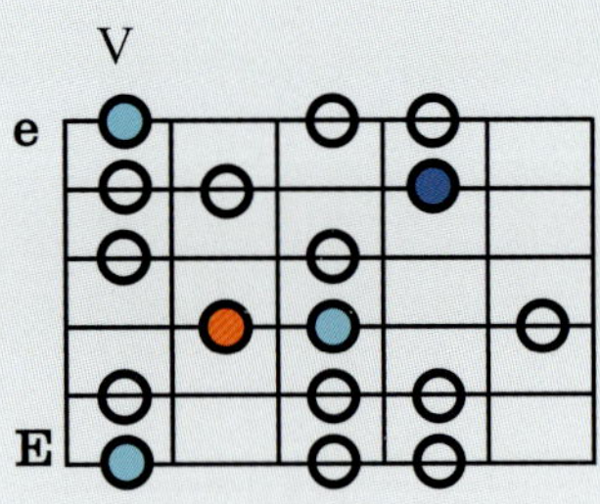

A-Äolisch- UND Harmonisch-Moll

Die Modi von Harmonisch Moll

Natürlich gibt es auch von der A-Harmonisch-Moll-Tonleiter wie auch bei den uns schon bekannten Durtonleitern wieder sieben Modi. Diese könnte man auch mit ähnlich wohlklingenden Namen wie Ionisch, Dorisch usw. versehen, hat man aber nicht getan, zumindest nicht im deutschen Sprachraum. Statt dessen wird der jeweilige Startton nebst seiner Stufe angegeben, so dass man sich die eigentliche Tonart erst rückwärts herleiten muss. In unserem Beispiel gibt man das Tonmaterial über E7 mit **E-HM5** an. Das bedeutet, es ist eine Harmonisch-Moll-Tonleiter (HM) zu spielen, die als 5 ein E notiert hat. Da wir ja schon Erfahrung in der Tonikasuche bei gegebener V haben, ist es offensichtlich, dass hier A-Harmonisch-Moll gemeint ist.

Ein weiteres Beispiel: HM5 über A7. Zu A7 ist die Tonika stets D. Dass es Moll und nicht Dur sein soll, steckt ja schon in der Vorgabe HM5. Die gesuchte Skala ist also D-Harmonisch-Moll.

Dass im angelsächsischen Sprachraum **HM5** als **Mixolydisch-b9-b13** bezeichnet wird, soll an dieser Stelle erwähnt sein.

Wie bereits erwähnt, entsteht auf der 7. Stufe einer A-Harmonisch-Moll-Tonleiter der Akkord G#dim. Da hier für ein Solospiel eben diese Skala vom Tonmaterial her einsetzbar ist, wird der Modus HM7 bisweilen auch als Verminderte Skala bezeichnet, was ja angesichts ihres Einsatzgebietes nicht unplausibel ist. Doch leider ist diese Benennung nicht eindeutig. Im weiteren Verlauf des Buches werden wir Euch noch eine weitere Verminderte Skala vorstellen, so dass die Bezeichnung **HM7** vorzuziehen ist.

So, eine noch! In der vorgestellten Harmonisch-Moll-Tonleiter alterieren wir noch einen weiteren Ton, und zwar auf der VI. Stufe. Dies ist sozusagen eine Korrektur des erwähnten Hiatus. Somit wird gegenüber A-Äolisch-Moll zusätzlich zum G# der Ton F zum F#. Die entstehende Tonleiter heißt A-Melodisch-Moll (oder A-Moll-Melodisch, MM).

Melodisch Moll

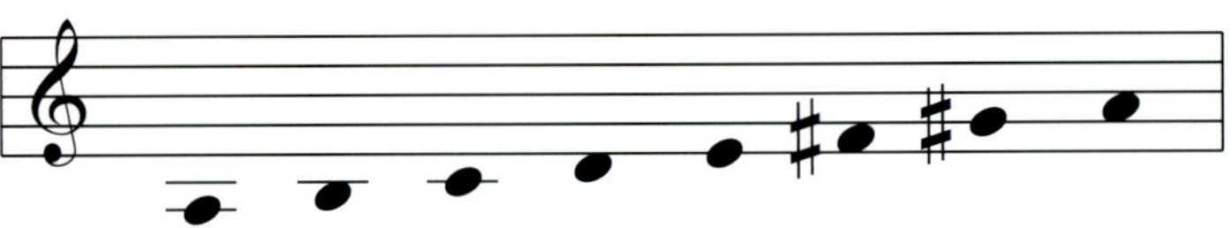

A-Melodisch-Moll

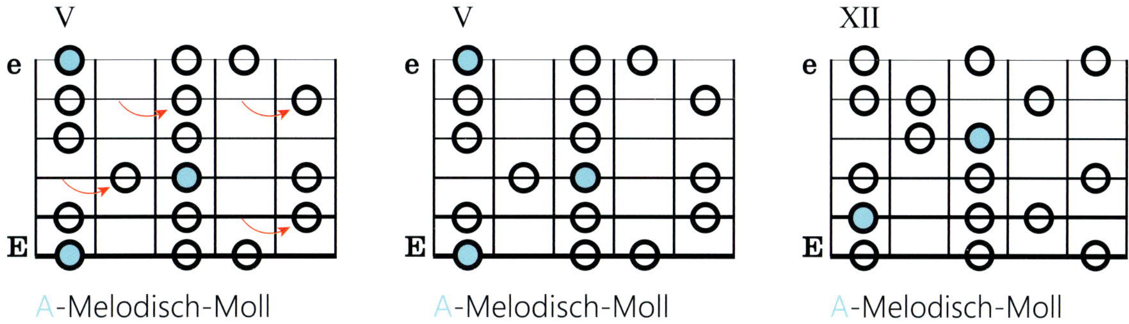

Verwandtschaften

Nach unserem Empfinden ist die Verwandtschaft zu Dorisch-Moll viel interessanter als die Verwandtschaft zu Harmonisch-Moll! Hierbei spielt die subjektive Einschätzung eine Rolle, ob man für einen Mollakkord die Sexte oder die Septime als klanglich entscheidender bewertet.

Technisch gesehen ist Melodisch-Moll eine Dorische Molltonleiter mit einer Major-7.

Die Modi von Melodisch-Moll

Bei Harmonisch-Moll hatten wir die Modi nur erwähnt und ausschließlich das häufig eingesetzte HM5 explizit beschrieben. Warum also für die Modi von Melodisch-Moll ein eigenes Kapitel? Das liegt daran, dass zwei Modi von MM derart oft im Jazz vorkommen, dass wir sie eingehend betrachten müssen:

MM4, welcher als Mixolydisch/#11 bezeichnet wird und MM7, die berühmte Alterierte Skala. Beide Skalen sind extreme Spaßkiller und bereiten dem Jazz-Novizen Unbehagen. Sie klingen aus dem Zusammenhang gerissen ziemlich sperrig. Manche finden sie „abgefahren“, „modern“, viele Jazzer gar „schön“. Das ist natürlich – wie so oft – Geschmackssache. Da es tatsächlich viele Einsatzgebiete für diese Tonleitern gibt, und sie seit vielen Jahren im Jazz buchstäblich zum guten Ton gehören, kommen wir nicht umhin, sie an dieser Stelle vorzustellen.

Alteriert

Eine durchaus anspruchsvolle Aufgabe als Solist ist es, über alterierte Akkorde zu solieren. Also über Konstrukte, die ein offensichtlich Wahnsinniger zusammengebastelt hat. „Eine schöne Linie über A7/b9/b13? Nimm alteriert!“ Dieser gut gemeinte Tipp, oft von unseren Bläserkollegen abgesondert, hinterlässt den unerfahrenen Gitarristen meist ratlos. Nun ja, Gemach.

Wir besprechen Alteriert und Mixolydisch/#11 hier gleichzeitig, weil wir beide Skalen schon spielen können! Die Pointe ist nämlich, dass wie bei den Kirchentonarten unsere beiden obskuren Tonleitern auf den Stufen einer uns schon bekannten Skala entstehen, und zwar Alteriert auf der VII. und Mixo/#11 auf der IV. Stufe von Melodisch-Moll, wie oben angeführt MM7 bzw. MM4! Das bedeutet, die A-Moll-Melodisch-Tonleiter von G# bis G#’ gespielt, heißt G#-Alteriert und von D bis D’ D-Mixolydisch/#11 oder kurz D-Mixo/#11:

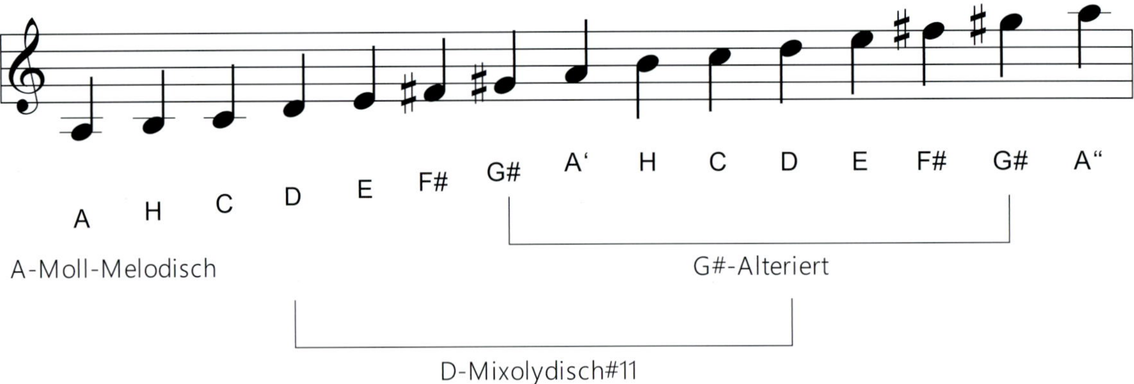

Am besten ist das wieder durch die Akkorde zu verdeutlichen (es lebe die Gitarre!). Nun, lasst uns zunächst nochmals das Thema Tritonus-Vertauschung betrachten:

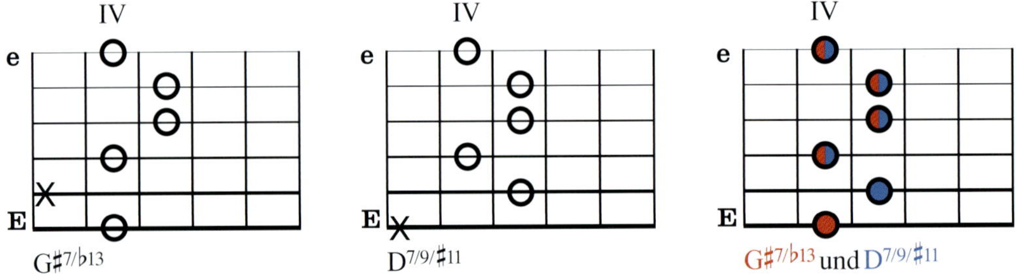

Fairerweise sei angemerkt, dass wir üblicherweise an der linken Hand einen Finger zu wenig besitzen, um die Akkorde in dieser Form tatsächlich zu spielen. Es geht hier aber um die Darstellung der Ähnlichkeit!

Bis auf den Grundton sind beide Akkorde identisch und werden häufig gegeneinander ausgetauscht, sodass man im Solo durchaus gleiches Tonmaterial einsetzen kann:

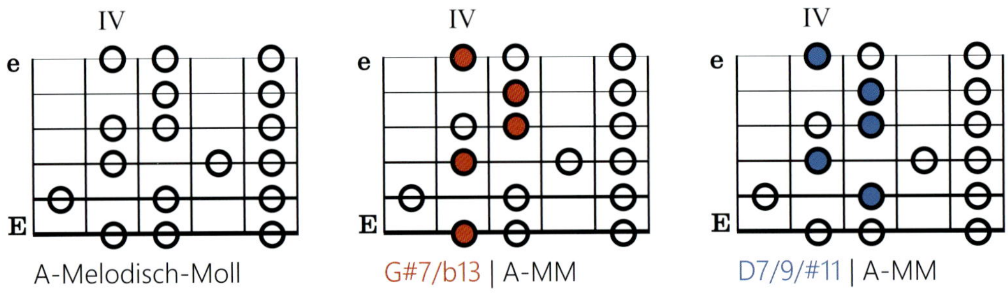

Leider wird dieser dargestellte Sachverhalt, dass also in Melodisch-Moll einige alterierte Akkorde eingebettet sind, gerne stumpfsinnig verallgemeinert. Wir haben ja über den G#7/b13-Akkord A-Melodisch-Moll notiert, was, da das G# die VII. Stufe in A-MM ist, auch als G#-Alteriert bezeichnet werden kann. Dummerweise prägt sich häufig das Bild „Über-einen-7/b13-Akkord-spielt-man-Alteriert“ ein, allerdings losgelöst von der Herleitung.

Was aber unbedingt festzuhalten ist: Die alterierte Skala wird nur dann schlüssig und richtig klingen, wenn der umspielte Akkord auch tatsächlich in einer Verbindung in der Tonart der zugehörigen Melodisch-Moll-Tonleiter steht. Konkret genau auf der VII. Stufe derselben. Ansonsten ist es immer nur eine ungefähre Lösung der harmonischen Aufgabe!

Unsere Empfehlung: Finger weg vom blinden Einsatz der Alterierten Skala über alterierte Septakkorde! Muss ein Dominantseptakkord im Solo umspielt werden ist Mixolydisch, falls es zur Dur-Tonika geht und HM5, falls es zur Moll-Tonika geht, unseres Erachtens die erste Wahl!

Die Quintessenz zu Alteriert

Die Alterierte Skala ist der 7. Modus von Melodisch-Moll, MM7. Aus Sicht des entsprechenden Grundtons erfasst sie alle Alterierungen, die für einen gleichnamigen Septakkord möglich sind: b9, #9, #11 und b13. Ist die Begleitung eher „farblos“, z. B. ein reiner A7-Akkord, so färben wir den Klang durch den Einsatz der Alterierten Skala. Es hat was von Tontaubenschießen mit dem Schrotgewehr: Eine der vielen Kugeln wird schon treffen, der Rest versaut die Umgebung.

Es gibt sehr viele Musiker, die einfach auf den Sound der Alterierten Skala über Septakkorde stehen und in ihren Soli sehr gut klingen. Das liegt aber zumeist weniger am eingesetzten Tonmaterial, als vielmehr an ihrer guten Phrasierung und rhythmischen Raffinesse.

Bei den Einsteigern ist es zumeist ein permanentes „Im-Trüben-Fischen“. Denn durch das Überangebot an Alterierungen kippt ein Solo schon mal ins belanglose Gedudel. Es ist eben nicht egal, ob ein Gemälde „farbig“ ist oder „schön bunt“. Letzteres klingt immer etwas nach Kindergarten. So wollen wir in diesem Kapitel nicht generell einen Einsatz der Alterierten Skala verdammen (man wird ja auch altersmilde), sondern nur ihren unkritischen. Wenn man etwas durch die Geschichte des Jazz oder der Musik überhaupt stöbert, ist es durchaus schwierig, zu ermitteln, ab wann der Einsatz des 7. Modus von Melodisch Moll als eigenständige Tonleiter erfolgte. Im 19. Jahrhundert finden sich keine Belege für die Alterierte Skala (wohl aber zum Beispiel zur Ganztonleiter, z. B. bei Debussy). Im 21. Jahrhundert aber hat sich die Alterierte Skala derart in unsere Jazz-Hörgewohnheiten gesetzt, dass ein stures Ignorieren nicht mehr zeitgemäß sein mag. Also, wem der Sound gefällt, der möge sie nutzen. Aber bedenkt – es hat seine Tücken!

Mixolydisch/#11

Anders sieht es dagegen mit der Mixolydisch/#11-Skala aus (im Folgenden nur noch Mixo/#11 genannt)! Sie entsteht auf der IV. Stufe einer Melodisch-Moll-Tonleiter (der Modus heißt dementsprechend MM4). Sie wird – wer hätte es gedacht? – über Septakkorde gespielt, die mit der #11 alteriert wurden. In späteren Beiträgen, in denen es um Anwendung des Gelernten geht, können wir Euch tatsächlich Beispiele präsentieren, bei denen Mixo/#11 zum Einsatz kommen kann, ja sogar muss.

Zum Finden der jeweiligen Mixo/#11-Töne bevorzugen Einige die Herleitung aus der erzeugenden Melodisch-Moll-Skala und nicht über die Mixolydische Tonleiter, was natürlich auch möglich ist, wenn man die IV. Stufe (11) einer Mixolydischen Skala um einen Halbton erhöht (#11), in C-Dur wird also jedes G zum G#.

Wie so oft – Geschmackssache!

Im Folgenden die Herleitung von D-Mixolydisch/#11 einmal aus A-Melodisch-Moll und einmal aus D-Mixolydisch:

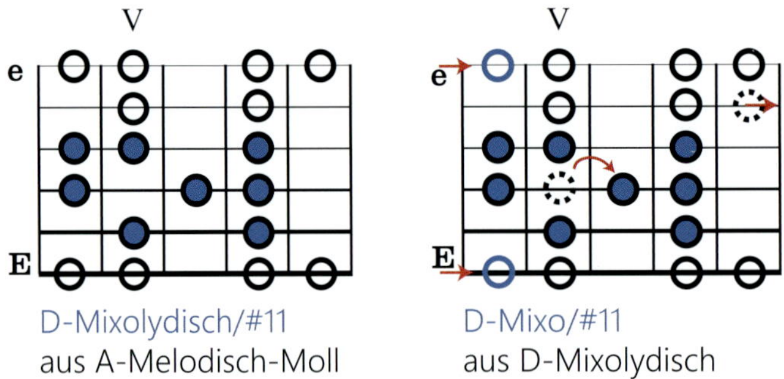

D-Mixolydisch/#11 aus A-Melodisch-Moll

D-Mixo/#11 aus D-Mixolydisch

Der geschmackvolle und passende Einsatz der Modi von Melodisch-Moll hat seine Tücken und kann nicht in wenigen Worten in ein Regelwerk gepresst werden, da das natürlich viel mit Geschmack und Hörgewohnheit zu tun hat. Wir unternehmen dennoch einen Versuch.

Das Dreigestirn

Die drei Skalen Melodisch-Moll, Alteriert und Mixolydisch/#11 haben miteinander zu tun. Das hatten wir ja eben in diesem Kapitel festgestellt. Aber wann kommt welche Skala zum Einsatz? Wenn wir in dem Standard „Take the A Train" von Duke Ellington auf ein D7/#11 stoßen, spielen wir dann D-Alteriert oder D-Mixolydisch/#11?

Hierzu müssen wir zur Veranschaulichung Begriffe aus der Funktionsharmonik verwenden, welche wir erst im Folgenden besprechen werden. Von daher:

Spoileralarm!

Schauen wir uns die Zusammenhänge in der Tonart A-Melodisch-Moll nochmals auf dem Griffbrett an.

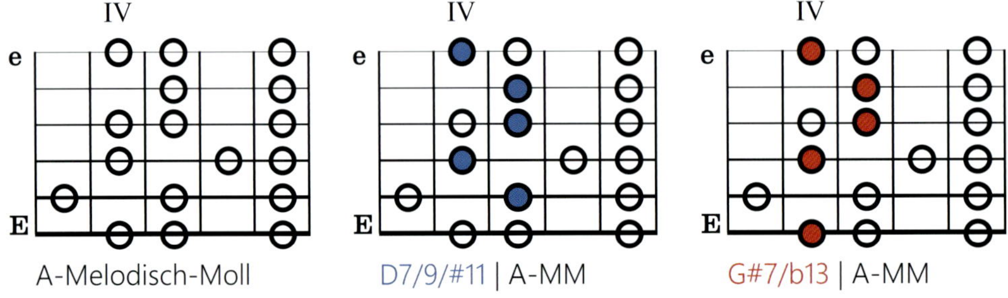

A-Melodisch-Moll

D7/9/#11 | A-MM

G#7/b13 | A-MM

Die Skalen A-Melodisch-Moll (MM1), D-Mixolydisch/#11 (MM4) und G#-Alteriert (MM7) entstammen also derselben Basis- oder Erzeugertonart und besitzen damit dieselben Töne. Tückisch wird die Anwendung von Melodisch-Moll und seinen Modi über Akkorde bzw. Verbindungen.

Beispiel (aus einer anderen Tonart):

| Fmaj7 | Bbmin6 | Eb7/9/#11 | Fmaj7 |

Eine Akkordverbindung mit den – Achtung! Spoiler! – harmonischen Funktionen

Tonika - Vermollte Subdominante - Doppelmollsubdominante - Tonika

Über das Fmaj7 dürfen wir mal der Einfachheit halber Ionisch postulieren. Die beiden Akkorde Bbmin6 und Eb7/9/#11 sind sich vom Aufbau sehr ähnlich:

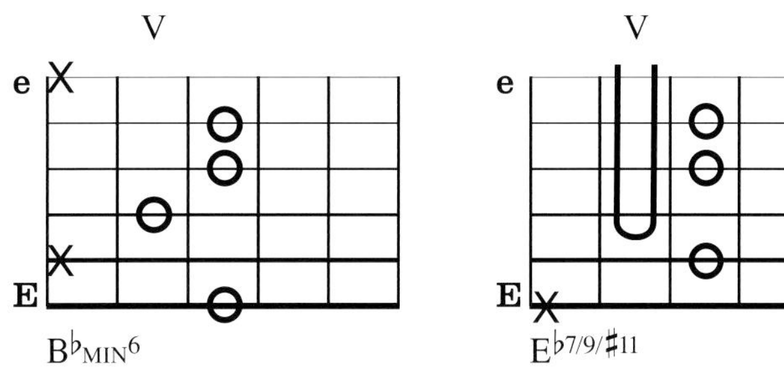

Beide sind aus Tönen der Skala Bb-Melodisch-Moll aufgebaut und stehen in dieser Tonleiter auf Stufe I bzw. IV. Spielt man jetzt einfach über beide Akkorde Bb-Melodisch-Moll, was so falsch nicht sein kann und tatsächlich völlig schlüssig klingt, werden diese (vom Material her identischen) Skalen als Bb-MM1 und Eb-MM4 bezeichnet. Letztere dann wie schon erwähnt auch als Eb-Myxolydisch/#11. Ist dagegen etwa

| Fmaj7 | Bbmin6 | A7/b13 | Fmaj7 |

notiert, so spielen wir wiederum über beide Akkorde zwischen den Fmaj7 Töne aus Bb-MM, nur dass man sie diesmal Bb-MM1 und A-Alteriert nennen kann.

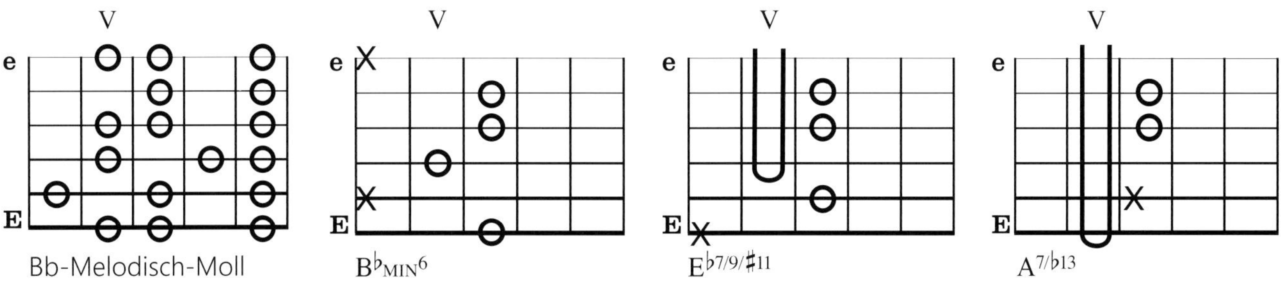

Es ist offensichtlich, dass alle oben abgebildeten Akkorde der Skala Bb-Melodisch-Moll entstammen. Hier eine grafische Darstellung der Zusammenhänge:

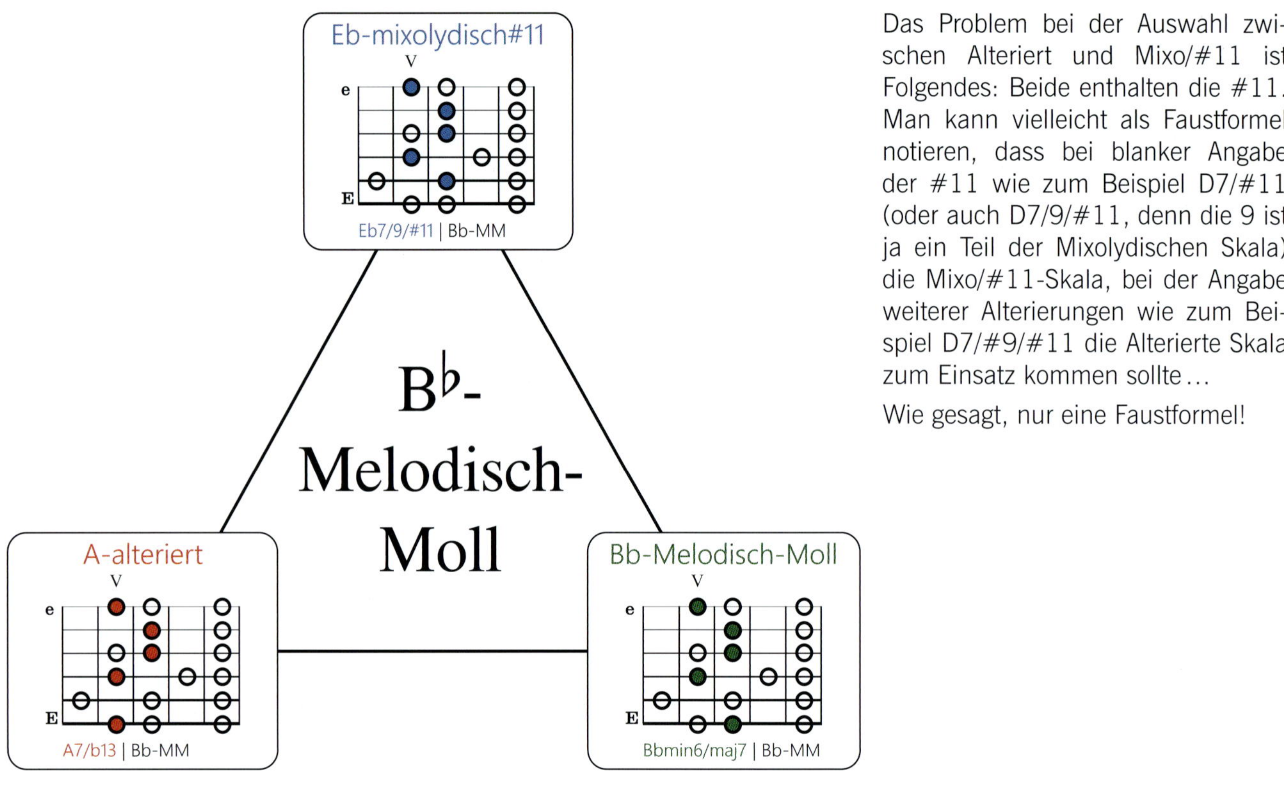

Das Problem bei der Auswahl zwischen Alteriert und Mixo/#11 ist Folgendes: Beide enthalten die #11. Man kann vielleicht als Faustformel notieren, dass bei blanker Angabe der #11 wie zum Beispiel D7/#11 (oder auch D7/9/#11, denn die 9 ist ja ein Teil der Mixolydischen Skala) die Mixo/#11-Skala, bei der Angabe weiterer Alterierungen wie zum Beispiel D7/#9/#11 die Alterierte Skala zum Einsatz kommen sollte…

Wie gesagt, nur eine Faustformel!

Wieder Spoiler-Alarm!

Noch ein abschließendes Beispiel:

| Dmin7 | Bb7 | A7 | Dmin7 |

Eine Wendung, die aus vielen Blues- und Rocksongs bekannt sein dürfte. In der täglichen Praxis wird man wohl über die gesamte Verbindung D-Blues solieren, also die D-Moll-Pentatonik plus b5-Bluenote, also die Töne D - F - G - Ab - A - C. Zum Zwecke der Veranschaulichung soll diese durchaus korrekte und wohlklingende Lösung an dieser Stelle nicht betrachtet werden.

Unser Skalenvorschlag für die o. a. Verbindung ist: | D-Äolisch | Bb-Mixolydisch/#11 | A-HM5 | D-Äolisch |

Wer Spaß daran findet, mag statt A-HM5 auch A-Alteriert spielen. Warum aber schlagen wir Bb-Mixolydisch/#11 vor?

Wieder einmal müssen wir etwas ausholen. Da Ihr Euch ja gerade quasi in einem Exkurs befindet, dürfen wir das. Wir sind ohnehin schon heftig abgeschweift. Wenn man genau hinschaut, ist die abgebildete Akkordverbindung gar nicht so leicht zu erklären. Denn die Stufenakkorde in F-Ionisch bzw. D-Äolisch (beides F-Dur) wären | Dmin7 | Bbmaj7 | Amin7 | Dmin7 |, also in Stufen vi - IV - iii - vi.

Da es sich schon in erster Anschauung offenbar um eine Mollverbindung in D handelt, sind die Stufen aus Sicht von D-Äolisch-Moll bzw. D-Harmonisch-Moll i - VI - V - i. Nur eine andere Zählweise, da die Tonika nun ein Mollakkord ist. Notiert ist aber Bb7, nicht Bbmaj7, was eben durch den Ton Ab statt A den bluesigen Sound der Verbindung erzeugt.

Es handelt sich hierbei um eine Tritonus-Substitution. Die ursprüngliche Verbindung ist im Falle des Bb7

| Dmin7 | E7 | A7 | Dmin7 |

In Verbindung mit einer Tonika in D (egal ob Dur oder Moll) nennt man so einen Dominantseptakkord eine Doppeldominante. Eine harmonische Funktion, die wir noch besprechen werden. Nun ist der „vorschriftsmäßige" Tritonus-Ersatz für ein E7 wie bereits vorgestellt ein Bb7/#11:

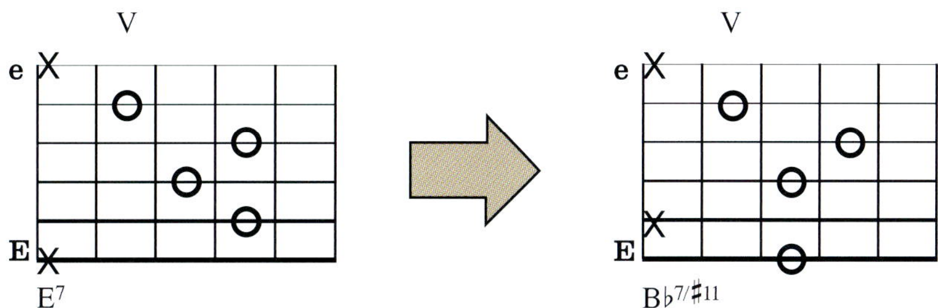

Allerdings funktioniert die Tritonus-Substitution auch harmonisch wunderbar, wenn der Grundton des zu ersetzenden Akkords gar nicht in dem Substitut enthalten ist. Eben so wie in o. a. Verbindung. Und hier finden wir ein sehr anschauliches Beispiel, wie man dann bei der Skalenwahl irregehen kann: Unseres Erachtens ist die Tonleiter, die wir über den Akkord Bb7 spielen sollten (wir erinnern uns: D-Blues scheidet aus) F-Melodisch-Moll!

Das ergibt – auf die jeweilige Stufe des betreffenden Akkords bezogen – für Bb7 Mixo/#11 und für E7 Alteriert. Ob in der Begleitung nun Bb7 oder E7 gespielt wird, ändert nichts.

Umgekehrt gedacht, also mit dem Vorsatz, über das Bb7 Alteriert zu spielen, bedient man sich der Tonleiter B-Melodisch-Moll und erzeugt somit die Skalen E-Mixo/#11 und eben Bb-Alteriert. Auch nicht unmöglich, aber eben anders herum umgesetzt. Die Entscheidung, welcher Sound Euch für solche Verbindungen am besten gefällt, bleibt Eurem Geschmack überlassen.

Andere Skalen

Bevor es zur Funktionstheorie und zur Analyse von Standards geht, an dieser Stelle noch ein kleiner Abriss zum Thema „Andere Skalen". Echt jetzt, noch mehr Skalen?

Klar, solcherlei gibt es. Und um der Vollständigkeit halber seien sie an dieser Stelle auch erwähnt. Aber wir halten nichts von der sturen Einübung mannigfaltiger Tonleitern auf dem Instrument. Das Problem dabei sind nämlich nicht eventuelle Reibungen mit der Begleitung, welche zum Beispiel im permanent auf der Suche nach Spannung befindlichen Jazz ja gewünscht sind, sondern eine gewisse Beliebigkeit im Umgang mit dem Tonmaterial.

Die überaus kompetenten Kollegen des Berklee College of Music gehen zum Verständnis von Akkorden und Skalen andere Wege, als wir sie hier besprechen und arbeiten mit allen Skalen, die man sich ausdenken kann. Dies erfordert aber nach unserer Einschätzung bereits fortgeschrittene Kenntnisse traditioneller Funktionsharmonik und ist keine Basis für das Erlernen der Harmonielehre, sondern quasi ein „Aufbaustudium". Moderne Strömungen des Jazz können wir mit den vorgestellten Tonleitern eventuell nicht vollständig bedienen, für die Standards des Great American Songbooks und für die meisten Songs aus Blues, Pop und Rock wird das in diesem Buch besprochene Material wohl ausreichen.

Nicht explizit behandeln wir die

Ganztonleiter

Die Ganztonleiter ist eine sechstönige Tonleiter, die aus einer gleichmäßigen Teilung der Oktave in sechs Ganzton-Intervalle hervorgeht. Damit bestehen die Tonschritte ausschließlich aus großen Sekunden. Der Komponist Rimski-Korsakow hat sie bereits im späten 19. Jahrhundert verwendet. Von C aus gespielt lauten die Töne

C - D - E - F# - G# - A# - C

Über den Akkord C7 gespielt ergibt dies die „Farben" #11 b13, was den stets auf der Suche nach abgefahrenen Sounds befindlichen Thelonius Monk dazu bewog, die Ganztonleiter häufig einzusetzen.

Halbton-Ganzton- (HTGT), Ganzton-Halbton- und Verminderte Skala

Die HTGT besteht aus acht Tönen, der Abstand zwischen zwei Tönen ist dabei immer abwechselnd ein Ganzton und ein Halbton. Je nach ihrem ersten Schritt gibt es zwei Erscheinungsformen: eine, die mit einem Halbtonschritt beginnt (HTGT), und eine, die mit einem Ganztonschritt beginnt (GTHT – auch Verminderte Skala genannt, siehe Seite 111).

Chromatische Skala oder Chromatik

Einfach immer nur einen Halbton weiter und gut? Wie so oft ist die Sachlage natürlich komplizierter. Wir dürfen hier das Thema „autonome Chromatik vs. Chromatik als Erweiterung der Diatonik" erwähnen. Da wir aber die Chromatik eben nicht besprechen, mag uns der Hinweis genügen, dass alle 12 in unserem Dur-Moll-System vorkommenden Töne als eine Tonleiter zusammengefasst werden.

Es gibt Menschen, die tatsächlich abgefahrene und gute Soli mit chromatischem Material spielen können. Da ja jeder Ton in einer harmonischen Beziehung zu jedem anderen Ton steht, ist solcherlei bei adäquater Technik nicht verwunderlich. Es ist aber auch nicht Gegenstand dieses Buchs.

Bebop-Skala

Die am meisten eingesetzte Form ist die sogenannte Bebop-Dominant-Skala. Sie wird von der Mixolydischen Skala abgeleitet und hat einen chromatischen Durchgangston zwischen der kleinen Septime und der Oktave, also acht statt der üblicherweise sieben Töne. In C-Dur (was ja im 5. Modus G-Mixolydisch bildet) käme folglich der Ton F# hinzu. G-Bebop-Dominant ist also:

G-A-B-C-D-E-F-F#-G

Die Bebop-Dur-Skala wird von der Ionischen Skala abgeleitet und hat einen zusätzlichen chromatischen Durchgangston zwischen Quinte und Sexte, die b6.

C-D-E-F-G-G#-A-B-C

Gipsy-Skala oder Zigeuner-Tonleiter

Die Zigeuner-Moll-Tonleiter ist eine Variante der Molltonleiter und entspricht dem harmonischen Moll mit erhöhter vierter Stufe. Dadurch entsteht ein zweiter Hiatus zwischen der dritten und vierten Stufe, der – ähnlich wie beim harmonischen Moll – einen besonderen orientalischen Anklang erzeugt.

Der 5. Modus des Zigeuner-Moll ergibt dann die Zigeuner-Dur-Tonleiter. Also ist der 5. Modus von A-Moll-Gipsy E-Dur-Gipsy.

Und sonst?

Sicherlich gibt es noch einige Skalen mehr, die Tonleitern außerhalb unseres abendländischen Dur-Moll-Systems erst gar nicht betrachtet. Keinesfalls wollen wir vom Gebrauch all der erwähnten Tonleitern abraten. Zumeist entstehen sie ja, indem vorhandenes Material erweitert, geändert oder auch reduziert wird. Wie bereits erwähnt, können wir ja häufig Töne von Skalen über ihren chromatischen Nachbarn einleiten. Wenn wir das beispielsweise regelmäßig mit der Oktave einer Mixolydischen Tonleiter machen, haben wir – schwuppdiwupp – die Bebop-Skala.

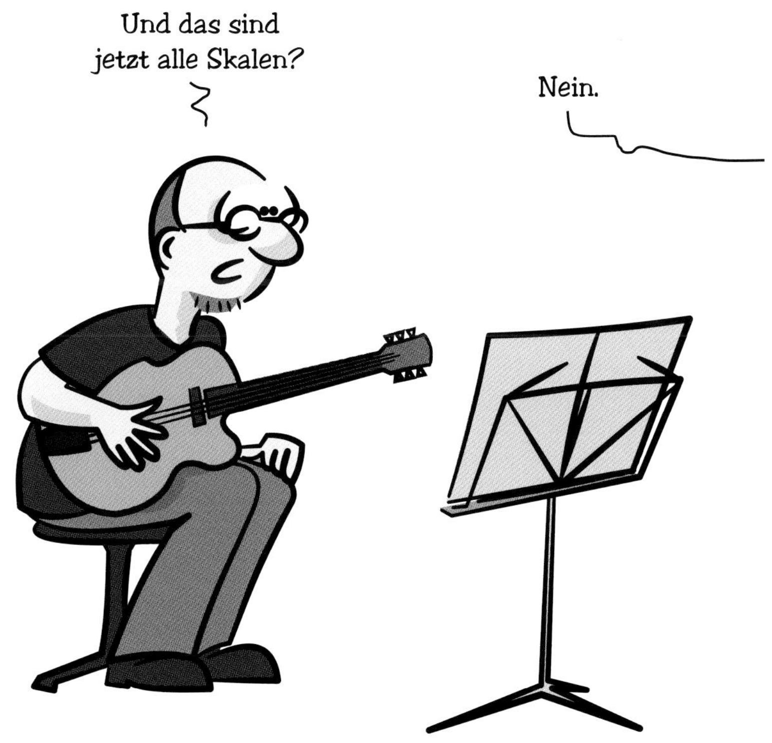

Funktionsharmonik – Analysen

Einführung

Man kommt im Jazz an ihnen nicht vorbei: An den Stufen und vor allem an den Funktionen der Stufen. Bei der Songanalyse wird immer wieder auf die Stufen und ihre Funktionen eingegangen. Warum eigentlich dieser ganze Zirkus?

Wenn man viele Jahre lang unzählige Standards „aus-checkt“, also harmonisch analysiert, hinterfragt man diese Tätigkeit schon nicht mehr. Es schadet aber nie, sich ein paar Gedanken zu machen.

Wir haben Euch auf Seite 18 die Stufen und Funktionen vorgestellt.

Stufe	Akkord	Funktion	Einsatz als
I	Cmaj7	Tonika	
ii	Dmin7	Nebenstufe	Subdominant-Parallele
iii	Emin7	Nebenstufe	Tonika-Gegenklang
IV	Fmaj7	Subdominante	
V	G7	Dominante	
vi	Amin7	Nebenstufe	Tonika-Parallele
vii	Bmin7/b5	Nebenstufe	Dominant-Gegenklang

Wie wir aus der Tabelle entnehmen können, gibt es nur drei Funktionen, welche alle damit zu tun haben, wie man ein Lied oder eine Passage zu Ende bringt. Die Tonika ist der Grundakkord eines Liedes oder zumindest eines Abschnitts, Dominante und Subdominante leiten zu dieser hin.

Nimmt nun eine der Nebenstufen den Platz einer der Hauptstufen ein, so ist die klangliche Wirkung immer noch diejenige, welche die letzteren aufeinander haben. Ist also die Verbindung V-I (also in C-Dur G7-Cmaj7) ein authentischer Schluss, so wirkt eine vii-iii (Bmin7/b5-Emin7) durchaus ähnlich, weil wir hier die jeweiligen Gegenklänge als Vertreter der Hauptstufen haben.

Natürlich kommen in der Praxis nicht nur Durtonleitern des Quintenzirkels, sondern auch Molltonleitern (Harmonisch- und Melodisch-Moll) und Schlimmeres vor, aber das Prinzip ist beim „Aus-checken“ immer dasselbe:

Wir versuchen stets, in einem Song vorgefundene Akkorde oder Akkord-Verbindungen als Funktionen zu interpretieren, die wir bereits kennen und spielen können. Wir zerlegen also den kompletten Standard in Funktions-Happen, die wir verstehen. Und zumeist geht es dabei um Schlusswendungen bzw. deren Erweiterungen. Denn eine Zwischendominante ist nichts anderes als ein (lokaler) authentischer Schluss, welche natürlich auch ohne das tatsächliche Eintreten desselben funktioniert. Oder eine Vermollte Subdominante eine Erweiterung des plagalen Schlusses. Oder eine ii-V-Verbindung wiederum ein Teil eines authentischen Schlusses usw.

Diese kleine Einführung soll Euch die Beweggründe darzulegen, warum es sinnvoll ist, mit Stufen- und Funktionstheorie an Jazzstandards (aber auch gerne an Rock- und Popsongs) heranzugehen. Keinesfalls soll eine Analyse zu statischen Spielanweisungen führen. Gerade dubiose „Rückungen“ und Ideen, die gegen jede Theorie verstoßen seitens des Komponisten sowie intuitives Solospiel der Interpreten, welches einfach „geil klingt“, geben der Musik erst ihre Würze. Zudem ist die Analyse nicht immer eindeutig. Es ist – wie so oft – Geschmackssache.

Liebe Leser,

nach langer Ankündigung hier nun der Einstieg in die Funktionsharmonik mit einem … Rock-Song? Ach, lasst Euch überraschen, es gibt allerhand zu entdecken!

Beispiel 1: Still Got the Blues

Als erstes Anwendungsbeispiel für die Stufen soll uns der (einstmals?) bekannte Song „Still Got the Blues" aus dem Jahr 1990 von Gary Moore dienen. Die Begleitung von Strophe und Chorus gestaltet sich wie folgt:

Strophe:

Dmin^{7}	Dmin^{7}/G	Cmaj^{7}	Fmaj^{7}
Bmin$^{7/\flat 5}$	E^{7}	Amin Amin/B	Amin/C
Dmin^{7}	Dmin^{7}/G	Cmaj^{7}	Fmaj^{7}
Bmin$^{7/\flat 5}$	Bmin$^{7/\flat 5}$	Esus^{4}	E^{7}

Chorus:

Amin	Emin	Amin	D^{9}
F$^{7/9}$	E$^{7/\sharp 9}$	Amin	Amin

Eben nochmal reinhören?

Wer den Song nicht im Ohr hat, sollte die Gelegenheit jetzt nutzen, sich das Original mal wieder zu Gemüte zu führen. YouTube sei Dank stellt dies heutzutage kein Problem mehr dar.

Zunächst fällt schon beim Überfliegen der Akkorde auf, dass die Strophe vom eingesetzten Akkordmaterial einem Jazzstandard entnommen sein könnte. Es kommen fast ausschließlich Vierklänge zum Einsatz, die wir auch alle schon von der Vierklangableitung aus C-Dur kennen. Im Refrain dagegen sind einige Dreiklänge notiert, was die Interpretation offener gestaltet, wie wir gleich sehen werden.

Schon die erste Zeile lässt eine eindeutige Bestimmung der Tonart zu: Das gleichzeitige Vorhandensein der Akkorde Dmin7, Cmaj7 und Fmaj7 gibt es nur in der Tonart C-Dur. Es handelt sich um die Stufen ii, I und IV. Bleibt das Dmin7/G, welches hier Dominantfunktion übernimmt.

Die versteckte Dominante

In manchen Transkriptionen ist an dieser Stelle auch F/G zu finden, welcher auch Gsus genannt werden kann. Lassen wir die leere D-Saite beim Dmin7/G mal außer Acht, sind übrigens beide Akkorde vom Tonmaterial identisch. Und welchen man auch spielt, er treibt wie eine G7-Dominante in Richtung Tonika (die übrigens auch sofort kommt) und darf daher durchaus als G7-Ersatz gelten. Nebenbei bilden die Töne F, A und C zum Grundton G keine besonders exotischen Erweiterungen, nämlich 7, 9 und 11. Unser Dmin7/G oder auch F/G darf also im gegebenen Zusammenhang durchaus als G7/9/11 betrachtet werden und ist damit – wie vermutet – die Dominante (V. Stufe) unserer kleinen Akkordfolge.

Zusammengefasst ist also Zeile 1 eine ii-V-I-IV-Verbindung in C-Dur und wird daher kompliziert mit den Skalen D-Dorisch, G-Mixolydisch, C-Ionisch und F-Lydisch bespielt. Oder natürlich einfach (was exakt dasselbe ist) durchgehend mit C-Dur!

Betrachten wir nun Zeile 2 der Strophe. Es beginnt mit Bmin7/b5. Das ist die vii. Stufe in C-Dur. Allerdings ist diese Feststellung im wahrsten Sinne des Wortes kurzsichtig. Denn gleich im nächsten Takt steht E7, ein in C-Dur nicht-leitereigener Akkord. Er ist die V. Stufe, also Dominantseptakkord aus A-Moll. Da A-Moll die parallele Tonleiter zu C-Dur ist, verbleibt die Strophe also in der Tonart. Während des E7 ist allerdings wegen des Tones G# A-Moll-Harmonisch statt A-Moll-Äolisch zu spielen. Funktionsharmonisch liegt in Zeile 2 eine ii-V-i -Verbindung in A-Moll vor.

Und weil „Still Got the Blues“ eben kein Jazz-Standard, sondern eine Rock- oder Bluesballade ist, kommt die Tonika nicht als Vier- sondern als Dreiklang daher (was hier im Song auch besser klingt). Die zur Tonika hinzugefügten Basstöne (Takt 7 bzw. 8) B und C dienen der klanglichen Abwechslung und leiten in die 3. Zeile der Strophe.

Zeile 3 entspricht Zeile 1. In Zeile 4 nun geht es schon stramm Richtung Refrain (Chorus). Um allerdings eine durch 4 teilbare Taktanzahl der Strophe zu erreichen, eine sehr angenehme Formel sowohl für Musiker wie auch für Hörer, wurde die ii-V-Verbindung durch die jeweilige Verdoppelung der Akkorddauer von zwei auf vier Takte aufgeblasen. Das erste E7 wurde durch den Einsatz der Quarte (A) statt der Terz (G#) (ergibt Esus) noch etwas gewürzt.

Kleine Anmerkung:

Wenn wir das Esus mal nur von der A- bis zur H-Saite betrachten, ist es ein astreines Bmin7, allerdings ohne Quinte.

Die Folge Esus - E7 kann also durchaus als Bmin7 - E7 angesehen werden, was einer ii-V-Verbindung in der Tonart A entspricht. Ist die (hoffentlich) folgende Tonika A-Moll, so wird über die gesamte Folge HM5 (A-Moll-Harmonisch) gespielt. Der neue Ton im E-Akkord A ist genauso leitereigen wie das im E7 folgende G#. Ist die Tonika dagegen A-Dur (mit oder ohne maj7), greifen wir zu B-Dorisch und E-Mixolydisch, was beides einfach A-Dur (Ionisch) entspricht.

Nun stand ja bereits in den beiden vorherigen Takten jeweils Bmin7/b5, so dass höchstwahrscheinlich nicht von einer Dur-Tonika A-Dur auszugehen ist...

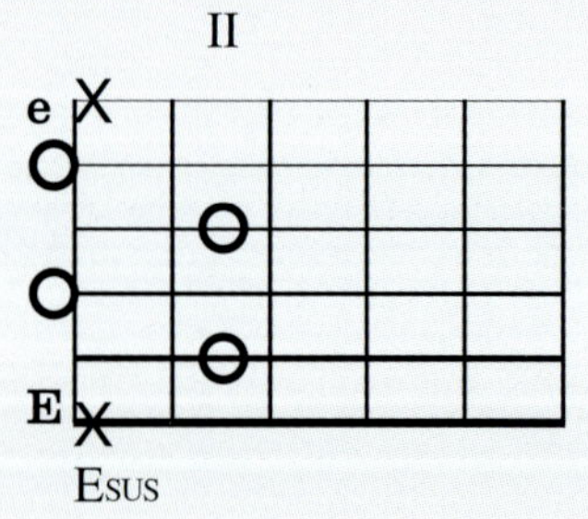

Und dann kommt – endlich! – der Refrain. Kein Jazz-Gedöns, kein Vierklang, eine einwandfreie Rock-Tonika ohne Erweiterungen, ein A-Moll-Dreiklang. Gefolgt von einer – im Jazz äußerst selten anzutreffenden – Moll-Dominante, einem E-Moll. In Takt 3 geht es zurück auf die Tonika und dann in Takt 4 auf die Subdominante. Die wäre in A-Moll eigentlich D-Moll. Nun ist allerdings D9 als Akkord angegeben. Hier wird die Sache etwas knifflig. Ist der D-Akkord ohne Terz gemeint?

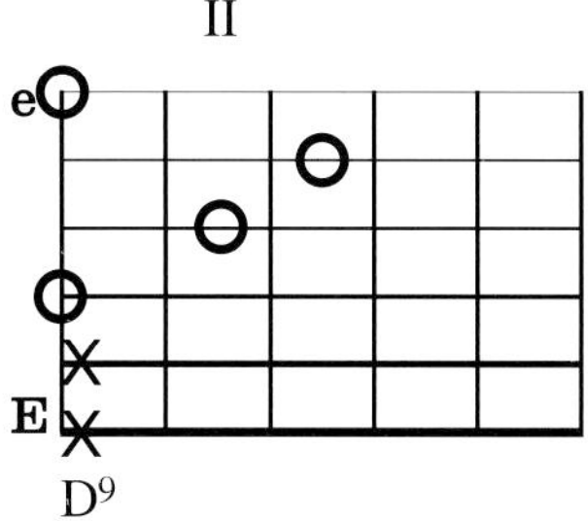

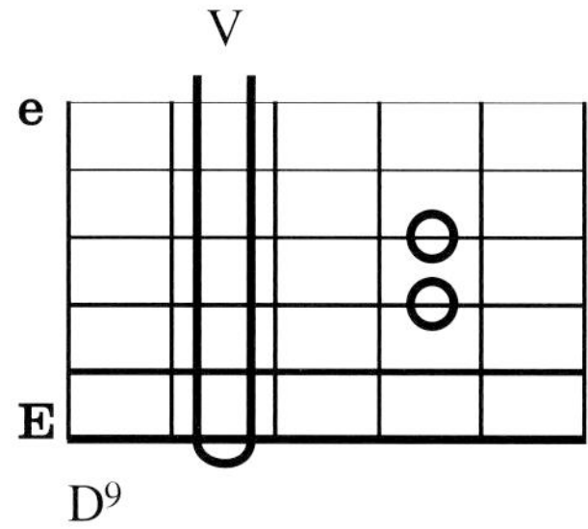

In diesem Fall hätte sich Gary Moore einfach herausgehalten, da man die nebenstehend gezeigten Akkorde sowohl als D-Moll wie auch als D-Dur interpretieren kann (Power- oder Ambi-Chord). Oder etwa doch D9 als abgekürzte Schreibweise von D7/9 (siehe folgend), der ja gemäß unserer Definition ein Vierklang mit einer weiteren (aufgetürmten) Terz ist (also ein Fünfklang).

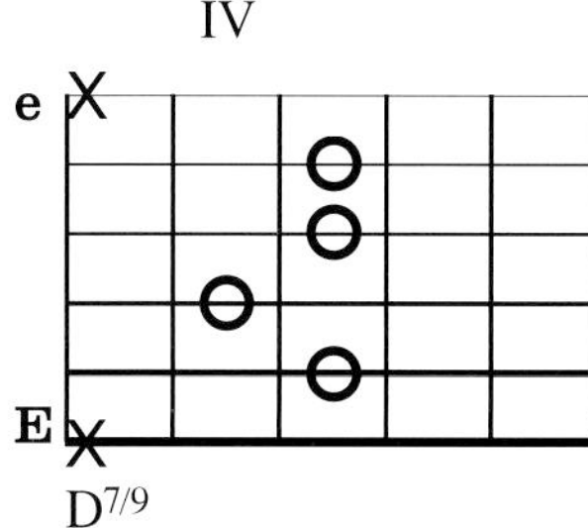

An dieser Stelle ist es sehr hilfreich, die nicht allzu komplizierte Melodie, die über den Chorus gesungen wird, zunächst nachzusingen (keine Sorge, wir können zum Einen nicht besonders schön singen und hören zum Anderen weg) und dann auf der Gitarre zu spielen. Reinste Pentatonik, mit einer Bluenote am Ende, also Bluesskala. Deshalb der Titel! Endlich im Refrain legt Gary die Karten auf den Tisch: Still Got the Blues! Und da im Blues des öfteren aus einfachen Dur- oder Moll-Akkorden der Spannung halber Dur-Septakkorde gemacht werden, klingen auch beide D-Varianten völlig ok.

Die Sache mit der Spannung im Blues können wir gleich bei den nächsten beiden Akkorden nochmals durchexerzieren: Im Song sind F7 und E7 notiert (die 9 bzw. #9 erklären wir baldigst), übrigens eine absolut gebräuchliche Schlusswendung, nicht nur im Blues. In A-Moll wäre allerdings – wenn schon mit Septime – Fmaj7 korrekt. Nun ist aber die Gesangsmelodie an eben genau dieser Stelle ein Eb (bzw.) D#, also eine Bluenote aus der A-Bluesskala. Über ein Fmaj7 gesungen, klingt das dann nicht mehr spannend, sondern einfach falsch. Zudem passt der sanfte Major-Akkord nun gar nicht in unseren bluesigen Refrain. So wird aus Fmaj7 ein F7 und die Begleitung doppelt die Gesangslinie.

> *Noch ein kleiner Spoiler: Im Folgenden werden wir noch die sogenannte Doppeldominante kennen lernen. Wem die etwas schwammige Erklärung „Blues“ für das F7 nicht genügt, mag statt dessen „Tritonus-Substitution der Doppeldominante“ B7 nehmen. Jetzt ok?*

Auch nähert sich der Akkord der unausweichlichen Dominante E7 chromatisch, was ja gerade im Blues immer eine feine Sache ist. Bleibt noch die 9 bzw. #9. Hier wurde zu beiden Septakkorden ein Leitton (das G) Richtung Tonika hinzugefügt, der – das ist die Pointe – auch beim Akkordwechsel liegenbleibt:

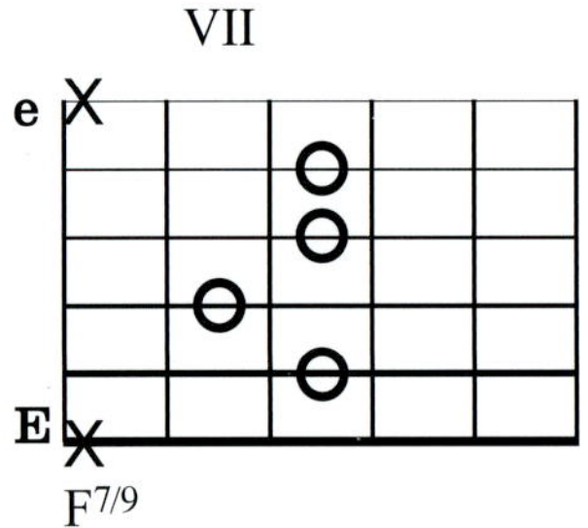

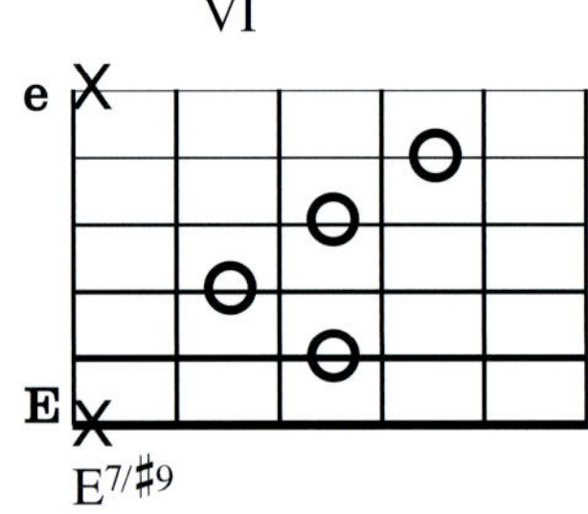

Joe Pass hat in einem seiner zahlreichen Lehrvideos die Behauptung aufgestellt, man könne in einem Turnaround (wenn es also Richtung Tonika nach Hause geht) nahezu beliebig Akkorde aneinander reihen, wenn sie nur einen Ton in der Oberstimme gemeinsam haben.

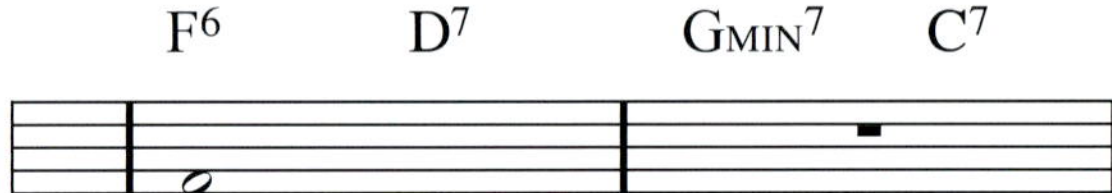

Bisweilen ist solches sogar im Sheet notiert. Oben sehen wir die letzten beiden Takte des Standards „I Thought About You“ von Jimmy van Heusen. Hier ist nach der Schlusstonika F6 wieder ein optional zu spielender Turnaround notiert, bei dem van Heusen schon im Sinn hatte, dass der Ton F nicht nur zur Tonika F6, sondern auch noch zum ersten Akkord des Turnarounds klingen soll.

Durch das F wird übrigens das D7 zum D7/#9. Dann lasst uns doch gleich diesen Ton über den kompletten Turnaround packen, was eine interessante (mögliche) Grifffolge ergäbe:

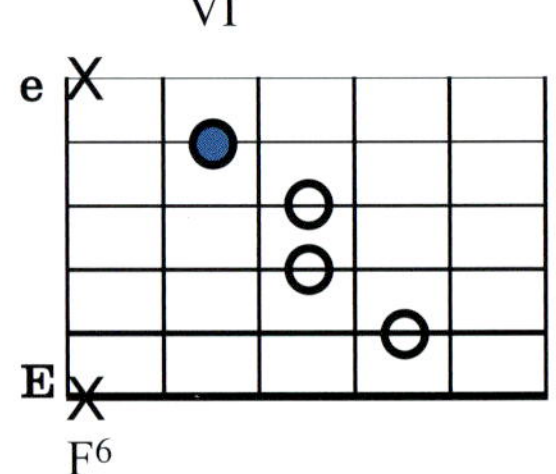

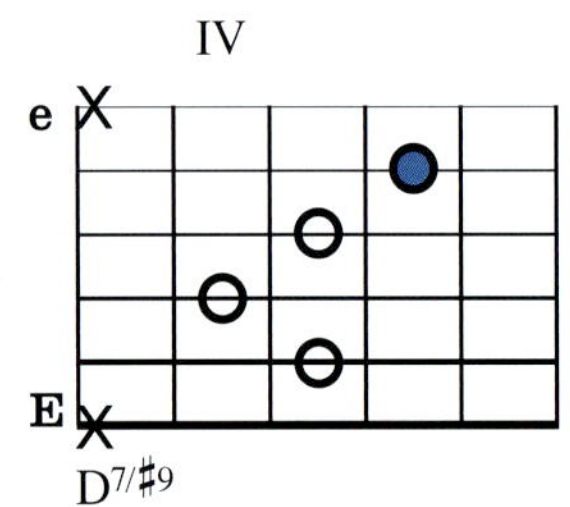

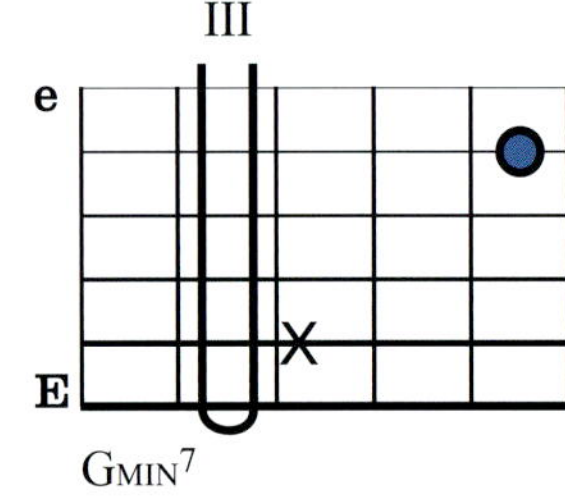

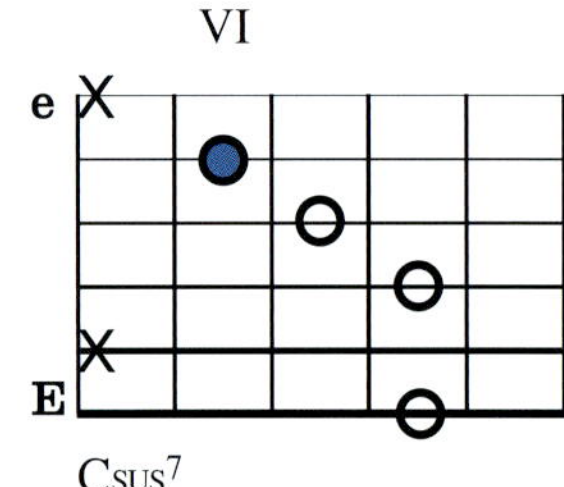

Beispiel 2: All Of Me

„All Of Me“ ist ein schöner Jazzstandard aus dem Jahr 1931 von den Komponisten Gerald Marks & Seymour Simons. Er ist nicht zu komplex und beinhaltet dennoch einige Finessen, die wir gemeinsam analysieren wollen. Der Song wurde unzählige Male aufgenommen und ist daher im Netz entsprechend leicht zu finden. Ihr solltet zumindest eine vokale sowie eine instrumentale Version gehört haben, bevor wir uns an die Arbeit machen. Ach was, „Arbeit“ – ein Vergnügen wird es uns sein!

Das Realbook

Die erste umfassende Sammlung von Jazzstandards, das Realbook, wurde in den 1970er-Jahren am Berklee College of Music überwiegend von Studenten erstellt. Die durch Heraushören entstandene Notation eines Songs nennt man Leadsheet. Hierbei werden nur die Melodie und die Begleitung vereinfacht notiert, um die Freiheit der Musizierenden bei der Interpretation nicht allzu sehr einzuschränken. Neu war dieser Gedanke übrigens schon in den 1970ern nicht. Bereits in der Barockmusik war die Notation im sogenannten Generalbass eine durchaus vergleichbare Methode der Darstellung des harmonischen Gerüsts eines Musikstückes. Natürlich sind beim Heraushören und bei der Transkription viele Fehler in die ersten Ausgaben des Realbooks gewandert. So wurde bisweilen sogar die Wiederholung einer ganzen Zeile unterschlagen (z. B. bei „Desafinado“), was bei einer gemeinsamen Session mit unvorbereiteten Blattspielern durchaus zu heiteren Situationen führen kann.

Viele solcher Fehler wurden in den späteren Realbook-Ausgaben korrigiert. Leider wollte man es dann besonders gut machen und hat die Notationen von Melodie und Begleitung nicht nur korrigiert, sondern auch präzisiert. Und das ist eine böse Sache, denn die Transkriptionen geben meist die Interpretation des Songs durch einen Künstler wieder. Nur weil etwa Miles Davis eine bestimmte Note um eine Sechzehntelnote vor der „1“ begann, heißt das noch lange nicht, dass sie der Komponist nicht ursprünglich auf der vollen Zählzeit haben wollte. Solch Pedanterie ist übrigens genau jenem Miles Davis bei seinem eigenen Song widerfahren: Bei der offenbar als Grundlage für die Realbook-Mitschrift dienenden Aufnahme von dem von ihm selbst geschriebenen „Solar“ ist ihm beim Einspielen des Takes im letzten Chorus ein kleiner Fehler unterlaufen, ein Halbton nur, E statt Eb. Der wurde natürlich prompt ins Sheet geschrieben und sorgt noch heute bei den Jazzern für Verwirrung.

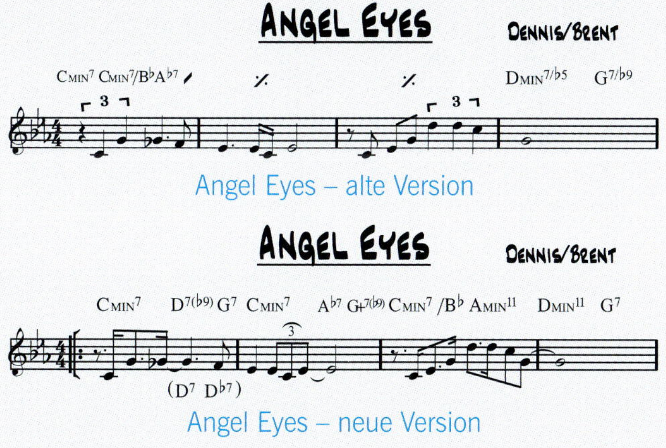

Angel Eyes – alte Version

Angel Eyes – neue Version

Eine penible Notation macht zudem ein Leadsheet unübersichtlich und schmälert den Interpretationsspielraum. Bei den hier abgebildeten Auszügen von „Angel Eyes“ fällt auf, dass im letzteren Auszug (die neuere Version) viel zu viel Information platziert wurde. Statt ternäres Feeling (Blues, Jazz) nebst Halben-Triolen doofe Sechzehntelfiguren, welche kein Mensch auf Anhieb erfassen kann, mit unübersichtlicher Begleitung.

Wir bevorzugen daher immer aus den uns vorliegenden Sheets die älteste Variante, wenn damit auch bisweilen ein Fehlerchen einhergeht. Am besten ist es, sich erst nach Erarbeitung eines Standards einige unterschiedliche Interpretationen anzuhören, um dann selbst zu entscheiden, ob man einen eventuell antrainierten Fehler nicht doch inzwischen so lieb gewonnen hat, dass man ihn behalten möchte ...

Nun also „All Of Me“, in einer dem Realbook nachempfundenen Darstellung:

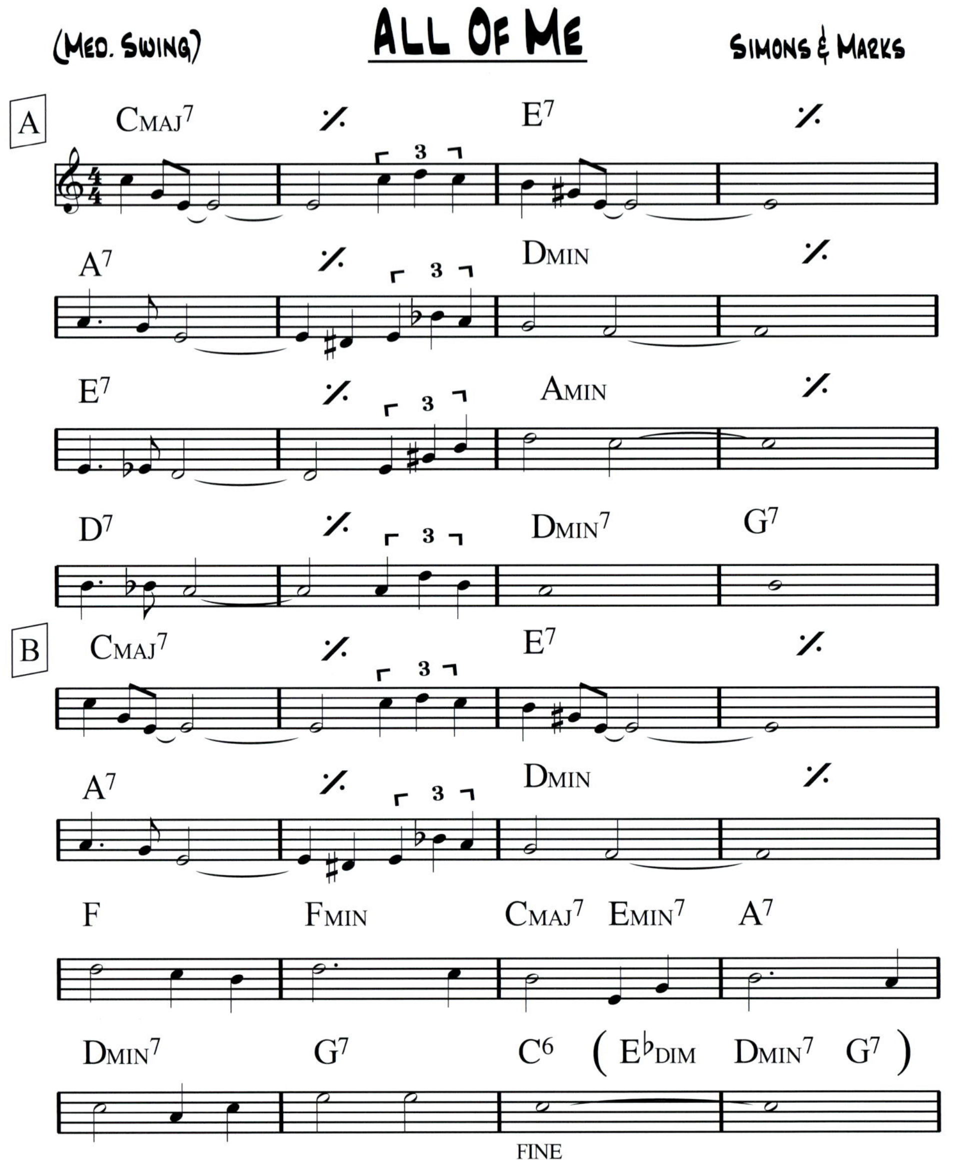

Der Einstieg in die Analyse von „All Of Me“ hat zunächst gar nichts mit Funktionsharmonik zu tun, aber Ihr werdet feststellen, dass uns einige generelle Vorbetrachtungen das Leben wirklich leichter machen. Zum Beginn ist es stets von Vorteil, sich das Sheet einmal in Ruhe anzusehen. Damit scheidet eine schummrige Sessionbühne, auf der man hektisch ein Stück Papier mit unleserlichem Inhalt auf den meist nicht vorhandenen Notenständer (falls es ihn doch gibt, ist er zumindest schlecht beleuchtet) gelegt bekommt, als bevorzugter Analyseort aus. Das folgende stumpfe Abzählen der vorhandenen Takte pro Abschnitt des Songs hat sich als erste Tätigkeit bewährt. Ist das Ergebnis durch 4 teilbar, hat es unser inneres Zählwerk schon viel leichter als bei krummer Taktanzahl.

Die Form

Das Verständnis der Form hilft uns, einen Song zu strukturieren und unser Gedächtnis nicht mit unnötigen Informationen zu belasten. Taucht ein bestimmter Abschnitt eines Songs im Lauf desselben nochmals unverändert auf, muss er natürlich nicht neu einstudiert werden, wir müssen nur genau wissen, wann er eben wieder erscheint.

Auf den ersten Blick handelt es sich um eine AB-Form. Allerdings kann man hier durchaus anderer Meinung sein! Wie nach kurzer Betrachtung auffällt, sind die Zeilen 1-2 und 5-6 völlig identisch. So ist also eine ABAC-Form (pro zwei Zeilen ein Abschnitt) ebenso plausibel und gemäß unserer Erklärung zum Sinn der Einteilung eines Musikstückes in Abschnitte vorzuziehen. In den meisten Sheets ist allerdings AB notiert, welches wir deshalb belassen.

Taktart

Als Nächstes prüfen wir die Taktart des Stückes. Hier ist sie hinter dem Violinschlüssel angegeben, nämlich 4/4. Ist nichts vermerkt, kann man ebenso von einem 4/4-Takt ausgehen. Schlimmstenfalls muss man zur Überprüfung die Notenwerte innerhalb eines Taktes zusammenzählen.

Tonart

Richten wir nun unser Augenmerk auf die Tonart. Jetzt ist die erste Gelegenheit zum Einsatz des Quintenzirkels, durch den wir anhand der notierten Vorzeichen die Tonart des Stückes ermitteln können. Aber, ach, es ist ja keines notiert. Wir befinden uns also offensichtlich mal wieder in ... C-Dur.

Funktionen, Stufen

Schön, nachdem dies geklärt ist, können wir jetzt schon mal auf die Suche nach Toniken (Plural von Tonika, steht sogar im Duden). Dero finden wir drei, und zwar jeweils zu Beginn der A-Teile (Takt 1 und Takt 17) sowie am Ende des Stückes (Takt 31) (im Leadsheet in roten Großbuchstaben). Letztere ist zwar als C6 notiert, wie wir aber wissen, ist auch dieser Akkord eine – insbesondere in Anbetracht der Entstehungszeit des Stückes – übliche Alternative zur maj7-Tonika.

Bevor wir die harmonischen Finessen betrachten, tragen wir die Stufen in das Leadsheet ein, die direkt aus C-Dur entnommen wurden. Es sind dies die Akkorde Dmin7, Emin7, Fmaj7, G7 und Amin7 (in unserem Leadsheet römische Ziffern). Übrigens sind wir so frei und sehen alle vorkommenden Dreiklänge generell als Vierklänge an. Dies ist im traditionellen Jazz üblich. Daher ergänzen wir jeden Moll-Akkord zu einem min7 und jeden Dur-Akkord zu maj7. Bei den Hauptstufen Fmaj7 (= Subdominante = S) und G7 (= Dominante = D) geben wir außer der Stufen-Ziffer auch noch die Funktion an, bei den Nebenstufen verzichten wir auf die Funktionsangabe:

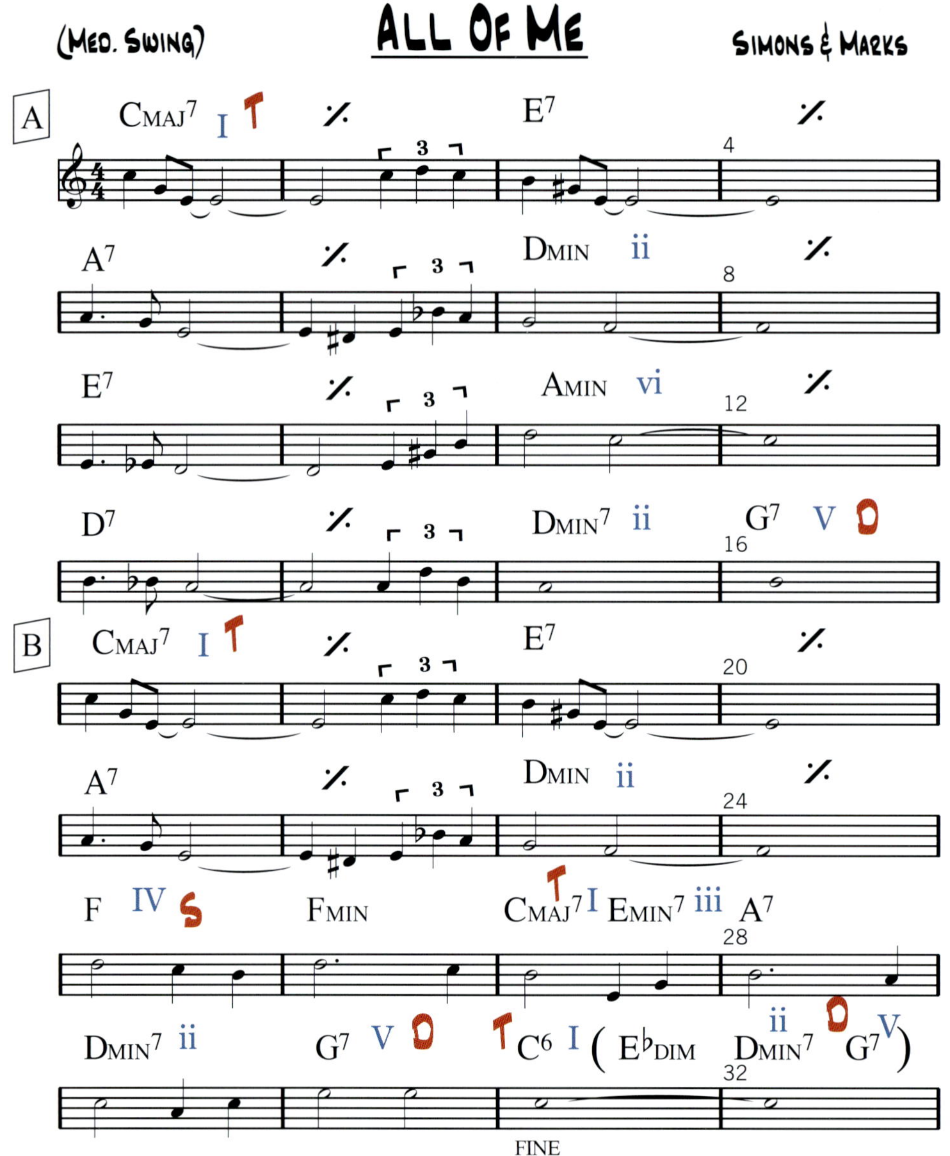

Der Gegenklang

Das Cmaj7 am Anfang des Taktes 27 fehlt in vielen Sheet-Versionen. Dort ist für den ganzen Takt nur Emin7 notiert. In unserer Tabelle der Stufen/Funktionen in C-Dur ist die Funktion des Emin7 mit Tonika-Gegenklang angegeben. Ein

Gegenklang kann den ähnlich klingenden Bezugsakkord (es stimmen hier immerhin drei von vier Tönen überein, nämlich E, G und B!) ersetzen und übernimmt damit dessen Funktion.

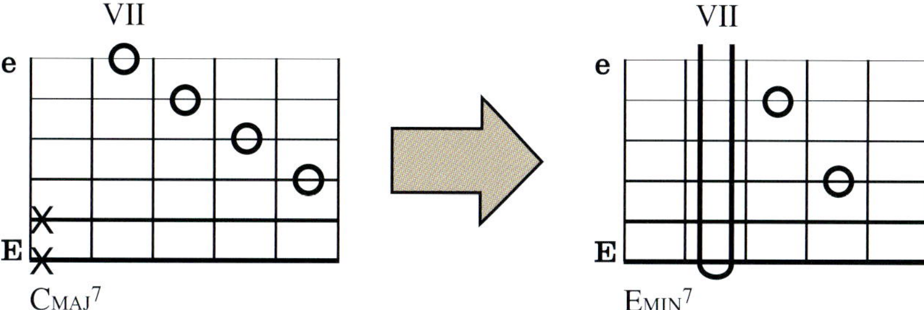

Ein Emin7 kann also durchaus statt eines Cmaj7 als Tonika-Ersatz stehen. Und so kommt auch unsere vii. Stufe in C-Dur, das Bmi7/b5, neben seiner Tätigkeit als ii. Stufe in einer ii-V-i in A-Moll endlich auch in C-Dur zu Ehren. Es ist nämlich der Dominant-Gegenklang und kann als Vertreter der Dominante eingesetzt werden.

Insbesondere bei der Akkordbegleitung peppt diese Tatsache unser Arsenal an Dominantseptakkorden gehörig auf!

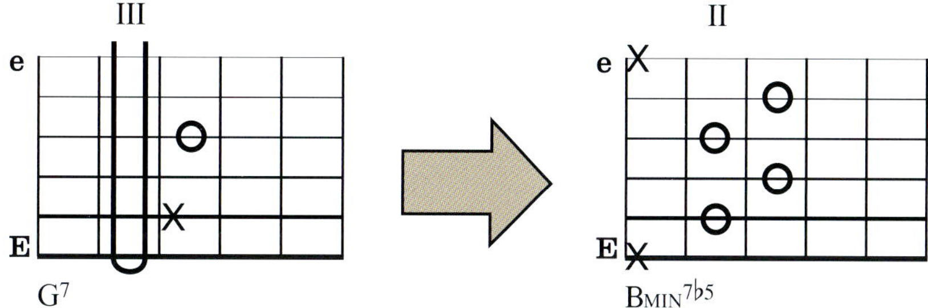

In diesem Beispiel kann man beide Akkorde nacheinander spielen, so dass der Basston von G nach B wandert, die Terz eines G7-Akkords. Das klingt fein und gibt Abwechslung in den Bässen. Als neuer Ton kommt im Bmin7/b5 (auf der G-Saite) das A ins Spiel, das zum G7 eine 9 darstellt. Wir spielen daher genau gesagt die Akkordfolge G7 - G7/9. Noch deutlicher sieht man den Dominantgegenklang, wenn das G7 schon mit der 9 erweitert ist:

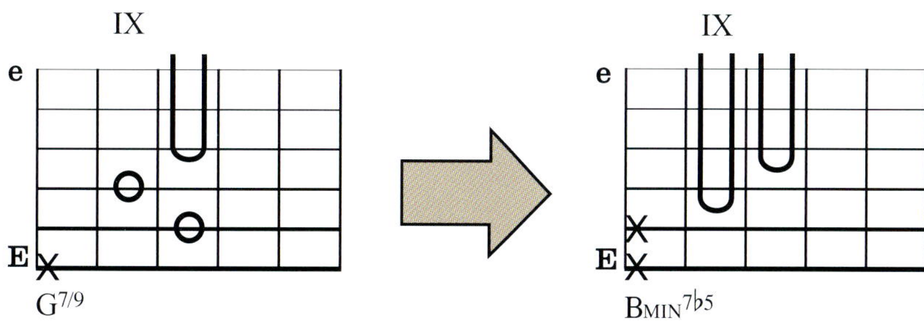

Das hat natürlich System. Jeweils eine große Terz über einer Hauptstufe findet Ihr den zugehörigen Gegenklang:

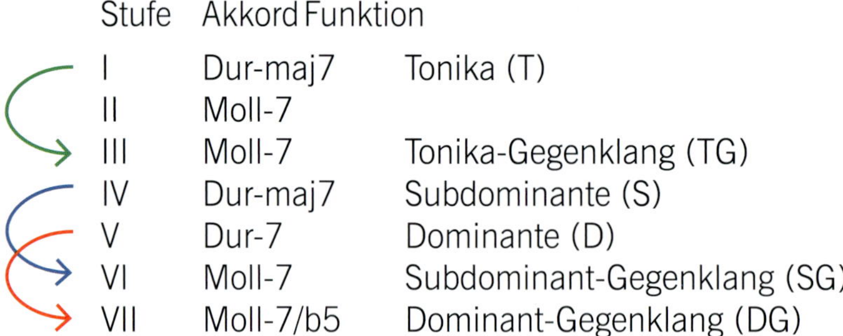

Stufe	Akkord	Funktion
I	Dur-maj7	Tonika (T)
II	Moll-7	
III	Moll-7	Tonika-Gegenklang (TG)
IV	Dur-maj7	Subdominante (S)
V	Dur-7	Dominante (D)
VI	Moll-7	Subdominant-Gegenklang (SG)
VII	Moll-7/b5	Dominant-Gegenklang (DG)

Erst wenn wir die jeweilige Funktion der einzelnen Akkorde bestimmt haben, werden wir uns Gedanken machen, was darüber als Solo gespielt werden könnte. Vor allem einige Septakkorde sind noch unbesprochen. Lasst uns zunächst das immerhin in den Takten 5, 21 und 28 vorkommende A7 betrachten. Es wird stets gefolgt von einem Dmin7, was auch wunderbar miteinander klingt. Offensichtlich ist das A7 zum Dmin7 eine Dominante. Septakkord auf Molltonika kennen wir bereits aus dem Beitrag über Harmonisch-Moll. Allerdings passt die Tonart – D-Moll-Harmonisch wäre angesagt – nicht, wir befinden uns ja in C-Dur.

Was wir hier erstmalig entdecken, ist eine Zwischendominante.

Die Zwischendominante (ZD)

Es ist prinzipiell möglich, nahezu jeden Akkord über seine (private) Dominante einzuleiten. Das A7 aus unserem Song hat natürlich nichts mit unserer Tonart C-Dur zu tun (es stammt aus D-Dur oder D-Moll), aber da die ZD nur verwendet wird, einen leitereigenen Akkord der Song-Tonart vorzubereiten, liegt hier kein echter Tonartwechsel (Modulation) vor.

Die Stufenbezeichnung der Zwischendominante lautet für unser Beispiel V/ii, gesprochen „Fünf zur Zwei", da das A7 eine Dominante (V) zum Dmin7 (ii. Stufe in C-Dur) bildet. Taucht also in einem Leadsheet ein Dominantseptakkord auf, der nicht der Tonart des Stückes (bzw. des betreffenden Teiles – die Tonart kann natürlich im Verlauf des Songs auch öfter wechseln) zu finden ist, solltet Ihr Euch auf die Suche nach der zugehörigen Tonika machen (eine Quarte abwärts, siehe Anhang: Quintenzirkel). Vielleicht gibt es die ja als leitereigenen Akkord und wir haben das Ding als Zwischendominante identifiziert.

Eine im Folk, Rock, Pop etc. nicht unübliche Figur ist z.B. die Folge | C C7 | F ...

Hier wird aus der Tonika kurzzeitig ein Septakkord, um die Subdominante F-Dur (IV. Stufe) vorzubereiten. Das C7 ist also eine Zwischendominante zur Subdominante, also V/IV (ZD).

In Takt 3 finden wir zum ersten Mal den Akkord E7. Leitereigen in C-Dur wäre allerdings Emin7. Wir haben E7 schon als Dominante zu A-Moll kennengelernt (erstmals bei der Besprechung von A-Moll-Harmonisch). Und wie wir uns hoffentlich erinnern, ist Amin7 auch ein Akkord in C-Dur, nämlich auf der vi. Stufe. Ganz losgelöst von irgendwelchen Skalenbetrachtungen dürfen wir also ein E7 in der Tonart C-Dur als Zwischendominante auf die vi. Stufe betrachten, als V/vi. Diese Erkenntnis wird auch nicht durch die Tatsache wertlos, dass die vi. Stufe Amin7 gar nicht nach der Zwischendominante V/vi im Song erscheint. Statt dessen kommt A7, den wir ja seinerseits schon als ZD (V/ii) identifiziert hatten.

Für das Solospiel über eine ZD ist allerdings das Wissen, zu welcher Stufe eine eingeschobene Dominante zielt, durchaus von erheblicher Bedeutung! Es gilt nämlich unsere bereits (für den Hausgebrauch) postulierte Regel, **dass eine Dominante zu einem Dur-Akkord (sozusagen eine relative Dur-Tonika) mit Mixolydisch, zu einem Moll-Akkord mit HM5 bespielt wird**.

Das bedeutet, dass wir, obwohl die temporäre Tonika Amin7 gar nicht an gewünschter Stelle auftaucht, so tun als ob und über das E7 E-HM5, also A-Harmonisch-Moll spielen. Im folgenden A7 gilt das gleiche, also A-HM5 (D-Harmonisch-Moll) in Richtung der nächsten temporären Tonika Dmin7.

Ein weiterer Kamerad, der ungeklärt in unserem Sheet herumlungert, ist das D7 in Takt 13 und 14. Versuchen wir doch mal unsere Erfahrung mit den ZD anzuwenden. Gibt es eine Quarte unter dem D7 einen leitereigenen Akkord? Ja, den gibt es, nämlich G7, seines Zeichens selbst Dominante in C-Dur. Es liegt also eine V/V vor, was man dann aber nicht mehr als Zwischendominante bezeichnet, sondern als **Doppeldominante (DD)**. Über eine nicht alterierte DD wird Mixolydisch gespielt, in unserem Fall also D-Mixolydisch, d. h. Tonmaterial aus G-Dur(-Ionisch).

Theorie und Praxis

Seit der Komposition von „All Of Me“ sind mittlerweile neun Jahrzehnte vergangen. Kein Jazzgitarrist spielt im Jahr 2020 über eine Doppeldominante reines Mixolydisch. Das modernere und schärfere **Mixolydisch#11** ist heutzutage Usus.

Nun haben sich die weißen Flecken auf unserer „Weltkarte“ schon merklich gelichtet. Bleibt (fast) nur noch das F in Takt 26. Hier wird aus dem Fmaj7, unserer Subdominante (S) eine vermollte Subdominante (s), die Stufenangabe, welche als Positionsbezeichnung verwendet werden mag, ist iv. Funktionsharmonisch sprechen wir von einer Erweiterung des plagalen Schlusses: T - S - s - T, zum Beispiel: | Cmaj7 | Fmaj7 | Fmin7 | Cmaj7 |. Das klingt prima und treibt auf andere, aber auch schöne Weise zur Tonika.

Die vermollte Subdominante

Die vermollte Subdominante ist nicht nur im Jazz eine sehr häufig anzutreffende Wendung. Elvis Presly hat sie beispielsweise in seiner Ballade „Love Me Tender“ verewigt. Zur Erklärung der vermollten Subdominante (weil sie eben oft vorkommt), erwähnen wir hier erstmals das Konzept des Modal Interchange (MI), das es ermöglicht, Akkorde aus Tonarten zu entleihen, deren Grundton mit dem der Ausgangstonart identisch ist. In unserem Fall kommt der Akkord F-Moll aus der Tonart C-Moll-Äolisch (= Eb-Dur). Fmin7 ist in Eb-Dur die ii. Stufe. Muss also über eine vermollte Subdominante soliert werden, greift man daher zu Dorisch, in unserem Fall zu F-Dorisch (= Eb-Dur-Ionisch). Wir werden im weiteren sowohl nochmals auf die vermollte Subdominante wie auch auf den MI eingehen und lassen es an dieser Stelle mal gut sein.

Fallstricke auf den letzten Metern

Bevor wir nun alle Skalen in das Sheet eintragen und damit die Analyse von „All Of Me“ abschließen, hängt da noch ein Ebdim (Eb°) in Takt 31 herum. Die letzten zwei Takte sind in den Standards häufig für die Tonika reserviert. Für alle, denen dies zu langweilig ist, wird bisweilen ein Turnaround vorgeschlagen, der über die zwei Takte gespielt werden kann, nicht muss (daher steht er auch nur in Klammern). Beginnt der Song in Takt 1 mit einer Tonika, lässt man oft den

Turnaround in einer Dominante enden, so wie auch in vorliegendem Fall. Eine typische Verbindung für einen Schluss ist z. B. eine I-vi-ii-V-Verbindung.

In unserer Tonart C wäre das also : | Cmaj7 Amin7 | Dmin7 G7 |. Auch hier bringt der Austausch des Amin7 gegen ein A7 (eine ZD, V/ii siehe oben) etwas Würze in die Sache. Gerne verpackt man dann eine Alterierung dieses A7 mit einem geeigneten Basston und notiert einen verminderten Akkord, sodass wir extra viel Mühe beim Entschlüsseln haben. Ein oft gesehenes Beispiel (die letzten zwei Takte eines Songs): … | Cmaj7 C#dim | Dmin7 G7 |. Wenn wir jetzt noch den Grundton A auf der Leersaite oder auf dem V. Bund der dicken E-Saite zur Variante in der V. Lage dazuspielen, erhalten wir einen einwandfreien A7/b9 - Akkord, der als Zwischendominante zu Dmin7 wie bekannt mit HM5 korrekt bespielt wird.

Doch in dieses Muster lässt sich der in unserem Sheet notierte Ebdim nicht einsortieren! Wenn wir etwas nicht auf Anhieb ausanalysieren können, ist zwischendurch einfach mal Spielen und Anhören angesagt. Zunächst klingt die Folge gut! Damit scheidet schon mal ein offensichtlicher Schreibfehler aus. Deuten wir also (weil es eben zumeist funktioniert) den Ebdim als abgesägten 7/b9-Akkord. Dies ergäbe B7/b9. Also eine Tonika (Cmaj7) gefolgt von einem Septakkord

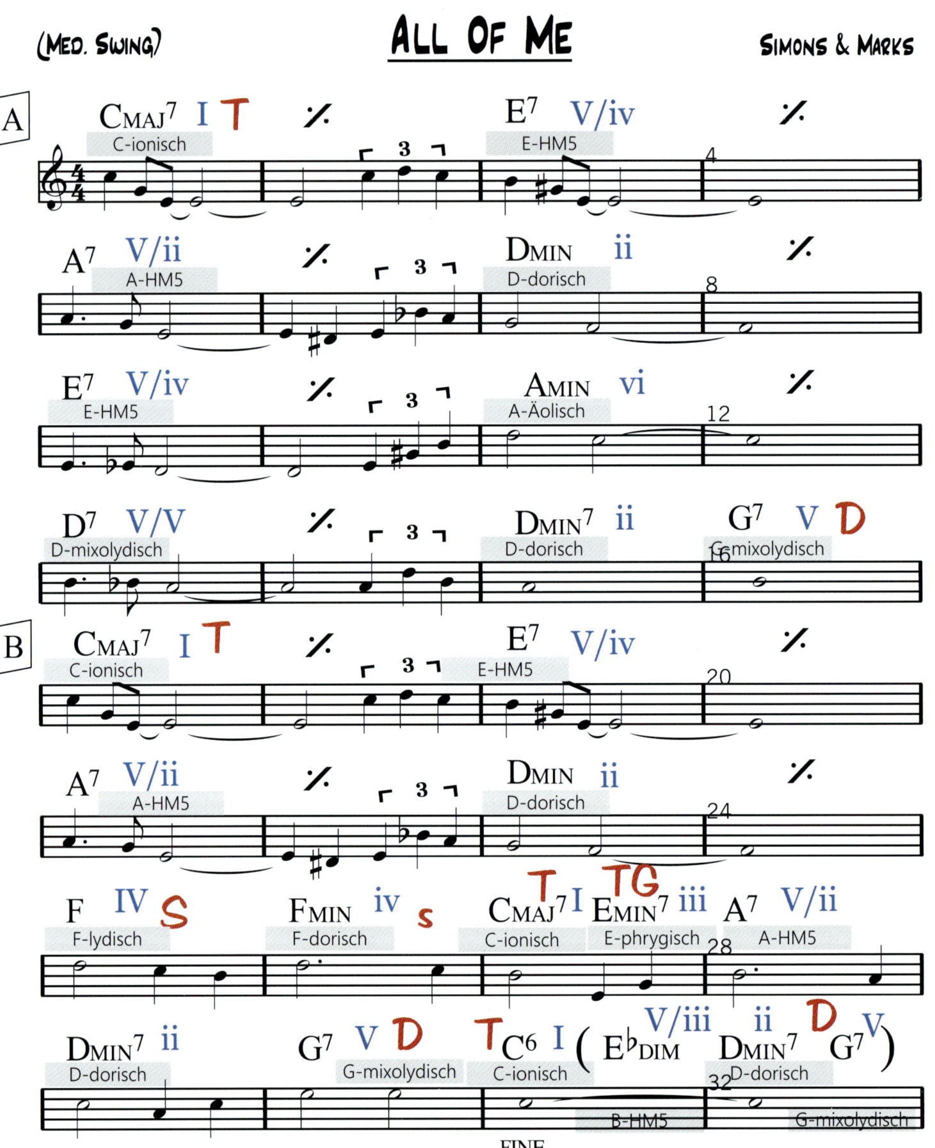

einen Halbton tiefer? Ein seltenes Konstrukt. Wiederum eine Zwischendominante, hier V/iii. Angesagte Skala ist B-HM5, also E-Harmonisch-Moll.

Tragen wir nun alle Erkenntnisse der Analyse in das Leadsheet ein. Das ist jetzt schön voll.

Die geballte Menge der eingetragenen Skalen ist durchaus beeindruckend. Ist man mit den Kirchentonarten und Molltonleitern noch nicht so vertraut, dann beginnt spätestens jetzt die große Rechnerei. Das nehmen wir Euch an dieser Stelle noch einmal ab. Im Folgenden haben wir jede im Sheet vorkommende Skala ihrem Tonmaterial zugeordnet – zum Nachgucken.

Die Reihenfolge richtet sich nach dem jeweils ersten Auftauchen.

Skala	**Tonmaterial aus:**
C-Ionisch	C-Dur
E-HM5	A-Harmonisch-Moll
A-HM5	D-Harmonisch-Moll
D-Dorisch	C-Dur
A-Äolisch	C-Dur
D-Mixolydisch	G-Dur
G-Mixolydisch	C-Dur
F-Lydisch	C-Dur
F-Dorisch	Eb-Dur
E-Phrygisch	C-Dur
H-HM5	E-Harmonisch-Moll

Rückung? Eher selten

Sobald man sich etwas eingehender mit dem Solieren über Jazzstandards befasst, wird einem die Bedeutung der ii-V-Verbindungen bewusst. Die Mehrzahl der Songs des Great American Songbooks besteht ja quasi ausschließlich aus solchen, etwas überspitzt formuliert. Und schnell lernt man, da es ja von allen Autoritäten gefordert wird, ii-V-Verbindungen zu erkennen und auch zu spielen, traditionell dorisch-mixolydisch. Im Fall von Dmin7 - G7 also D-dorisch - G-mixolydisch, was Tönen aus der zugehörigen Basistonart C-Dur entspricht.

Falls Ihr in „All Of Me“ die Takte 27 und 28 als

| Emin7 A7 | Dmin7 G7 |

notiert findet (oder natürlich auch solcherlei in anderen Songs), ist die Versuchung groß, diese vier Akkorde als verschobene ii-V-Verbindungen zu interpretieren.

Solche Schieberei bezeichnet man unter Jazzern als „Rückung“, da das jeweilige tonale Zentrum (die Tonika) immer unmittelbar verschoben wird. In der (klassischen) Harmonielehre wird der Begriff natürlich noch wesentlich komplizierter definiert, aber Ihr wisst jetzt zumindest, was gemeint ist, wenn ein Jazzmusikerkollege von „Rückung“ spricht.

Für unsere Passage aus „All Of Me“ würde das bedeuten, wir spielen darüber

E-dorisch - A-mixolydisch - D-dorisch - G-mixolydisch

Und gerade dies trifft es unserer Meinung nach in diesem Fall nicht wirklich!

Zunächst ist festzuhalten, dass der Song gemäß der (nicht vorhandenen) Vorzeichen in der Tonart C-Dur steht. Und wir bevorzugen es immer, insbesondere wenn es sich um „alte“ Songs handelt, jedwede vorkommende Verbindung funktional in Zusammenhang mit der Basistonart zu bringen.

Mit dem Einsatz von funktionsharmonischen Elementen lässt sich dann auch die besagte Passage besser erklären, als mit einer dubiosen Rückung. Zumal drei der vier Akkorde ohnehin direkt aus C-Dur entnommen sind, nämlich Emin7 (iii. Stufe), Dmin7 (ii) und G7 (V). Verbleibt nur noch A7. Stände dort stattdessen Amin7, wäre die ganze Verbindung eine iii-vi-ii-V in C-Dur und gut. Jetzt nur zu fabulieren, dass A7 eben die vi. Stufe als Septakkord darstellt, ist zwar richtig, hilft aber nicht weiter. Besser ist es, das A7 an dieser Stelle als Zwischendominante (ZD) anzusehen.

Es handelt sich somit um eine iii-V/ii-ii-V Verbindung in C-Dur, wobei das V/ii für „die Fünf zur Zwei“ steht, also für die Zwischendomiante A7 auf die ii. Stufe Dmin7.

Die Skalen hierfür sind also

/ E-phrygisch A-HM5 (= D-Harmonisch-Moll) / D-dorisch G-mixolydisch /

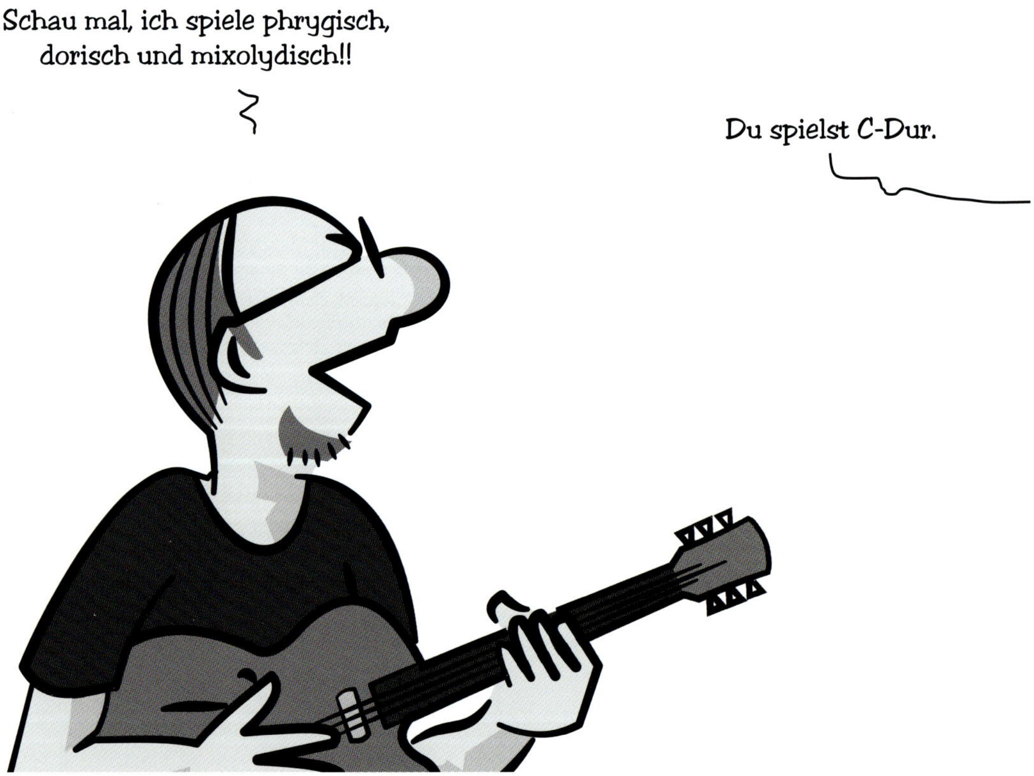

Schau mal, ich spiele phrygisch, dorisch und mixolydisch!!

Du spielst C-Dur.

Modal Interchange

Mit „All Of Me“ hatten wir einen Standard analysiert, in dem wir uns vorwiegend in einer Tonart bewegt haben. Es gab kleine Ausreißer wie Zwischendominanten auf leitereigene Stufen oder die vermollte Subdominante, bei denen wir aber den kurzen Wechsel in eine andere Tonart als Funktion in unserer Ausgangstonart darstellen konnten. Ein Hilfsmittel für Komponisten, die doch überschaubare Anzahl von Akkorden in einer Tonart zu erweitern, ohne selbige gleich dauerhaft zu wechseln (Modulation), bietet der Modal Interchange (MI).

Beim MI werden im Prinzip nur einzelne Akkorde oder auch Akkordfolgen aus einer anderen Tonart entliehen („Ich bring sie garantiert zurück! Echt!“), die Originaltonart aber nicht dauerhaft verlassen. Für uns als Interpreten ist diese Sache nicht sonderlich anspruchsvoll. Wir müssen das Eintreten und auch das Ende eines MI nur erkennen, denn die Regeln zum Solospiel über die entliehenen Akkorde ändern sich ja nicht, sondern nur temporär die Tonart.

Allerdings gibt es eine Regel für den Modal Interchange: Die entliehenen Akkorde müssen einer Tonart **gleichen Namens** wie die Originaltonart entstammen, also MI-Akkorde für C-Dur aus C-Tonleitern, ob Dur oder Moll spielt dabei keine Rolle. Wenn es in der Tonleiter C-Dur neben dem Ton C sechs weitere Töne gibt, auf denen jeweils eine eigene Skala entsteht, dann muss es umgekehrt auch neben C-Dur (Ionisch) auch sechs weitere Tonleitern geben, die den Ton C in sich tragen, auf welchem dann eine C-Tonleiter startet. Es sind die Skalen

Name	auf Stufe	in Tonart (Ionisch)
C-Ionisch	I	C (irrelevant)
C-Dorisch	ii	Bb
C-Phrygisch	iii	Ab
C-Lydisch	IV	G
C-Mixolydisch	V	F
C-Äolisch	vi	Eb
C-Lokrisch	vii	Db

Der am häufigsten für einen Modal Interchange verwendete Modus ist Äolisch (die anderen kommen aber auch vor). Konkret heißt das zum Beispiel in C-Dur, dass wir Akkorde aus Eb-Dur (=C-Moll-Äolisch) in Kompositionen in der Tonart C-Dur einbauen können. Probiert es auf dem Instrument aus!

| Dmin7 | G7 | Cmaj7 | % |

ist die (inzwischen hoffentlich vertraute) ii-V-I-Verbindung in C-Dur.

Der bereits des öfteren zitierte Cole Porter hat für seinen (ebenfalls schon zitierten) Hit „Night And Day“, welches in unter anderem folgende Passage beinhaltet

| Dmin7/b5 | G7 | Cmaj7 | % |

den halbverminderten Akkord Dmin7/b5 aus der Tonart Eb-Dur (= C-Moll-Äolisch) entliehen. Ein perfektes Beispiel für einen Modal Interchange. Sehr schön klingt der Part übrigens auch, wenn man statt Dmin7/b5 Abmaj7 spielt, also

| Abmaj7 | G7 | Cmaj7 | % |

was auch bisweilen notiert ist. Ob nun dieser Akkord der C-Tonart C-Äolisch (= Eb-Dur, wo Abmaj7 auf der IV. Stufe steht) oder C-Phrygisch (= Ab-Dur, hier bildet er die I. Stufe) entnommen wurde, kann nicht festgestellt werden und bringt ja auch keinen Erkenntnisgewinn, Modal Interchange ist es in jedem Fall.

Jede dieser oben angeführten Tonarten bildet durch Terzentürmen© natürlich wieder ihre eigenen Vierklänge. So entsteht ein MI-Reservoir für C-Dur von 6 (Skalen) x 7 (Akkorden) = 42 Akkorden (rechnerisch). In der Praxis sind es einige weniger, da manche Akkorde in zwei Tonarten vorkommen. Abmaj7 z. B. gibt es wie bereits erwähnt als I. Stufe in Ab-Dur und als IV. Stufe in Eb-Dur. Oder Cmi7. Es kommt in den Tonarten Bb (ii. Stufe), Ab (iii. Stufe) und Eb (vi. Stufe) vor.

Keine Panik, das Verständnis des MI dient uns nur, um die Frage zu beantworten „Warum kann der [der Komponist] diesen Akkordwechsel an dieser Stelle machen?“ oder für Fortgeschrittene, die selber gerne einen Turnaround oder gar eine Reharmonisierung basteln möchten.

Im Folgenden werden wir Euch einen Song vorstellen, in dem der MI ausgiebig zum Einsatz kommt.

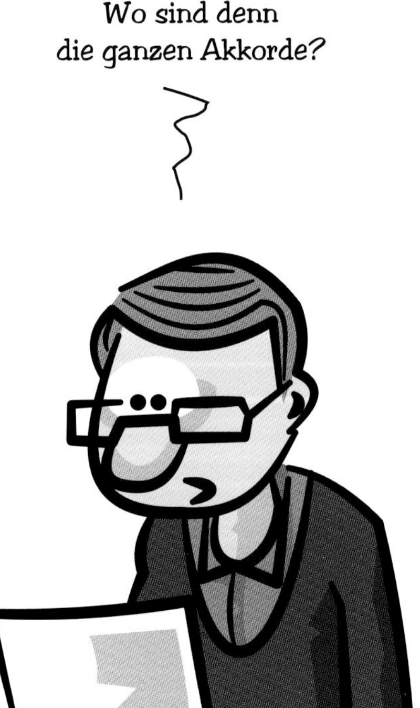

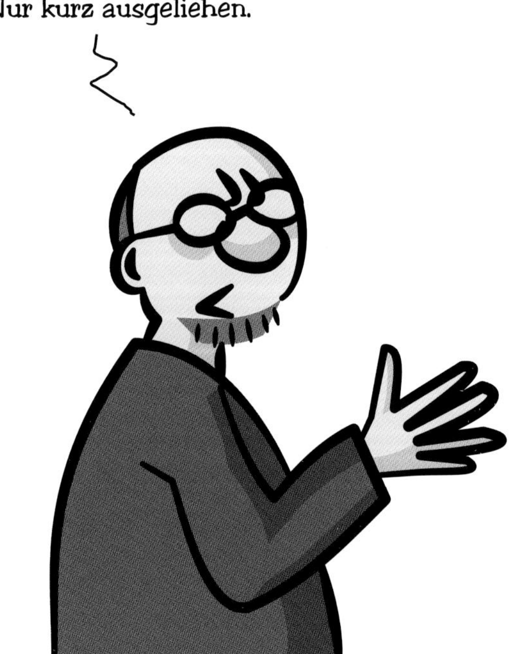

Beispiel 3: Lady Bird

Zur Verdeutlichung des Modal Interchange dient uns „Lady Bird“ von Tadd Dameron aus dem Jahr 1947.

Bringen wir die Routinearbeiten gleich zügig hinter uns: Anzahl der Takte: 16. Fein! Tonart C-Dur (ach ja …), Taktart 4/4. Form: Nicht erkennbar, also der gesamte Song ein einziger, langer Teil. Auch die Suche nach Toniken (alle Cmaj7) und leitereigenen Akkorden (Amin7, Dmin7 und G7) gestaltet sich nicht schwierig.

Zwei nicht-leitereigene Akkorde/Funktionen haben wir auch bei „All Of Me“ schon kennengelernt:

Die vermollte Subdominante (s) in Takt 3 sowie die Doppeldominante (DD) in Takt 12. Diese Infos befinden sich bereits im abgedruckten Leadsheet:

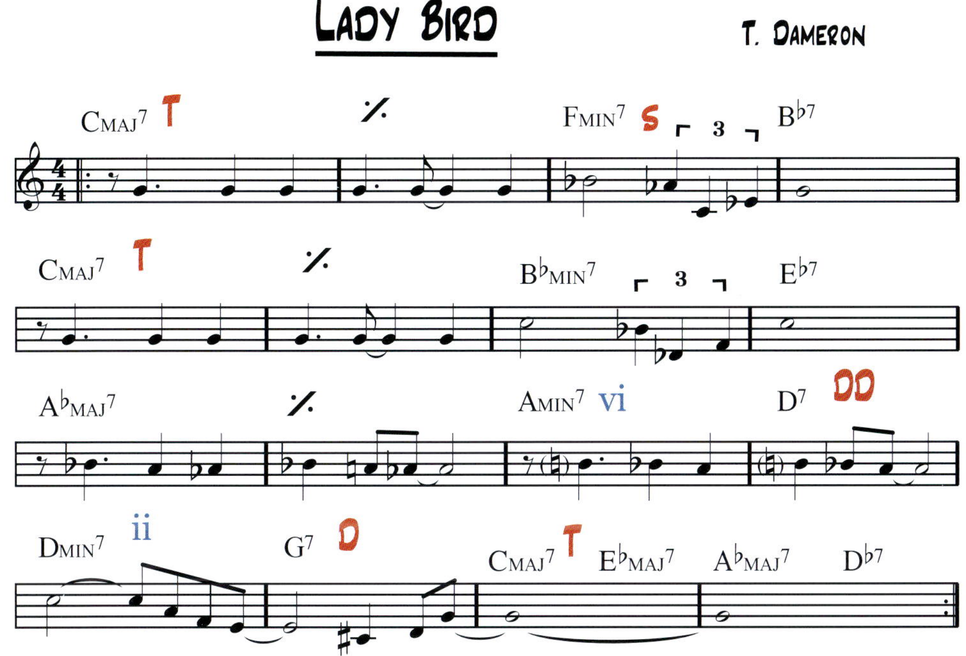

Allerdings sei angemerkt, dass wir z. B. die vi. Stufe (das Amin7) und auch die DD (das D7) nun einfach nach Gewohnheit und völlig ohne Betrachtung des harmonischen Zusammenhangs eingetragen haben. In C-Dur ist nun einmal Amin7 die vi. Stufe und das D7 ist zur Dominante G7 eine weitere Dominante. Ob wir sie jetzt in diesem Song und in dieser Konstellation mit den gleichen Skalen bespielen können wie im vorangegangenen Beispiel, wird noch herauszufinden sein!

Betrachten wir nun das Bb7 in Takt 4. Sicher kein Akkord direkt aus der Tonart C-Dur. In „All Of Me“ hatten wir schon festgestellt, dass die vermollte Subdominante in C-Dur (das F-Moll) per MI aus der Tonart Eb entliehen ist. Wenn wir unsere Stufenakkorde in Eb-Dur spielen:

Ebmaj7, Fmin7, Gmin7, Abmaj7, Bb7, Cmin7, Dmin7/b5

so fällt auf, dass mit Bb7 ein weiterer Akkord aus Eb-Dur in unseren Song „Lady Bird" gewandert ist. Gemeinsam bilden Fmin7 und Bb7 eine ii-V-Verbindung in Eb, eingebettet in unsere Tonart C-Dur.

Modal Interchange oder Modulation?

Hat übrigens der Komponist die Absicht, längerfristig in eine andere Tonart zu wechseln, also eine echte Modulation vorzunehmen, so werden zumeist die neuen Vorzeichen vor Beginn des betreffenden Abschnitts geschrieben, ebenso ggf. danach wieder die ursprünglichen. Siehe z.B. folgenden Auszug aus dem Sheet des Standards „Polka Dots and Moonbeams" (nebenbei – eine wunderschöne Ballade!) von Jimmy van Heusen. Hier geht's von F-Dur nach A-Dur:

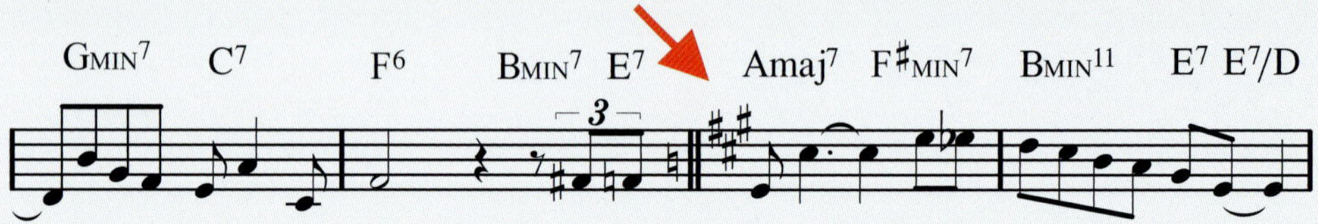

Beim Modal Interchange wird dies nicht gemacht. Neue Vorzeichen werden direkt vor die betreffende Note notiert. Und da ja ein # oder b vor einer Note nur innerhalb desselben Taktes gültig ist, braucht es ja keine Auflösungszeichen, wenn der Spuk in einem folgenden Takt wieder vorbei ist.

Mit dem Bb7 verfahren wir ebenso wie mit Fmin7 – wir behandeln es gemäß seiner Funktion in unserer Entleihtonart. Dort bildet es die V. Stufe. Die Verbindung Fmin7 - Bb7 (ii-V in Eb) spielen wir wie immer Dorisch und Mixolydisch, also in der Tonart (Eb).

Da die Erweiterung der vermollten Subdominante (s), in unserem Fall das Fmin7, um deren Subdominante, das Bb7, häufig vorkommt, kann man auch für diesen Akkord eine Funktionsbezeichnung verwenden, die den Bezug zur Ausgangstonart (C-Dur) berücksichtigt: Das Bb7 ist die Doppelmollsubdominante (sS). Ein schöner Begriff zum Rumprahlen in angeheiterter Musikerrunde. Wie bereits im obigen Exkurs erwähnt, ist sie einen Ganzton unter der eigentlichen Tonika (in unserem Beispiel Bb7 Richtung Cmaj7) platziert, also an Position bVII. Da dies die einzige schlüssige Erklärung für einen Septakkord zwei Halbtöne unter einem Major-Akkord ist, könnt Ihr also einen solchen immer als sS annehmen.

Die ii-V-Verbindung aus der MI-Tonart C-Moll (=Eb-Dur) heißt im Angelsächsischen **backdoor-progression**, die Doppelmollsubdominante **backdoor-V**.

Vermollte Subdominante s und Doppelmollsubdominante sS

Wie bereits ausgeführt, stammen beide Funktionen aus einer MI-Tonart, genauer aus der gleichnamigen Molltonart (z. B. bei C-Dur aus der Tonart C-Moll = Eb-Dur). Nun sind die Akkorde Bb7 (sS) und Fmin6 (s) sehr ähnlich:

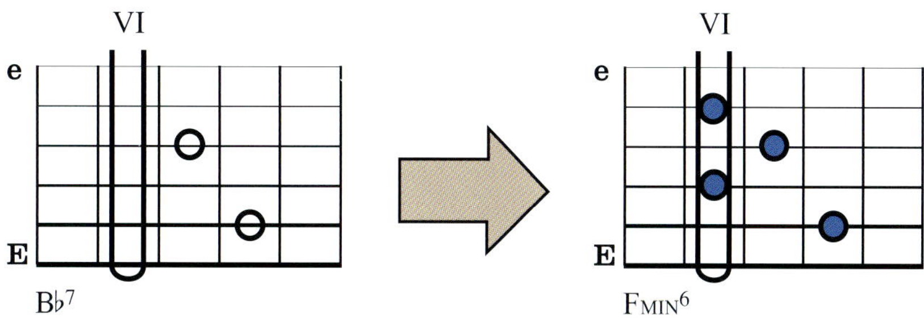

Bei dem blau gekennzeichneten Akkord Fmin6 fehlt zugegebenermaßen die Quinte, aber ansonsten ist die Verwandtschaft beider Akkorde nicht von der Hand zu weisen. Dementsprechend werden die s und sS regelmäßig gegeneinander getauscht oder jeweils ergänzt, ohne dass der Klangcharakter der vermollten Subdominante dadurch verloren geht.

Im berühmten Song „After You've Gone" aus dem Jahr 1917 (!) sind die Schreibweisen (für die Version in C-Dur)

| Fmaj7 | Fmin6 | Cmaj7 | Emin7 A7 | ...

und

| Fmaj7 | Bb7/#11 | Cmaj7 | Emin7 A7 | ...

gleich verbreitet. Sie klingen ja auch nahezu identisch.

In Takt 5 und 6 steht wieder unsere Tonika Cmaj7. Wir verabschieden uns also aus Eb-Dur und wechseln zurück nach C-Dur-Ionisch. Der nächste MI steht offensichtlich vor der Tür. Allerdings zeigt uns schon der erste Akkord Bbmin7, dass wir es wohl mit einem anderen Modus von C zu tun haben als im ersten Fall.

Das Bbmin7 und das folgende Eb7 bilden eine uns inzwischen wohlvertraute Verbindung, nämlich eine ii-V-Verbindung. Diese zielt zur Tonika Ab, welche sich auch prompt in Takt 9 einstellt. Die Tonart Ab ist eine zulässige MI-Tonart, weil die Tonleiter C-Phrygisch auf der iii. Stufe in Ab-Dur entsteht. Die Akkorde in Ab:

I. Stufe: Abmaj7, ii. Stufe: Bbmin7, iii. Stufe Cmin7, usw. (siehe Kapitel „Vierklänge")

Das Ab wird durch die ii-V-Verbindung eingeleitet und dadurch so fest in unserem Gehör etabliert, dass wir sein Eintreten wie das einer echten Tonika (die wäre ja eigentlich Cmaj7, da wir uns ja noch offiziell in C-Dur befinden) begrüßen. Man darf das Abmaj7 an dieser Stelle daher gerne als **Zwischentonika (ZT)** bezeichnen.

Modal Interchange im Modal Interchange (für Fortgeschrittene)

Ein kleines Gedankenexperiment, das anscheinend bisher noch keinem Analytiker eingefallen ist: Die Herkunft des Abmaj7 ist ja eigentlich unbestritten – die erste Stufe aus Ab-Dur, manifestiert durch die mächtige Einleitung durch ii. (Bbmin7) und V. (Eb7) Stufe. Allerdings existiert der Akkord Abmaj7 auch in einer anderen für C-Dur geeigneten MI-Tonart, nämlich Eb-Dur, welches wir ja schon in Takt 3 und 4 angetroffen hatten. Dort bildet es die IV. Stufe, also die Subdominante zu Ebmaj7. Nun gibt es das (bisweilen so bezeichnete) **Einbettungsverfahren** (auch Einbettungsmethode), welches grob gesprochen besagt, dass sich ein leiterfremder Akkord immer möglichst eng in sein tonales Umfeld einfügen solle. Und die Tonart Eb ist immerhin mit 3 b näher an C-Dur als Ab-Dur (4 b). Daher erlauben wir uns jetzt

Im Solospiel ändert sich beim D7 in keiner der beiden angesprochenen Varianten etwas, da wir ja die Funktion (DD) gar nicht in Frage stellen. Die Skala ist stets D-Mixolydisch. Beim Amin7 dagegen haben wir die Wahl zwischen A-Äolisch (C-Dur) oder A-Dorisch (G-Dur). Der Unterschied ist nur ein Ton in den Skalen: F (Äolisch) bzw. F# (Dorisch). Auch nach mehrfachem Durchspielen beider Varianten konnten wir keinen persönlichen Favoriten küren. Zudem ist die Dauer (ein Takt) auch in moderatem Tempo wirklich sehr begrenzt, so dass das äolische F ohnehin nach kürzester Zeit vom F# abgelöst wird. Wir entscheiden uns daher für die Dorisch/Mixolydische Variante, da wir dann zwei Takte lang ohne großes Umdenken in einer Tonart (G-Dur) spielen können.

Über die nun folgende ii - V-Verbindung in Takt 13 und 14 gibt es nichts zu diskutieren – Dorisch und Mixolydisch, also Spiel in der Tonart C-Dur. Bleibt noch der Turnaround in den Takten 15 und 16. Und der ist ein echter Knüller! Er bietet alles: Modal Interchange, einen weiteren MI im MI und darüber einen liegenden Ton, der sogar notiert ist. Da man diesen Turnaround unbedingt mal gespielt haben sollte, findet Ihr hier zum Üben auch gleich zwei mögliche Voicings. Wer seine Finger schonen will, darf im Voicing 1 auf den Basston Ab beim Akkord Abmaj7 verzichten.

Weil der Turnaround gar so gelungen ist, wird er bisweilen nach dem Komponisten von „Lady Bird" als **„Tadd-Dameron-Turnaround"** bezeichnet.

Voicing 1:

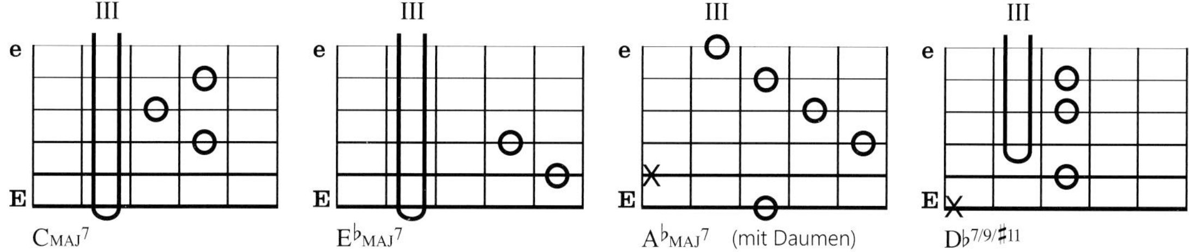

Man beachte den Ton G auf der hohen E-Saite, der in allen vier Akkorden liegen bleibt!

Voicing 2:

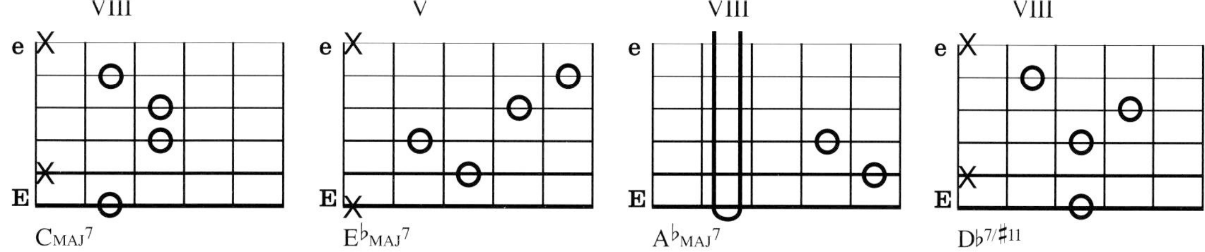

Man beachte den Ton G auf der H-Saite, der in allen vier Akkorden liegen bleibt!

Das Cmaj7 bildet – wie mehrfach erwähnt – die Tonika. Im selben Takt erscheint bereits der erste entliehene Akkord, das Ebmaj7. Er wurde aus Eb-Dur von der I. Stufe entnommen. Dies ist gemäß der MI-Regeln zulässig, weil C-Äolisch (Eb-Dur ab der VI. Stufe) eine Tonleiter ist, die ein C im Namen trägt. Auch der folgende Akkord, das Abmaj7 in Takt 16, ist dieser Tonart entliehen. Abmaj7 ist die VI. Stufe, also die Subdominante in Eb. Der letzte Akkord unseres Leadsheets ist eine harmonische Figur, die wir Euch im Laufe dieses Kapitels schon vorgestellt hatten, die Doppelmollsubdominante. An dieser Stelle eben innerhalb des Modal Interchange, also wieder der MI im MI. Und wenn das hier sogar originär im Blatt steht, dann kann unsere kleine Reharmonisierung in Takt 10 so falsch nicht gewesen sein, gell?

Warum funktioniert eigentlich der Db7 als letzter Akkord des Liedes? Wir sind ja über den doppelten MI inzwischen in der Tonart Gb gelandet und beginnen sogleich wieder mit unserer Tonika Cmaj7 in Takt 1. Hierzu betrachten wir außer dem notierten Akkord Db7 auch noch die Melodie. Hier ist – über den kompletten Turnaround – ein G notiert. Und weil übrigens ein Db7/#11 in der III. Lage ein echter Fingerbrecher ist, fügen wir hier noch fröhlich die 9 hinzu, so dass wir den besser greifbaren Akkord Db7/9/#11 an dieser Stelle einsetzen (s. o. erstes Voicing). Die direkte Rückkehr nach C (quasi über Eb hinweg) funktioniert, weil das Db7/9/#11 der Tritonus von G7/b13 ist, eine ordentliche Dominante zu C.

All diese Gedanken schnell noch in das Sheet eingetragen …

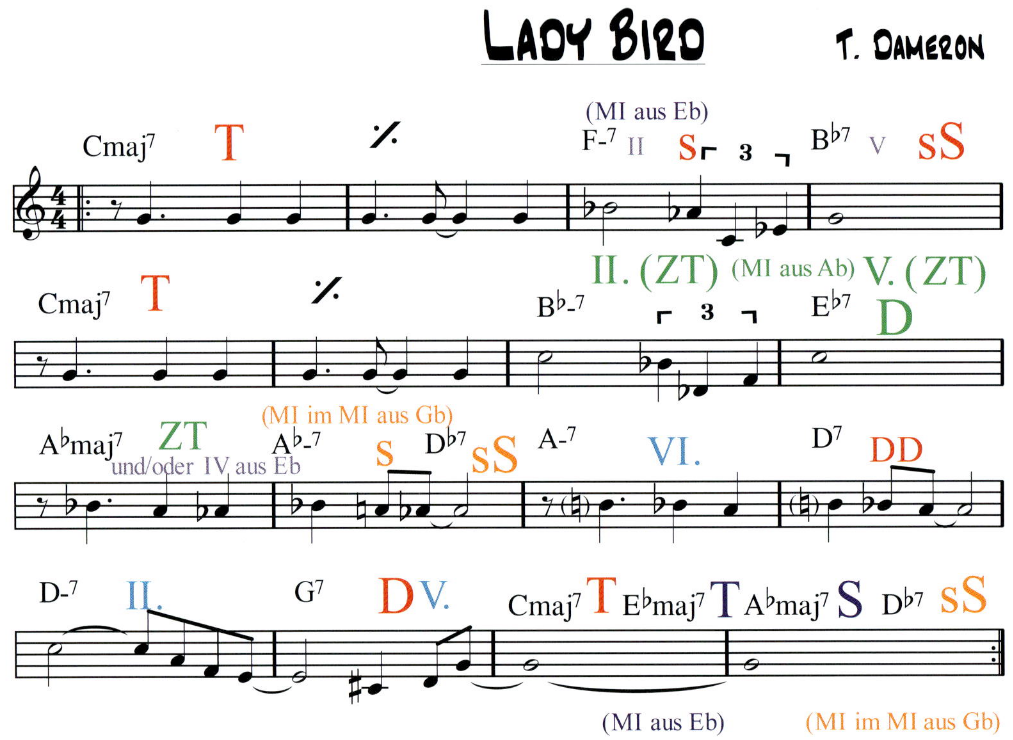

Wir haben nun also versucht, mit allerhand Buchstaben und Symbolen unsere harmonische Interpretation des Songs „Lady Bird“ darzustellen. Die Funktionssymbole (T, S, D usw.) entsprechen wohl den in der Funktionsharmonik üblichen Standards, die Angabe der MI-Herkunftstonarten ist dagegen unser Service für Euch.

Und was bringt uns nun der ganze Kram für die Improvisation über die dargestellte Akkordansammlung?

Unser genereller Ansatz ist ja folgender: Durch die funktionsharmonische Analyse eines Songs teilen wir selbigen in einzelne Abschnitte, die für sich gesehen in einer Tonart geschrieben sind. Wenn wir nun also über einen solchen Abschnitt Töne aus seiner Tonart spielen, liegen wir vom eingesetzten Tonmaterial schon mal richtig. Einfacher zum Schreiben (aber viel schwerer für das Verständnis) ist die Methode, hinter jeden Akkord die Skalenangabe aus den Kirchentonleitern zu schreiben. Das funktioniert auch ohne Farben:

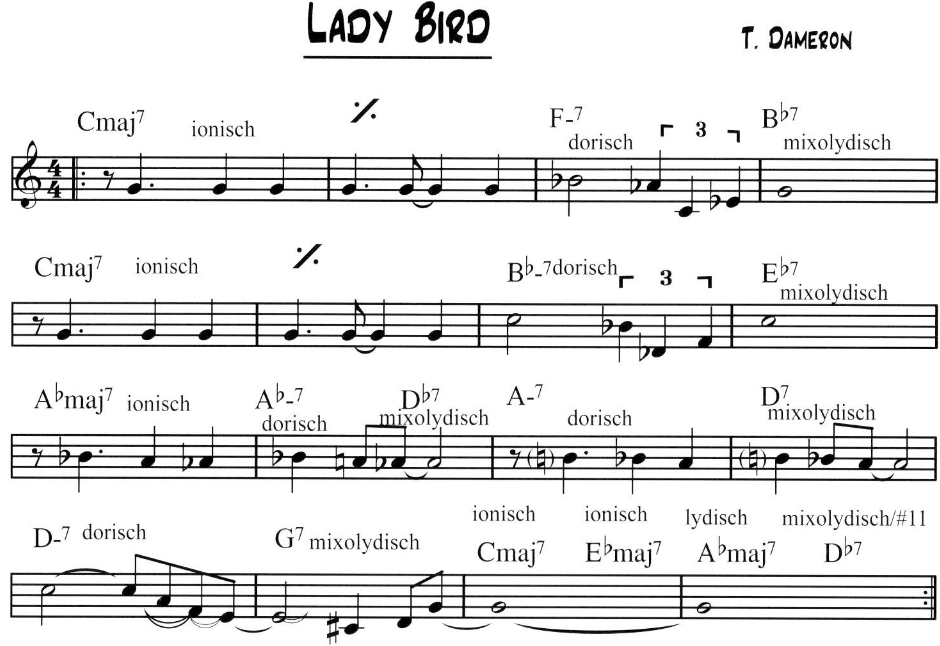

Es handelt sich hierbei nicht um eine stumpfe Vorschrift zur Improvisation (na gut, bisweilen schon…), sondern um eine bereits ausgeführte funktionsharmonische Analyse. Allerdings in einer Verpackung für Fortgeschrittene. Denn die Angabe der Skala bezieht sich immer auf den zugehörigen Akkord! Sie spiegelt damit die Meinung des Schreibers wider, als welche Stufe aus welcher Tonart er den jeweiligen Akkord ansieht. Dass solche Einschätzungen mitunter diskutabel sind, haben wir ja bei der Besprechung des Amin7 in Takt 11 dargelegt (eigentlich leitereigener Akkord, VI. Stufe, Äolisch, aber von uns wegen der Durchgängigkeit zu einer ii. Stufe in G-Dur gemacht, daher Dorisch).

Durch die Angabe „ionisch" hinter dem Cmaj7 in Takt 1 wird eindeutig beschrieben, dass der Akkord Cmaj7 durch den Verfasser des Sheets als I. Stufe aufgefasst wird (was hier außer Zweifel steht) und daher die Tonart der I. Stufe (hier: C-Dur) das Tonmaterial für die Improvisation liefern soll. So hangelt man sich von Akkord zu Akkord: Beim Fmin7 impliziert die Angabe „dorisch" eine ii. Stufe. Hier müssen wir nun rückwärts die zugehörige Grundtonart bestimmen. Wir Gitarristen können dies allerdings durch Verschieben bekannter Griffmuster bewerkstelligen. Da bekommt das Synonym „begreifen" für „verstehen" doch gleich eine anschauliche Bedeutung!

Zur Übung: Skalen ableiten

Wie wir inzwischen ja gelernt haben, ist Dmin7 die ii. Stufe in C-Dur. Den zugehörigen Akkord der I. Stufe Cmaj7 kennen wir auch. Und genau dieses Umgreifen von Dmin7 auf Cmaj7 – egal welches Voicing wir für die einzelnen Akkorde eingesetzt hatten – führt uns von unserer vorgegebenen ii. Stufe Fmin7 zu dessen Akkord auf der I. Stufe, nämlich Ebmaj7.

Analog verfahren wir beim Bb7. Die Angabe hinter der Akkordbezeichnung ist „mixolydisch". Das ist eine Skala, die stets auf der V. Stufe einer Durtonleiter entsteht. In unserer wohlbekannten Tonart C-Dur ist G7 die V. Stufe zu Cmaj7. Wendet nun die Grifffolge G7 - Cmaj7 beginnend mit dem Akkord Bb7 an und Ihr findet – genau, Ebmaj7.

Zusammengefasst bedeutet dies für die erste Zeile von „Lady Bird": Takt 1 und 2 solieren wir mit Tönen aus C-Dur, Takt 3 und 4 mit Tönen aus Eb-Dur. Versucht den Rest des Songs selbstständig zu erarbeiten. Setzt hierbei ruhig beide Sheets ein, also sowohl das mit den Funktionsangaben wie auch jenes mit den Skalen.

Eine Kleinigkeit zum Ende des Kapitels: Der Akkord Db7 ist in Takt 10 mit „mixolydisch", in Takt 16 aber mit „mixolydisch/#11" beschriftet. Obwohl ja seine Herleitung (Doppelmollsubdominante) jedes Mal die gleiche war. Zur Erklärung müssen wir Euch eine unbequeme Wahrheit verraten: Die schwarzen Punkte in den fünf Strichen unter den Akkordsymbolen sind gar nicht belanglos! Das wird „Melodie" genannt und ist ein wichtiger Bestandteil eines Songs. Manche behaupten sogar, der wichtigste. Im Ernst: Bisweilen lohnt ein Blick in die Melodie.

In Takt 10 liegt eine saubere ii-V-Verbindung in Gb vor. Da wir sie selbst durch Reharmonisierung des ursprünglichen Abmaj7 geschrieben haben, können wir uns für ihre einwandfreie Qualität verbürgen. Das Tonmaterial für beide Akkorde stammt aus Gb, daher sind die Skalen mit Ab-Dorisch und Db-Mixolydisch angegeben, was ja exakt die Töne aus Gb-Dur sind. Beim Db7 in Takt 16 allerdings liegt ein langer Ton G über dem kompletten Turnaround und damit auch über unserem Septakkord. Wir waren hier so streberhaft und haben diesen Ton in unserer Skalenwahl für das Db7 berücksichtigt.

Db-Mixolydisch beinhaltet die Töne (knifflig – Gb-Dur-Tonleiter von Db bis Db' gespielt): Db - Eb - F - Gb - Ab - Bb - Cb – Db' (Cb ist gegriffen natürlich ein B, aber Cb ist die korrekte Schreibweise!).

Ändern wir nun wegen der Melodie also das Gb zu G, so ändern wir die 4 (11) zur #11 und es entsteht eine Mixolydisch/#11-Skala. Soll nun die Verbindung Abmin7 - Db7 nicht irgendwohin, sondern in die Ausgangstonart C-Dur geleitet werden, behelfen sich die Komponisten oder Arrangeure bisweilen mit dem Trick, einen wichtigen Ton aus der Zieltonart (in unserm Fall das G, die V. Stufe in C-Dur, zudem die Terz der Tonika Cmaj7) zu den Akkorden hinzuzufügen, so dass der Akkord Db7 (nun ein Db7/#11) als Tritonussubsitut eines G7 dominantisch zu C-Dur führt. Ein sogenannter Authentischer Schluss – eine mächtige Sache!

Das Hinzufügen des Tones G macht aus dem Akkord Abmin7 ein Abmin/maj7, aus Db7 ein Db7/#11. Funktional liegt damit immer noch eine (leicht alterierte) ii-V-Verbindung vor, harmonisch allerdings befinden wir uns damit in der Tonart Ab-Melodisch-Moll, in der die genannten Akkorde die i. und IV. Stufe bilden. Und damit haben wir den seltenen Fall, dass tatsächlich mal eine – wenn auch kurze – Verbindung in Melodisch-Moll vorliegt, die dann reinen Gewissens auch mit ebendiesem Tonmaterial bespielt werden darf.

Im Beispiel „Lady Bird", Takt 16, fehlt ja sogar noch das Abmin/maj7. Dennoch gilt das Geschriebene auch für den noch verbleibenden Rest, das Db7/#11. Im Kampfeinsatz dürft Ihr nun also (am besten bei Up-Tempo) in der zweiten Hälfte des Takt 16 (welche wohl etwa eine halbe Sekunde dauern dürfte) Euer gesamtes Ab-Melodisch-Moll-Skalenmaterial einsetzen!

Ironie off. Kapitel off.

Beispiel 4: Corcovado

Verschwörungstheorien – rätselhafte Verminderte und Dominantketten

Jetzt, da Ihr einiges über Funktionsharmonik und -analyse erfahren habt, gilt es an dieser Stelle festzuhalten: Analysen von Songs sind nicht die einzige Wahrheit, sondern geben oft nur die Meinung des jeweiligen Verfassers wieder, wie der Komponist oder Interpret dies oder jenes gemeint haben könnte. Sie repräsentieren eine Idee, eher selten eine unantastbare Lösung. Und so entwickelt sich bisweilen eine angeregte Diskussion (das ist gut!) bis hin zu handfestem Streit über musikalische Weltanschauung (das ist zu vermeiden!), bei der Analyse der Funktion eines einzigen Akkords. Krach gibt es des öfteren beim Bossa.

Die Bossa Nova

„Bossa" ist die Abkürzung für „Bossa Nova" (portugiesisch für „Neue Welle") und meint einen Song des gleichnamigen Musikstils, der in den 1950er Jahren als Mischung aus Samba und Cool Jazz entstand. Der berühmteste Komponist unzähliger Bossas (der Plural ist höchst umstritten – wir bevorzugen im privaten Bereich das aus dem Altgriechischen entlehnte „Bossoi"!) ist Antônio Carlos Jobim (1927–1994).

Binär oder ternär?

Eine Besonderheit beim Bossa ist, dass er binär, nicht ternär gespielt wird. Prinzipiell werden ja über die Zählzeit einer Viertelnote zwei Achtelnoten verteilt, welche sich diesen Zeitraum gleichmäßig teilen. Soll selbiger drei Töne beinhalten, so notiert man eine sogenannte Achtel-Triole.

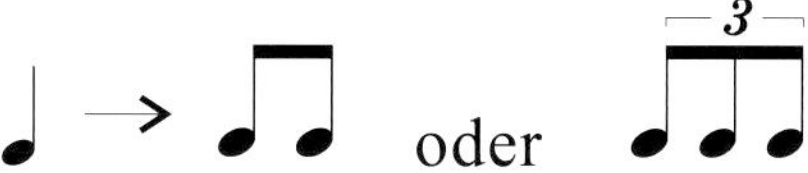

Lässt man bei der Triole den ersten Ton doppelt so lange stehen oder den zweiten entfallen, so liegen wie bei normalen Achteln wieder nur zwei Töne vor, welche allerdings rhythmisch anders positioniert sind.

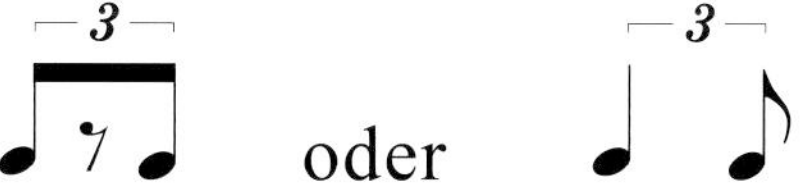

Während im Swing und Bebop der Konsens herrscht, dass im Sheet Achtelnoten zwar „ganz normal" notiert, aber stets wie die o. a. Triolen zu spielen sind (swingend, ternär), werden die Achtel im Bossa gleich lang (gerade, binär) gespielt. Wünscht ein Komponist für sein Stück, bei welchem es sich nicht offensichtlich um einen Bossa handelt, ausnahmsweise eine binäre Interpretation der Achtelnoten, wird dies durch eine Notiz auf dem Sheet vermerkt, z. B. „Straight 8s"

Corcovado

Lasst uns eines der bekanntesten Werke von Jobim mal etwas genauer unter die Lupe nehmen, „Corcovado“ (engl. Titel: Quiet Nights Of Quiet Stars).

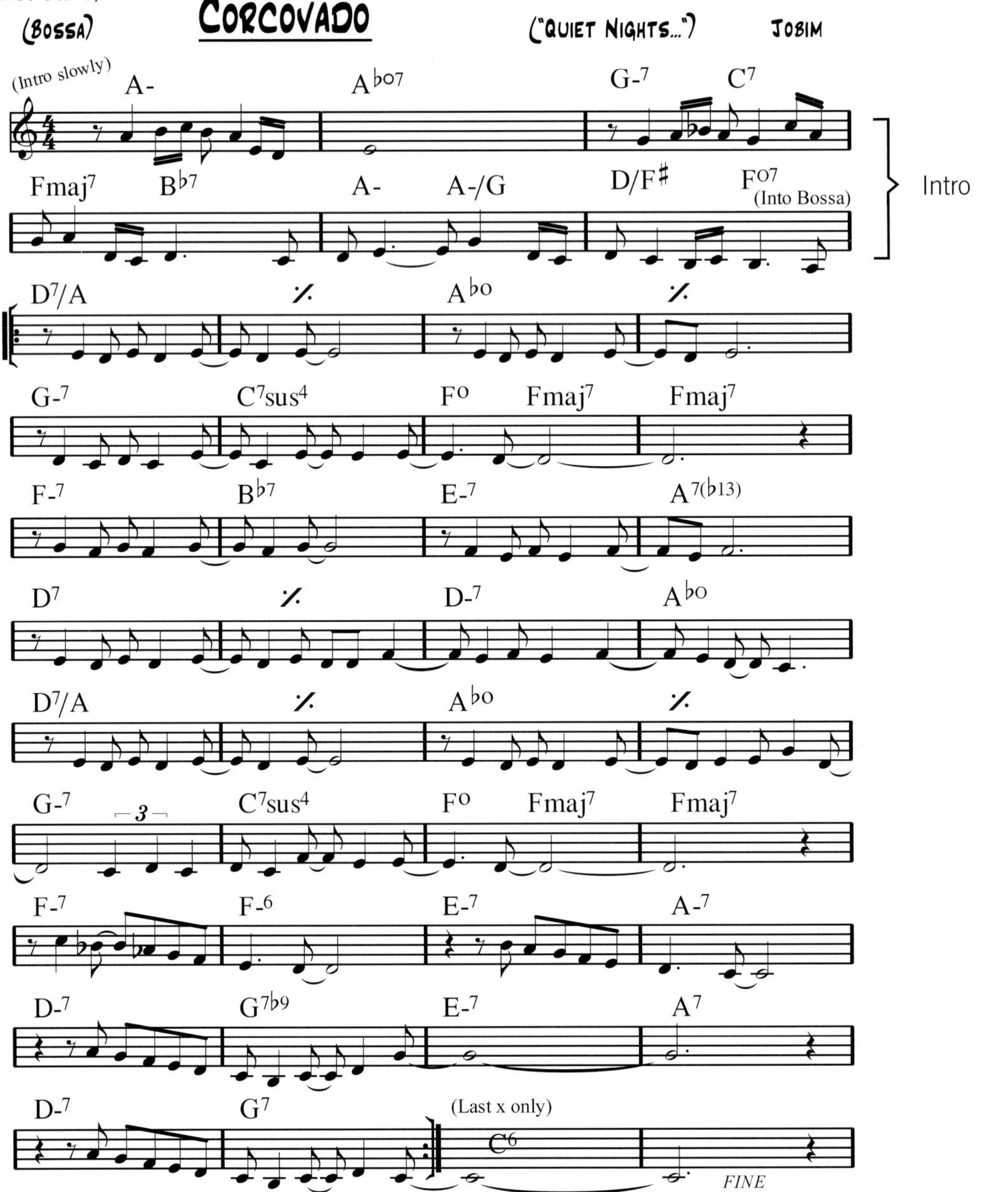

Bevor man sich an ein Blatt wagt, das mit vielen Noten vollgeschrieben ist, erleichtert es die Arbeit ungemein, zunächst eine Struktur des betreffenden Stücks festzustellen:

Das Stück ist in drei Abschnitte gegliedert: Die ersten beiden Zeilen sind Intro, ab Zeile 3 (dicke Doppelklammer) beginnt Teil A und ab Zeile 7 Teil B. Letzterer ist nicht auf den ersten Blick zu identifizieren. Allerdings sind die Zeilen 3 und 4 zumindest in der Begleitung identisch mit den Zeilen 7 und 8, sodass hier zumindest eine näherungsweise Wiederholung des Anfangs vorliegt.

Obwohl immer genau vier Takte pro Zeile notiert wurden, was den Eindruck symmetrischer Aufteilung suggeriert, unterscheidet sich die Taktanzahl des A- von der des B-Teils. Ärgerlich, denn letzterer hat 18 statt 16 Takte! Das Sheet wird am Ende noch mit zwei Takten C6 (wohl die Tonika) aufgefüllt, welche von manchen nur beim allerletzten, von anderen Musikerkollegen nach jedem Durchgang gespielt werden. Das erfordert vor dem gemeinsamen Spiel ein kurzes Wort der Klärung. Die obige Notation steht für Variante 1.

Diese zwei Takte und die Tatsache, dass keine Vorzeichen notiert sind, sprechen für die Tonart C-Dur. Bitte behaltet dies im Gedächtnis, es ist im Song teilweise gut verborgen!

Lasst uns das Intro überspringen und in Zeile 3 mit dem Akkord D7/A starten. Die im Folgenden verwendeten Taktnummern beziehen sich also stets auf den Hauptteil, beginnend in Zeile 3.

Betrachten wir die Melodie an dieser Stelle zusammen mit dem Begleitakkord, so liegt in den ersten beiden Takten des Hauptteils ein steter Wechsel zwischen D7/9 und D7 vor. In manchen Sheets ist auch an dieser Stelle Amin6 notiert. Wenn wir uns D7/9 und Amin6 mal nebeneinander ansehen, stellen wir fest, dass diese Akkorde nahezu identisch sind:

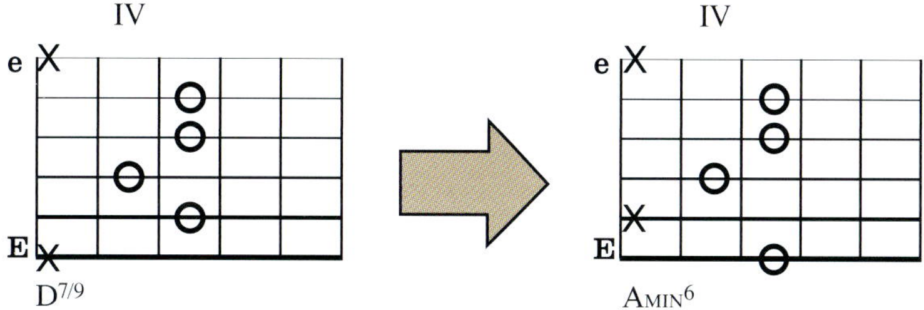

Und dann kommt er – Ab°, also Ab dim oder Ab-vermindert. Über diesen Gesellen an eben dieser Stelle haben sich schon viele Musiker den Kopf zerbrochen. Wir kümmern uns später um die restliche Analyse des – nebenbei sehr schönen – Songs, aber das Abdim ist nun mal der interessanteste Akkord im ganzen Sheet und soll deshalb vorrangig behandelt werden.

Um unsere Sichten (denn es gibt mehr als eine) der Dinge darlegen zu können, müssen wir allerdings die gesamte Verbindung betrachten, über zwei Zeilen (3 und 4) des Sheets.

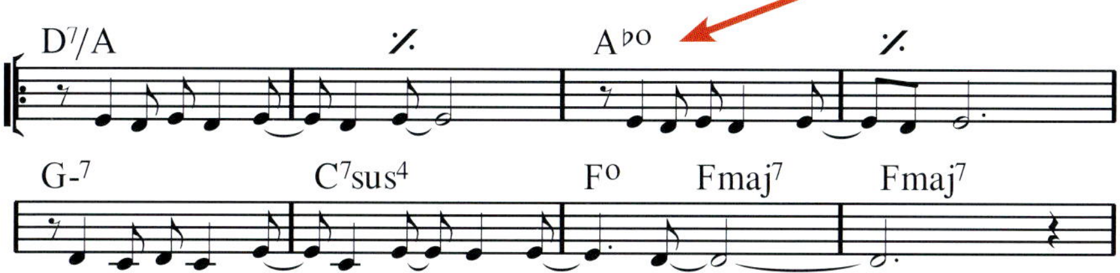

Für den Anfang gehen wir von folgender Akkordfolge aus (die jeweilige Länge der Akkorde soll uns im Moment nicht kümmern und das D7/A schreiben wir als Amin6):

Amin6 - Abdim - Gmin7 - C7 – Fmaj7

Ok, die letzten drei Akkorde sehen wirklich heftig nach einer ii-V-I - Verbindung in F-Dur aus. Wobei festzuhalten ist, dass wir eigentlich C-Dur als Tonart bestimmt hatten und vor dem Fmaj7 ein Fdim (mit B) als Vorhalt notiert ist. Nun kann Fmaj7 ja eine Zwischentonika sein. Das kennen wir bereits aus „Lady Bird“. Was aber hat ein Amin6 in F-Dur verloren? Der entscheidende Ton in diesem Akkord ist ja das F#, welches verpflichtend sowohl in Amin6 wie auch in D7 auftaucht. F# ist keinesfalls aus dem Tonraum F-Dur. Das Amin6 also irgendwie als iii. Stufe in F-Dur deuten zu wollen, erscheint mir wirklich weit hergeholt. Vielleicht nutzt es an diesem Punkt, temporär die Funktionsharmonik ruhen zu lassen und statt dessen die Gitarre – zumindest in Gedanken – umzuschnallen und geeignetes Skalenmaterial zum Solospiel auszuchecken.

Gmin7 - C7 – Fmaj7: Das ist einfach! Alles Akkorde aus F-Dur. Einzusetzende Skalen also G-Dorisch, C-Mixolydisch und F-Ionisch, alle drei pures F-Dur. Will man das B im F^0 berücksichtigen, auch gerne F-Lydisch.

Amin6: Eine 6 im Mollakkord „riecht“ schon per se nach Dorisch. A-Dorisch hat die Töne aus G-Dur. Hätten wir statt über Amin6 über D7 zu spielen, wäre unser erster Impuls D-Mixolydisch, was wiederum G-Dur bedeutet. Nebenbei klingt es auch völlig korrekt. Somit erledigt!

Nun also wollen wir das Ab° etwas genauer betrachten.

Der herkömmliche Ansatz

Wie schon erwähnt, lässt sich ein verminderter Akkord immer auch als die Umkehrung eines Septakkordes deuten. Wir bauen das Voicing etwas um (der Ddim taucht nur so zwischendurch beim Schieben auf) und suchen den zugehörigen 7/b9-Akkord.

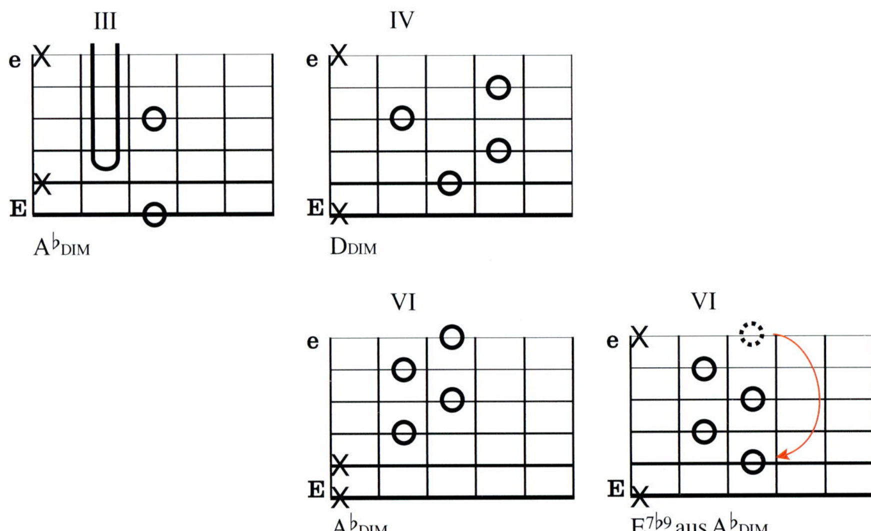

E7 haben wir in der Tonart A-Harmonisch-Moll bereits als Dominante kennen gelernt. Die Erweiterung b9 (der Ton F) ist leitereigen. Und da E7 und Amin somit als Dominante und (Moll-)Tonika zueinander passen, findet man die Deutung des Abdim als E7/b9 des öfteren in „Corcovado"-Analysen. Die Skalen für ein Solo wären dann: A-Dorisch, E-HM5 (A-Harmonisch-Moll), G-Dorisch usw.

Da wir ja für die ersten beiden Skalen jeweils zwei Takte Zeit haben, etabliert sich der Klang, und das Ganze klingt gut. Das Motiv Amin - Abdim - Gmin - C7 - Fmaj7 kommt in ähnlicher Form in vielen Jazzstandards vor, so zum Beispiel in dem kaum minder bekannten Bossa „The Gentle Rain" von Luiz Bonfá aus dem Jahr 1965:

| Amin6 | % | E7b9/G# | % | Gmin | C7 | F6 | % |

Die Idee ist stets dieselbe: Von dem tonalen Zentrum Amin geht es bei chromatisch fallendem Bass Richtung Fmaj7 oder F6. Und die Verbindung zwischen Amin und Gmin bildet ein E-Dur-Akkord mit G# im Bass, also einer der folgenden:

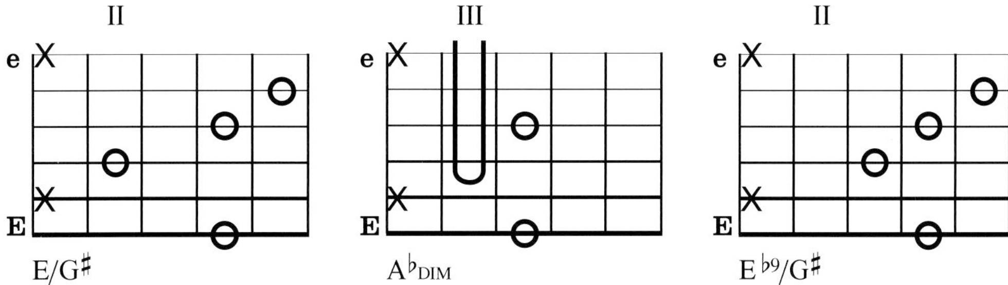

Ganz links sehen wir einen E-Dur Dreiklang, dessen Terz in den Bass gelegt ist. Auch ohne Septime klingt die Folge Amin - E/G# wunderbar. Daneben ist der bereits bekannte Abdim abgebildet, welcher in zwei Tönen schon mit dem E-Dur übereinstimmt. Ergänzt man nun zu diesem Griff auf der H-Saite am V. Bund noch den Ton E, so erhält man den rechts abgebildeten Akkord E b9/G#, welchen wir ausnahmsweise tatsächlich mit Leerzeichen schreiben, da es sich um ein E-Dur erweitert mit der b9 und nicht um ein Eb-Dur erweitert mit der 9 handelt.

Alle diese drei Akkorde werden als Ersatz für einen E-Dur- oder E-Dur-Septakkord verwendet, welcher aber durch die Richtung des Basses (A-G#...) eher zum G als zurück zum A treibt.

Stufen in der Tonart C-Dur:

vi-min6 - V/vi - ii/IV - V/IV - IV

Skalen für das Solospiel

Ihr habt das Problem erkannt. Die Angabe min6 beim ersten Akkord schränkt unsere Skalenwahl über den ersten Akkord Amin6 gehörig ein und torpediert somit die postulierten Stufen-Zusammenhänge. Angesagt sind wohl Dorisch oder Melodisch-Moll, also Skalen, die eine große Sexte beinhalten. Natürlich ist auch Äolisch oder Harmonisch-Moll nicht verboten, klingt aber unseres Erachtens nicht schlüssig und zudem „themenfern".

Andererseits halten wir das Amin6 für unabdingbar, um dem Sound des Songs zumindest einigermaßen gerecht zu werden. Auch hier gilt wie stets, dass es bei Jazz- und Latin-Standards keine eherne Interpretationsvorschrift gibt, aber das Modifizieren essentieller Akkorde sollte nicht der erste Schritt beim Erarbeiten sein.

So dürfen wir als mögliche Skalen für die Akkordverbindung Amin6 - Abdim - Gmin7 - C7 - F6 vorschlagen:

A-Dorisch - E-HM5 - G-Dorisch - C-Mixolydisch und F-Ionisch (oder F-Lydisch)

Zum Ergebnis, A-Harmonisch-Moll (nichts anderes ist ja E-HM5) über den Akkord Abdim zu spielen, kommt man auch, wenn man sich an die Vorstellung der Harmonisch-Moll-Tonleiter auf Seite 65 erinnert. In A-Harmonisch-Moll entsteht auf der 7. Stufe eine G#dim (=Abdim), exakt der Akkord, um den es geht. Die Skalen **E-HM5** und **Ab-HM7** sind vom Tonmaterial identisch.

Wie bereits ausgeführt, spielen wir stets Dorisch über Amin6. Auch beim F6 setzt sich nach unserer Meinung die Einleitung über Gmin7 - C7, also eine ii-V-Verbindung zu einer Zwischentonika, gegenüber der naheliegenden Einstufung als IV. (Subdominante) durch, weswegen wir Ionisch vorziehen.

Eine ganz andere Sichtweise

Zur Erinnerung: Es geht um die Akkordsequenz

Amin6 - Abdim - Gmin7 - C7 - F6

Man kann die oben beschriebene Folge allerdings auch etwas anders sehen. Diese Lösung haben wir durch unsere Erfahrung im a) Auswendiglernen von Leadsheets und b) harmonischen Schlampen bei der Begleitung gefunden!

Wir hatten bei dem Song „Have You Met Miss Jones“ einen seltsamen verminderten Akkord im Gedächtnis, für den es – in einem anderen Sheet – eine simple Erklärung gab.

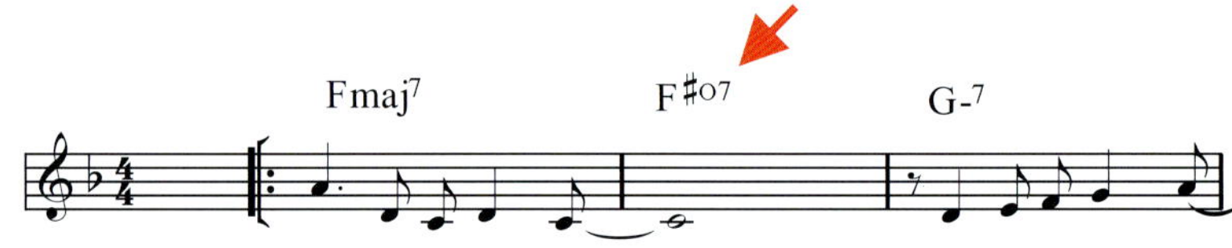

In anderen Sheets wird der Akkord F#°7 (also F#dim) nämlich als Adim (verminderte Akkorde können ja um kleine Terzen verschoben werden) oder gar als D7 (manchmal D7/b9) notiert.

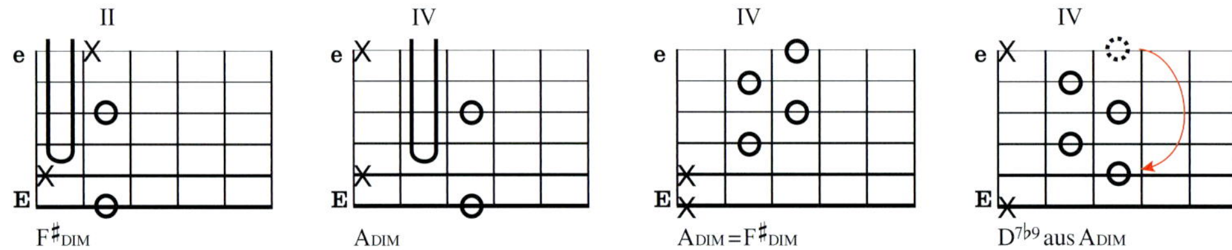

Hier haben wir einen anderen Weg der Herleitung beschritten: Das F#dim erst um drei Bünde verschoben und dann an dieser Position ein anderes Fingering des Adim durch Versetzen des Tones A auf die hohe E-Saite erzeugt. Reine Geschmackssache.

Ach so! Wenn man den Basston eines D7/b9 zwischen D und A wechselt, kann man die Akkordbezeichnung des D7/b9 /A („D7b9 über A" – an dieser Stelle schlecht zu notieren) auch als Adim schreiben. Selbiger dann auch noch um eine kleine Terz nach unten verschoben, führt zu dem ursprünglich notierten F#dim.

Festzuhalten an dieser Stelle ist also, dass die bekannte Substitution eines 7b9-Akkordes durch eine Verschiebung des verminderten Ersatzakkordes bisweilen nicht so leicht zu entdecken ist.

Ist also ein Adim notiert, so kann damit auch ein D7 gemeint sein. Korrekt natürlich ein D7/b9, aber wie Ihr ja schon beim Thema Tritonusvertauschung gesehen habt, nehmen es viele Kollegen bei der Notation nicht so genau.

Ein Abdim kann folglich ein Db7 meinen…

Nun zum Thema „schlampiges Begleiten": Auf der A- und E-Saite einen Wechselbass zu Akkorden zu spielen, ist nicht nur im Bossa ein probates Mittel, etwas Groove in die Begleitung zu bringen. Und folgende Sequenz (die ersten vier Takte des Hauptteils), die wir zur Veranschaulichung zusätzlich als Tab notiert haben, könnte Antônio Carlos Jobim gedankenverloren vor sich hin gespielt haben:

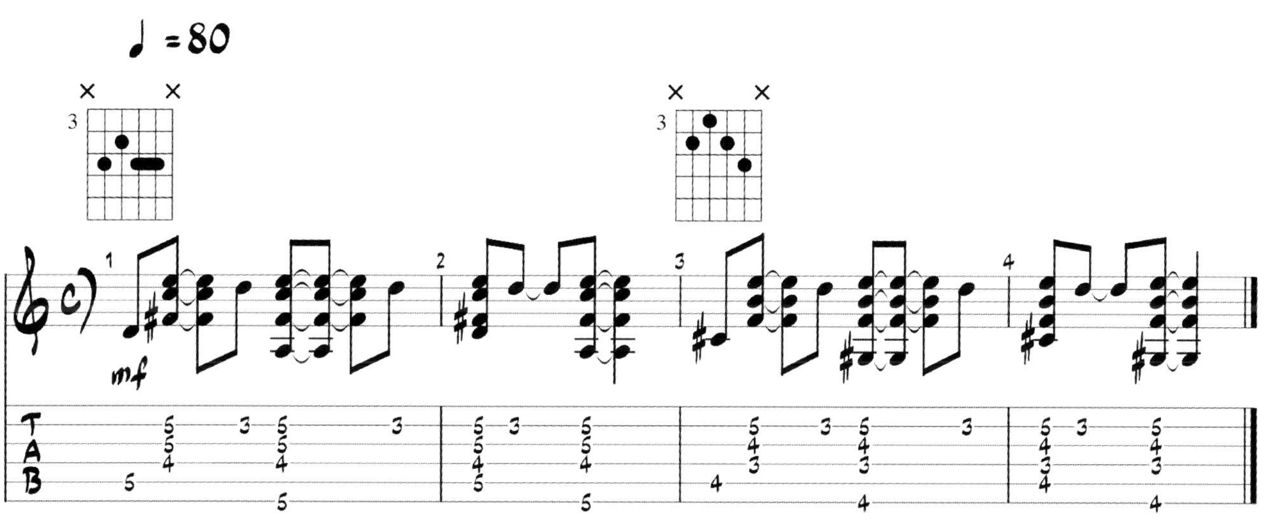

D7/9 - Db7/#9 (b9) gefolgt von C7/9 und Fmaj7. Eine wunderbare chromatische Folge. Wie wir schon im Kapitel „Tritonusvertauschung" geschrieben hatten, kann man einen Dominantseptakkord durch seinen Tritonusakkord ersetzen, um eben genau solche Akkordfolgen zu schaffen. Die nicht-substituierten und nicht-erweiterten Akkorde dieser Verbindung sind demnach: D7 - G7 - C7 - Fmaj7. Eine Kette von Dominanten, endend auf der Zwischen-Tonika. Eine VI7-II7-V-I-Verbindung in F, ausschließlich in Dur-Septakkorden, weswegen auch die römischen Ziffern der Verbindungsfolge in Großbuchstaben dargestellt sind.

Funktionsharmonisch knacken wir diese Kette von hinten auf (was sich durchaus oft empfiehlt): C7 ist die Dominante zu Fmaj7 (Skala: C-Mixolydisch). G7 ist wiederum die Dominante zu C7, daher die Doppeldominante zu Fmaj7 (Skala: G-Mixolydisch). D7 ist endlich die (Zwischen-)Dominante zu G7 (Skala: D-Mixolydisch). Darf man die dann als Doppeldoppeldominante (DDD) zu Fmaj7 bezeichnen? Ach, das lassen wir lieber mal…

Der Einsatz eines Db7 als Tritonussubstitut für G7 ändert nichts an diesen funktionalen Zusammenhängen.

Integriert man die Melodietöne in diese Akkorde (egal ob G7 oder Db7), so passt das wunderbar. Die Melodie macht dann aus dem Akkord Db7 ein Db7/#9 bzw. Db7/b9. Und letzterer wird dann, wie oben schon dargestellt, durch den Ton Ab im Bass zu dem ominösen Akkord Abdim (Ab°).

Wir fassen zusammen:

Es ist ein durchaus plausibler Ansatz, dass Jobim einen D7/9-Akkord chromatisch abwärts Richtung C7/9 bzw. letztendlich Fmaj7 verschoben hat. Funktionsharmonisch ist das eine Aneinanderreihung von Dominanten. Damit es zwischen den Akkordwechseln nicht zu langweilig wird, hat er zwischen A- und E-Saite einen Wechselbass (auf die jeweils ungeraden Zählzeiten 1 und 3) gespielt. Und irgendwann blieb in den Takten 1 bis 4 nur noch die Notation der Akkorde mit dem Basston auf der E-Saite übrig. So wird aus dem D7/9 ein Amin6, aus dem Db7/b9 ein Abdim und aus dem C7/9 ein Gmin6. Das erklärt übrigens auch, warum wir den Akkord Gmin7 (ob 7 oder 6 ist als ii. Stufe ohnehin egal) in Takt 5 bis jetzt unterschlagen haben – nach unserer Auffassung war hier eben ein C7/9/G gemeint.

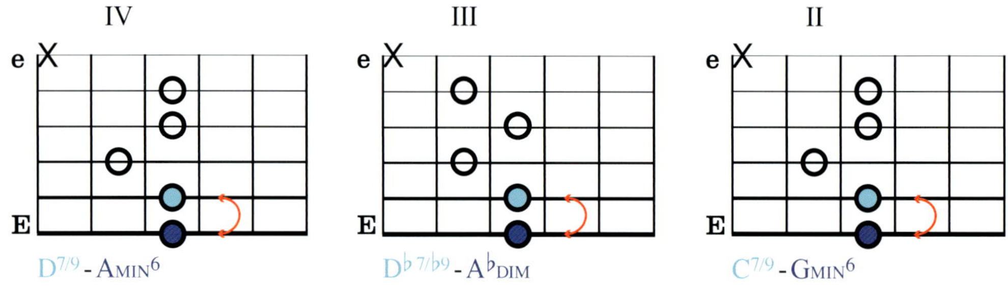

Unsere Vorschläge für Solo-Tonmaterial über diese Akkordfolge lauten also in dieser Verion:

Ami6 - D-Mixolydisch, Ab° - G-Mixolydisch/#11 und Gmi6 - C-Mixolydisch.

Wir (und wahrscheinlich auch Jobim) haben jetzt rein mechanisch zu jedem der Septakkorde seine private V. Stufe als Basston hinzugefügt. Das war für das D7/9 ein A, für das Db7 ein Ab und für das C7 ein G. Aber ist denn das Ab zum Db7 in vorliegender Verbindung tatsächlich die korrekte V. Stufe? Müsste es denn für das Db nicht eine bV, also verminderte Quinte sein, der Ton G?

Ja, schon, aber eben nur in dieser speziellen Sichtweise. Die Annahme, das Abdim stelle einen verkappten Db7/b9 dar und die Basslinie der „falschen" Saite sei festgeschrieben worden, stammt ja von uns. Ob Ihr die hier dargestellte Interpretation der Akkordfolge alternativ zur bestehenden Lehrbuchansicht anerkennt, bleibt Euch überlassen. Warum überhaupt das ganze Bohei um den verminderten Akkord? Die Anregung kam quasi von höchster Stelle…

Ein Ton von Stan Getz

Der Weltklasse-Saxophonist Stan Getz (1927–1991) spielte in seiner Latin-Phase Anfang der 1960er Jahre viele Titel des Komponisten Jobim ein, dabei natürlich auch „Corcovado“. Sein Solo zu diesem Stück haben wir uns natürlich eingehend angehört. Getz hat trotz seiner Virtuosität immer den Ruf unter seinen Mitmusikern behalten, die Kollegen im Song „vorangehen“ zu lassen, so dass er deren harmonische Auffassung bestimmter Passagen aufnehmen und dann in seinen Soli interpretieren konnte. Auch in „Corcovado“ umspielt er elegant und schon am „Ausgang“ zum Gmin die Stelle über Abdim. Allerdings intoniert er dabei ein Db, einen Ton, der durch die üblichen harmonischen Analysen nicht erklärbar ist.

Lässt man allerdings wie ausgeführt die Vorstellung zu, das Abdim als G7/b9 und somit den Akkord Db7 als Tritonussubsitut für das G7 zu interpretieren, liegt die Antwort schon im Akkordnamen. Über solch ein Db7 ist Alteriert eine zulässige Wahl, womit sich der Kreis schließt:

G-Mixolydisch/#11 = Db-Alteriert = D-Melodisch-Moll

Der dritte Ansatz

Wir sind der festen Überzeugung, dass die Suche nach geeignetem Tonmaterial für das Spiel über einen Akkord wesentlich vereinfacht wird, wenn dessen harmonische Funktion im Song bzw. in der betreffenden Passage festgestellt (oder zumindest erahnt) wurde.

In diesem Abschnitt geht es (immer noch) um einen dim-Akkord in der Entfernung einer kleinen Terz aufwärts von der Tonika, in Stufenschreibweise um einen $biii^0$.

Diese Positionsangabe wird gerne als „Analyse“ verkauft. Aber die Information, wo sich ein Akkord befindet, ist nur in wenigen Fällen selbsterklärend. Vielleicht im Fall iv-7, da die „vermollte Subdominante“ schon zum Allgemeinwissen in der Harmonielehre gezählt werden kann und das Wissen um diese konkrete Funktion auch die für ein Solo eingängigste Skala enthält (Dorisch, wie Ihr bereits wisst).

Aber bei einem $biii^0$ ist die Sache so klar nicht. Wir finden solche Akkorde zum Beispiel im Turnaround von „All of me“:

... / C6 Ebdim / Dmin7 G7 /

oder (und da sind wir wieder beim Thema) eben in „Corcovado“:

/ Amin6 / % / Abdim / % / Gmin7 / C7 / Fmaj7 / % / ...

Von der harmonischen Wirkung treibt der ominöse Abdim vom Amin zum Gmin, was aber vor allem am Basston (chromatisch fallende Linie), nicht an den Akkordtönen liegt. Denn es ist keine V/ii, also ein Substitut für D7, dies wäre Ab7/#11 oder zumindest ein Ab-(Dur-)Septakkord. Abdim hat dagegen eine Mollterz. Hier also der Versuch einer systematischen Zusammenfassung:

V/iii (siehe oben – Der herkömmliche Ansatz)

Die häufigste Deutung für den Akkord Abdim ist E7/b9 /G# (hier G# statt Ab, weil es die Terz des aus einer Kreuztonart stammenden Septakkords im Bass ist). Seine Funktion wäre somit V/iii, also eine Zwischendominante zur 3. Stufe, im konkreten Beispiel E7 Richtung Amin (die iii in F-Dur).

Die bevorzugte Skala für ein Solo ist in diesem Fall unseres Erachtens E-HM5, also A-Harmonisch-Moll.

V/V Variante A (siehe oben – Eine ganz andere Sichtweise)

Die bevorzugte Skala für ein Solo ist in diesem Fall unseres Erachtens G-Mixolydisch/#11 = Db-Alteriert = D-Melodisch-Moll

V/V Variante B – Der dritte Ansatz

Nach längerer Überlegung kam uns eine weitere Idee in den Sinn. Wir sind mit den bisherigen Feststellungen nicht gänzlich zufrieden. Mit der V/iii nicht, weil sie grundsätzlich zur Erklärung herhalten muss und den Drang zur ii nur unzureichend impliziert und mit der V/V (A) auch nicht, weil er dem G7/b9 eine #11 verpasst, die eben nur Stan Getz wirklich zum Klingen bringt. Aber…

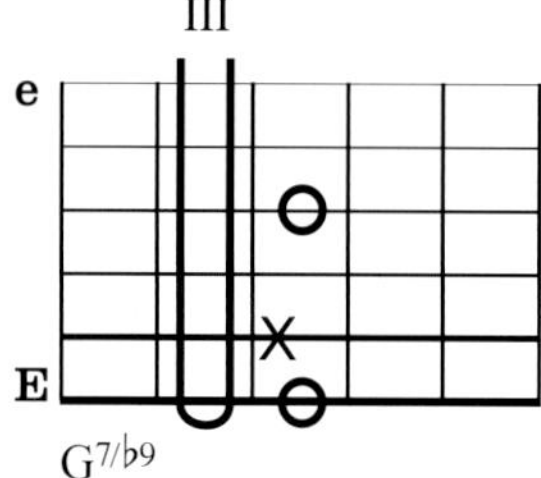

Ein G7/b9 **ist** ein Abdim. Somit ist der zweite Akkord der Strophe von „Corcovado" eine Doppeldominante zur Tonika Fmaj7, ganz ohne den Umweg über irgendwelche Tritonussubstitute. Und die Folge II7 (V/V) - ii - V - I finden wir häufig. Sofort dürfen wir wieder „All of me" zitieren, die letzten vier Takte des A-Teils:

/ D7 / D7 / Dmin7 / G7 /

/ C6 / ...

Üblicherweise spielt man über eine Doppeldominante, welcher ja per se zu einem weiteren Dur-Septakkord führt, Mixolydisch oder – weil es einfach seit Jahrzehnten anerkannt gut klingt – Mixolydisch/#11. HM5 (in unserem Fall aus C-Harmonisch-Moll), eine zumeist passende Option für Dominanten (vor allem dann allerdings, wenn sie zu einer Molltonika führen), klingt hier in „Corcovado" sehr weit „out". Das liegt daran, dass in C-Moll eben ein Eb vorkommt, während der gesamte Sound des Songs in dem Wechsel der Melodie zwischen E und D liegt. Wir benötigen aber eine Skala, die diesen Akkord bedienen könnte:

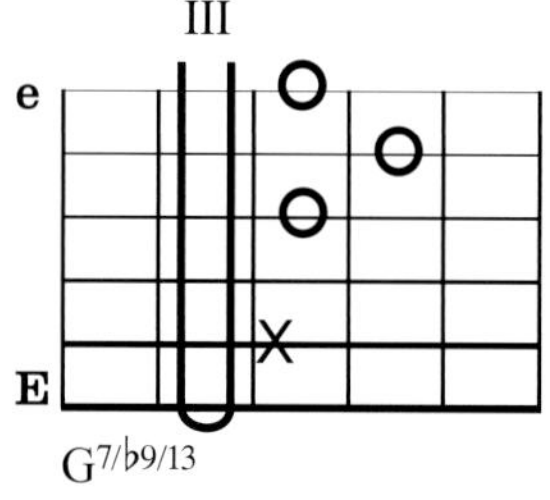

Ein G7/13 erweitert mit einer b9. Eine durchaus legitime Vorgehensweise bei der Bestimmung einer passenden Skala für ein Solo über diesen Akkord ist es, die für den Akkordtyp passende zu wählen und diese anhand der jeweils aktuellen Erweiterung zu modifizieren. Also: Für G7 ist (ohne Ansicht der restlichen Verbindung) im Prinzip die Tonleiter G-Mixolydisch die erste Wahl. Die Erweiterung 13 (in diesem Fall der Ton E) ist in G-Mixolydisch enthalten (wir erinnern uns: das Tonmaterial stammt aus C-Dur) und muss nicht explizit behandelt werden. Statt der 9 (A) ist allerdings die b9 (der Ton Ab) zu beachten.

Somit wäre **Mixolydisch/b9** die passende Skala für diesen Akkord (und damit auch für unser Abdim).

Ihr könnt nun eine Mixolydische Skala nehmen und jede 9 zur b9 machen, also im obigen Beispiel G-Mixolydisch durch Erniedrigung jedes A zum Ab.

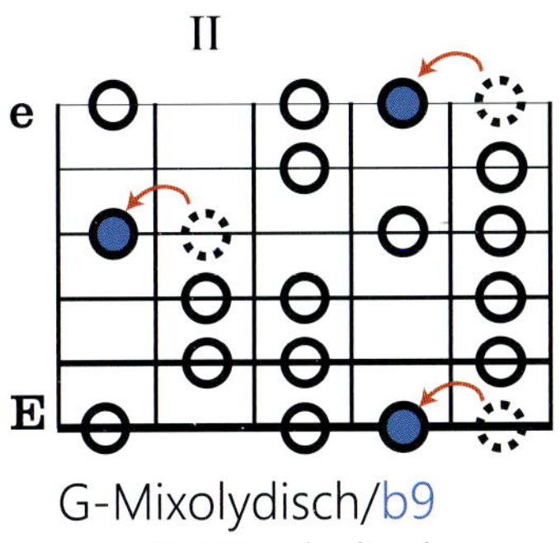

G-Mixolydisch/b9
aus G-Mixolydisch

Das ist eine C-(Ionisch-)Dur-Tonleiter (die ist ja identisch mit G-Mixolydisch) mit einer kleinen Sexte b6. Das nennt man übrigens auch C-**Harmonisch-Dur**. Diese (zugegebenermaßen) seltene Skala kann man auch konstruieren, wenn man in einer C-Harmonisch-Moll-Tonleiter die kleine Terz zur großen macht, also jedes Eb zum E:

Die Beschränkung auf fünf Bünde pro Diagramm verhindert leider eine übereinanderliegende Darstellung, aber wenn Ihr die Töne nachprüft, werdet Ihr sehen, es stimmt.

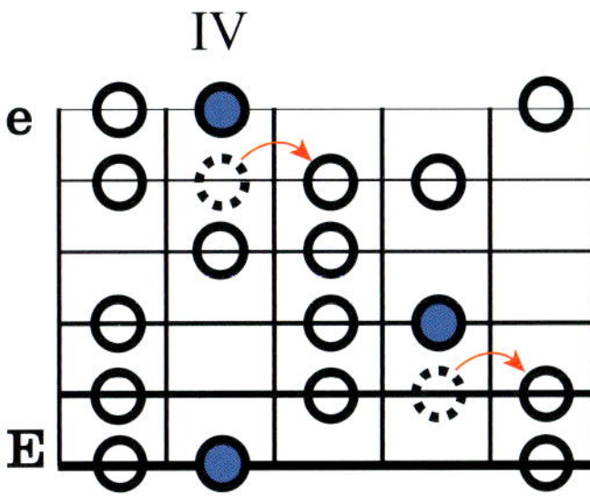

G-Mixolydisch/b9
aus C-Harmonisch-Moll

Technisch gesehen ist Harmonisch-Dur eine Ionische Durtonleiter mit einer b6.

C-Harmonisch-Dur hat dasselbe Tonmaterial wie G-Mixolydisch/b9 und ist für den Akkord Abdim – die ominöse biii⁰ – in „Corcovado“ eine gute Wahl!

Es hat sich herumgesprochen, dass der zweite Akkord in der Strophe des Standards „Wave“

/ Dmaj7 / Bbdim / Amin / D7 / ...

eine der seltenen Einsatzmöglichkeiten der Harmonisch-Dur-Skala (hier: D-Dur-Harmonisch) wäre. Jetzt kennt Ihr schon eine weitere.

Der vierte Ansatz: Die Verminderte Skala für einen verminderten Akkord

Ganz gelöst von der funktionsharmonischen Betrachtung des Abdim ist es natürlich möglich, über diesen Akkord die sogenannte **Verminderte Skala** (oder **Ganzton-Halbton-Skala** bzw. **GTHT**) zu spielen. Für diese oktatonische (acht-tönige) – im Gegensatz zu den bisher besprochenen heptatonischen (sieben-tönigen) Leitern – Skala ist die Bezeichnung anders als beim erwähnten HM7 nun korrekt.

Bei diesem Skalentyp wechselt der Abstand der einzelnen Skalentöne gleichmäßig.und wird daher auch alternierende Achtstufigkeit genannt. Es gibt zwei Erscheinungsformen: Mit einem Ganztonschritt beginnend (die Ganzton-Halbton-Leiter GTHT) oder mit einem Halbtonschritt beginnend (die Halbton-Ganzton-Leiter HTGT).

Der Tonvorrat besteht aus zwei verminderten Septakkorden, die um eine Sekunde gegeneinander versetzt sind: bei der HTGT um eine kleine, bei der GTHT um eine große Sekunde.

Als Beispiel die GTHT ab D, welche mit den GTHT ab F, Ab und B identisch ist:

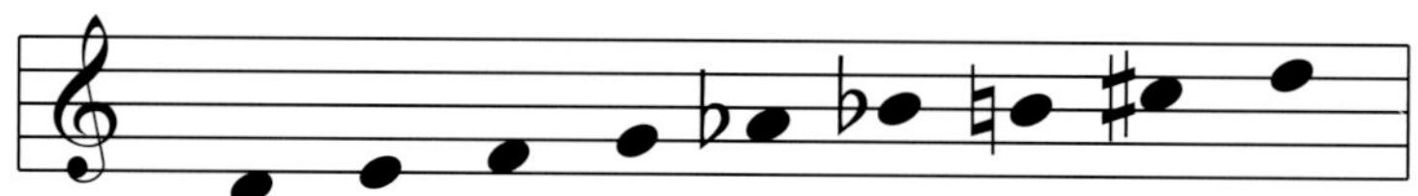

D- (F-, Ab-, B-) GTHT

Um die GTHT / HTGT nicht nur theoretisch vorzuschlagen, im Folgenden zwei kleine Patterns (© John Coltrane), die gut über verminderte bzw. 7/b9-Akkorde klingen. Hier die HTGT über Abdim:

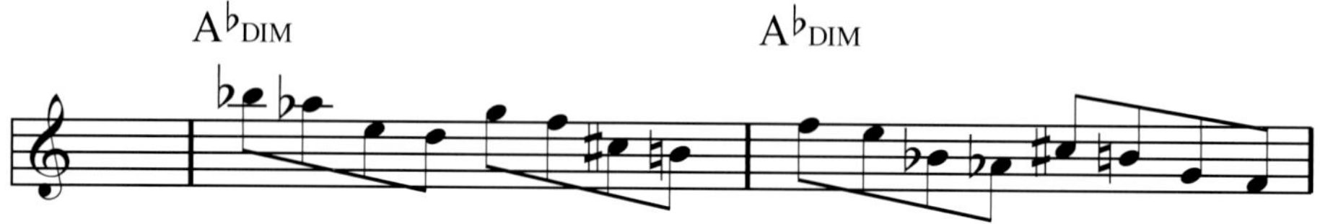

Und hier die GTHT über G7/b9:

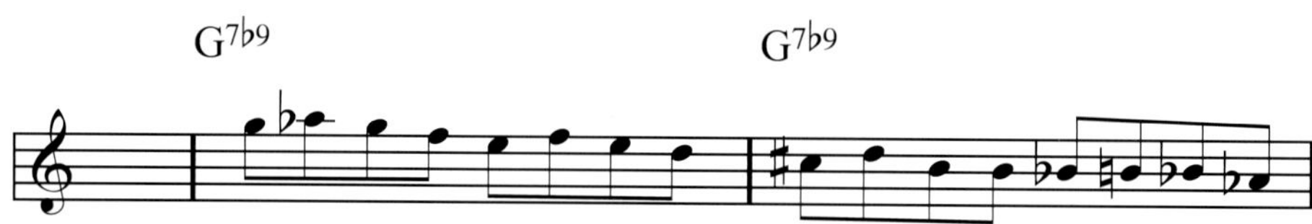

Als Faustformel könnt Ihr eine GTHT auf einem beliebigen Ton des jeweiligen verminderten Akkords starten, eine HTGT auf dem Grundton eines 7b9-Akkords.

Wir haben Euch auf den letzten Seiten hoffentlich ausführlichst unsere Vorschläge zur Behandlung des Abdim dargelegt, inklusive der funktionsharmonischen Einschätzung und der Vorstellung neuen Tonmaterials (Harmonisch-Dur und GTHT). Da ist genug Stoff, um lange Zeit zu üben. Aber nun wollen wir uns dem Rest des Songs zuwenden.

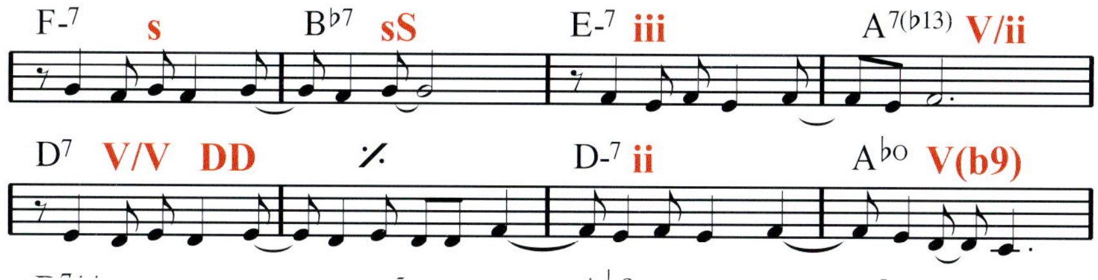

In den dargestellten Takten 9–16 (des Hauptteils) finden wir ausschließlich Funktionen, die wir bereits bei „All Of Me" besprochen hatten, weswegen wir es an dieser Stelle kurz halten wollen. Nicht vergessen: wir befinden uns in C-Dur.

/ F-Dorisch / Bb-Mixolydisch / E-Phrygisch / A-HM5 /

/ D-Mixolydisch(/#11) / % / D-Dorisch / G-Mixolydisch/b9 /

In diesem Fall ist das Abdim in Takt 16 eine Umkehrung eines G7/b9 und funktioniert daher als V in C-Dur.

Die Takte 17–24 entsprechen 1–8. Lasst uns daher mit 25–34 fortfahren:

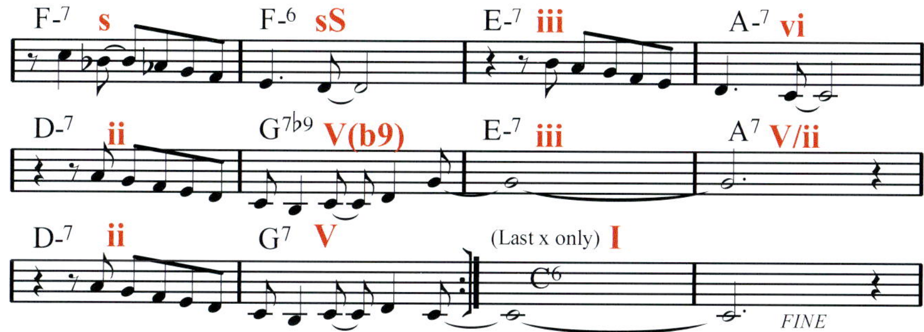

Auch in diesen 12 Takten sind uns die jeweiligen Funktionen bereits bekannt. Die Notation des Fmin6 in Takt 26 ist unseres Erachtens nicht ganz glücklich, da Fmin6 und Bb7 einen sehr ähnlichen Tonvorrat besitzen und das in der Melodie stehende E eher für einen Akkord Bb7/#11 spricht als für ein Fmin6. Ein E in F-Moll (Akkord: Fmin6/maj7) spricht übrigens für die Skala F-Melodisch-Moll (= Bb-Myxolydisch/#11) über die Takte 25 und 26.

In Takt 28 ist es tatsächlich ausnahmsweise A-Moll, kein Dur-(Sept-)Akkord.

Auch wenn auf diesem Sheet die letzten beiden Takte mit der Tonika C6 nur im wirklich allerletzten Durchgang gespielt werden sollen, halten es manche Kollegen anderes und fordern die Tonika nach jedem Durchgang ein. Spielt Ihr „Corcovado" also erstmalig in einer Euch fremden Besetzung, ist dies vor Beginn zu klären.

Hier nun noch einmal das komplette Sheet, mit Skalenvorschlägen gemäß der vorangegangenen Analyse, wobei wir hier das am weitesten verbreitete E-HM5 über den Abdim geschrieben haben. Dass dies nur eine von mehreren Möglichkeiten ist, haben wir ausführlich dargelegt.

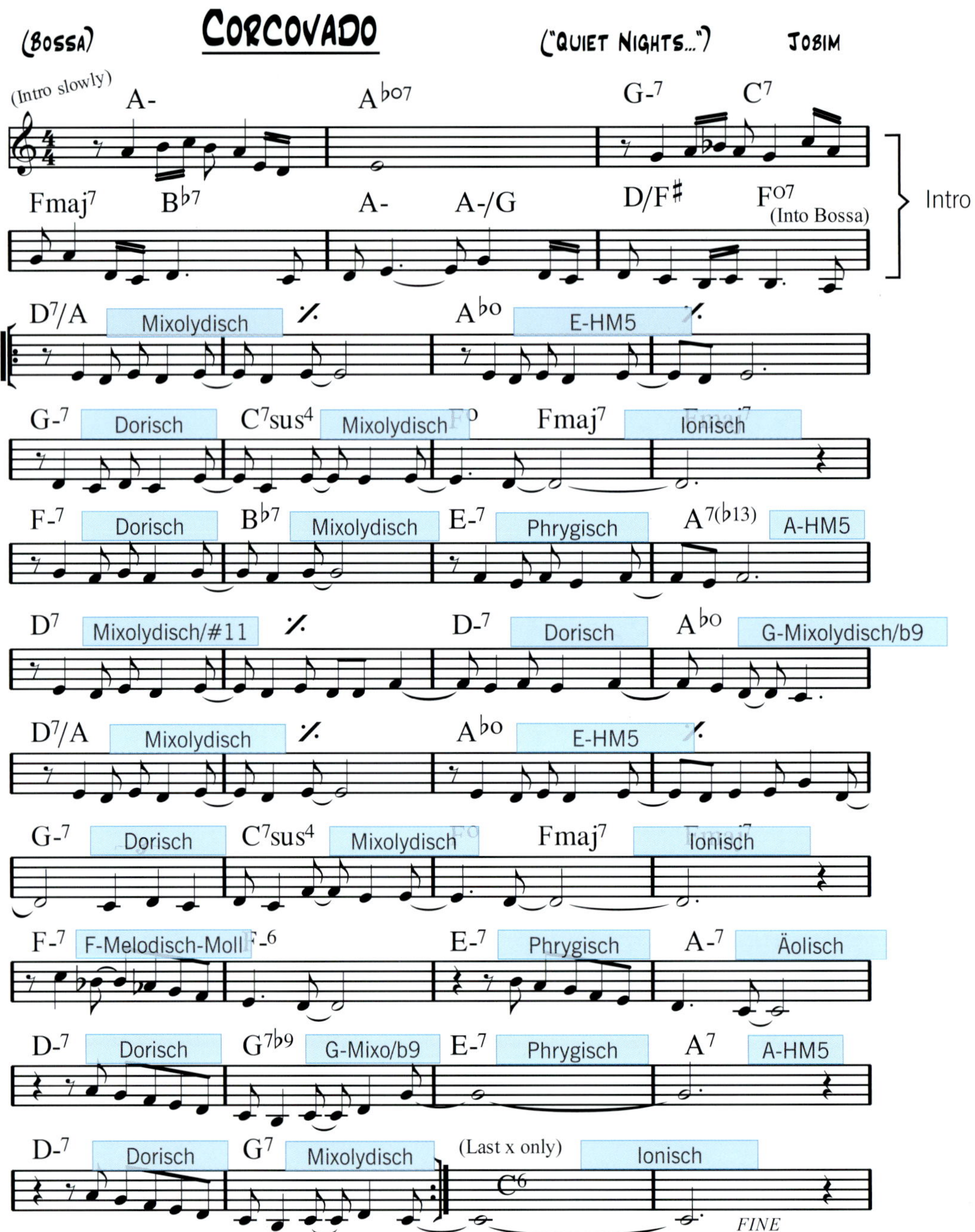
(Bossa)
Corcovado
("Quiet Nights...")
Jobim
(Intro slowly)
A-
A♭o7
G-7
C7
Fmaj7
B♭7
A-
A-/G
D/F♯
Fo7
(Into Bossa)
Intro
D7/A
Mixolydisch
A♭o
E-HM5
G-7
Dorisch
C7sus4
Mixolydisch
Fmaj7
Ionisch
F-7
Dorisch
B♭7
Mixolydisch
E-7
Phrygisch
A7(♭13)
A-HM5
D7
Mixolydisch/#11
D-7
Dorisch
A♭o
G-Mixolydisch/b9
D7/A
Mixolydisch
A♭o
E-HM5
G-7
Dorisch
C7sus4
Mixolydisch
Fmaj7
Ionisch
F-7
F-Melodisch-Moll
E-7
Phrygisch
A-7
Äolisch
D-7
Dorisch
G7♭9
G-Mixo/b9
E-7
Phrygisch
A7
A-HM5
D-7
Dorisch
G7
Mixolydisch
(Last x only)
Ionisch
C6
FINE

Beispiel 5: The Girl From Ipanema

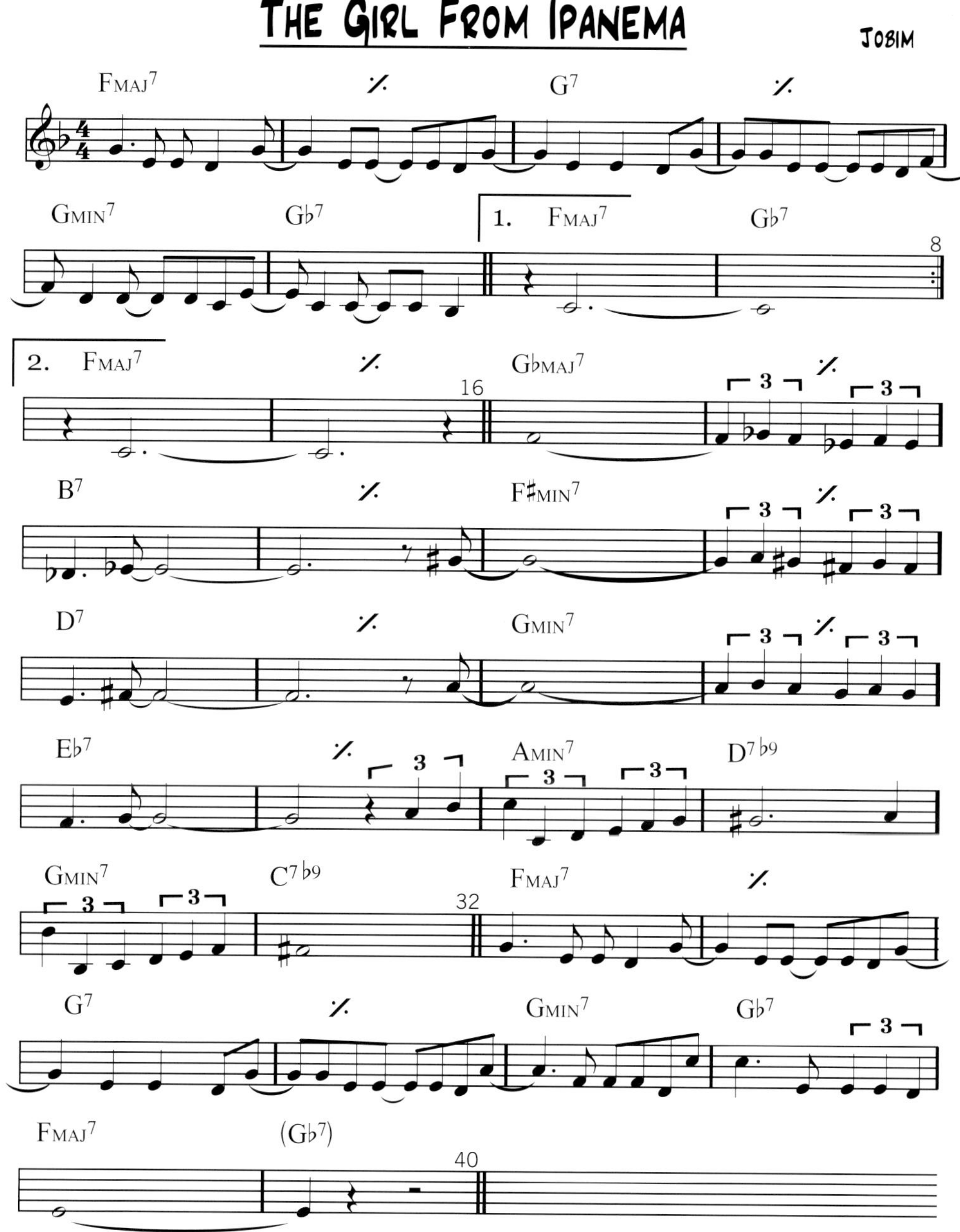

Und gleich noch ein Hit des schon im letzten Kapitel erwähnten Antônio Carlos Jobim. „The Girl From Ipanema" ist wohl der bekannteste und meistgespielte Bossa von Jobim, berühmt geworden durch die epochale 1964 veröffentlichte Aufnahme mit Stan Getz am Tenorsaxophon, João Gilberto an der Gitarre und dessen damaliger Ehefrau Astrud am Gesang.

Wie schon bei „Corcovado" wollen wir zunächst die Struktur und die Form des Songs genauer betrachten und dann die einzelnen Abschnitte analysieren.

Eine komplette Form hat insgesamt 40 Takte, die sich auf 2 x A-Teil (jeweils 8 Takte), B-Teil (16 Takte) und nochmals einen A'-Teil (8 Takte) verteilen. Die Form des Songs ist somit AABA'.

Spielt man die komplette Form mit einigen Soli mehrfach hintereinander durch, so kommen auch gestandene Live-Musiker anhand drei aufeinander folgender A-Teile (AABAAABA usw.) bisweilen „formal" ins Schwimmen. Von daher sollte man sich einprägen, dass nach dem B-Teil immer noch genau 1 A-Teil folgt, bevor ein erneuter Durchlauf beginnt.

Wir wollen jetzt Stufen und Funktionen in das Sheet eintragen, die wir im Laufe dieses Buches schon kennengelernt haben:

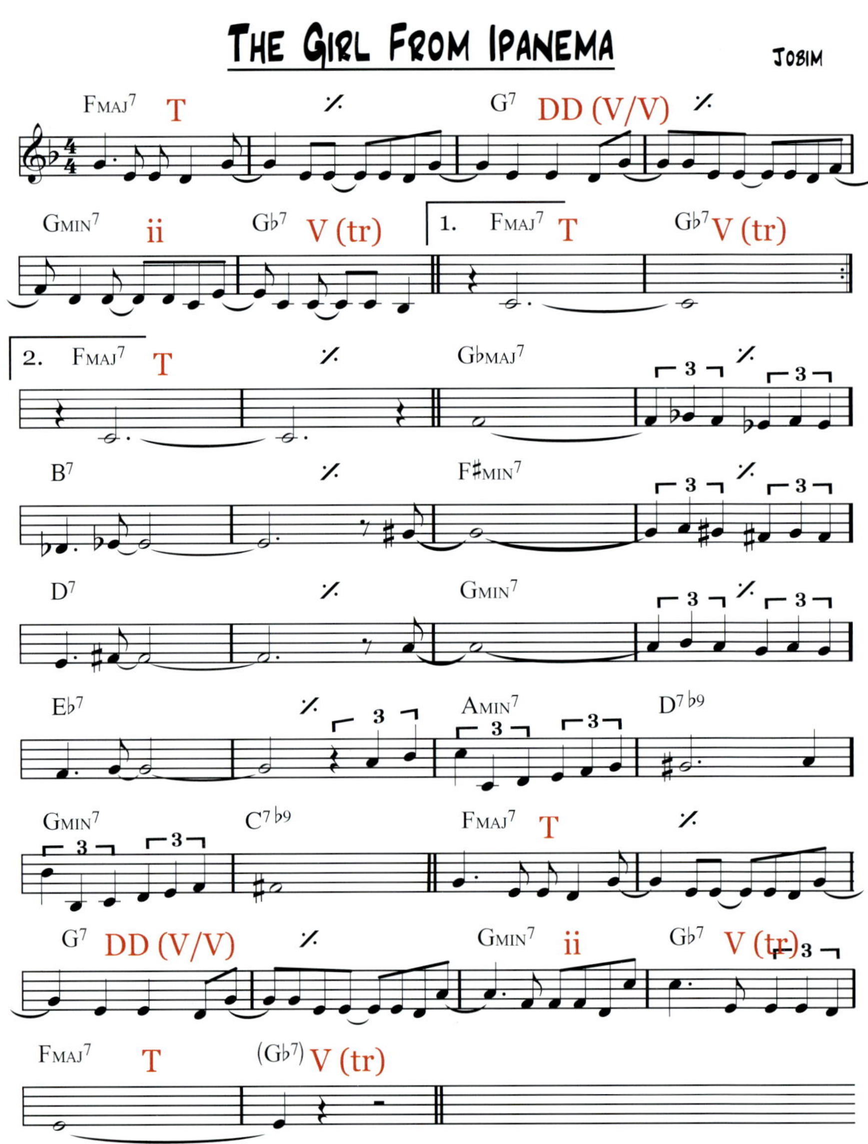

„The Girl From Ipanema“ beginnt in Takt 1 freundlicherweise mit der Tonika. Das einzelne b zu Beginn des Sheets weist auf die Tonart F-Dur hin, was mit der I. Stufe (der Tonika Fmaj7) auch prompt bestätigt wird.

Einen Septakkord im Ganztonabstand zur Tonika haben wir bereits in „All Of Me“ vorgestellt. Es ist eine Doppeldominante (V/V). Anschließend kehren wir in den Takten 5 und 6 über eine ii-V-Verbindung wieder zur Tonika zurück. Gb7 ist ein (Tritonus-)Substitut für die eigentliche V (C7). Wie Ihr im zugehörigen Kapitel auf Seite 34 erfahren habt, sollte hier eigentlich Gb7/#11 notiert sein, aber nicht zu selten wird dies weggelassen, da erwartet wird, dass der Musiker solcherlei auf Anhieb erkennt. Der gehaltene Melodieton C bildet übrigens genau die #11 zum darüber notierten Gb7.

Skalenvorschläge für ein Solo sind:

| F-Ionisch | % | G-Mixolydisch/#11 | % |

| G-Dorisch | Gb-Mixolydisch/#11 | F-Ionisch | Gb-Mixolydisch/#11 (nur im Haus 1)|

Gb-Mixolydisch/#11 über das Gb7 ist natürlich nur eine Möglichkeit. C-Mixolydisch (also einfach weiterhin F-Dur) klingt wunderbar und auch C-HM5 (F-Harmonisch-Moll) klingt interessant. C-Alteriert entspricht übrigens Gb-Mixolydisch/#11 und ist von daher keine Alternative. In Takt 3 und 4 ist Mixolydisch/#11 einfach ein aktueller Sound über die Doppeldominante statt des altbackenen Mixolydisch, welches per se natürlich nicht falsch ist.

Der B-Teil

Die 16 Takte des B-Teils haben es in sich. Jobim verwendet im Prinzip dreimal dieselbe Figur, allerdings jeweils in einer anderen Tonart. Wir müssen etwas ausholen…

In der Dreiklang-Welt des Rock, Pop und Folk ist das Akkordpaar Amin - F eines der am häufigsten eingesetzten. Schreiben wir statt dessen Vierklänge, also Amin7 - Fmaj7, so finden wir die Akkorde vi und IV aus C-Dur. Diese Akkorde können mit C-Dur, also A-Äolisch und F-Lydisch ganz wunderbar bespielt werden, am besten natürlich aber mit A-Blues.

Würzt nun allerdings der Begleitgitarrist die Folge mit F7 statt Fmaj7, so klingt das mit A-Blues darüber immer noch hervorragend. Funktionsharmonisch besteht jedoch ein großer Unterschied.

Amin7 - F7 ist nämlich eine Verbindung aus G-Dur mit den Funktionen ii und sS (V(bVII/I) = Doppelmollsubdominante oder backdoor-V).

Kleiner Merksatz: Ein Septakkord einen Ganzton über einer Dur-Tonika ist zumeist eine Doppeldominante (DD), einen Ganzton darunter zumeist eine Doppelmollsubdominante (sS)

Das ändert natürlich die Wahl des Solo-Tonmaterials. Über Amin7 - F7 bieten sich an A-Dorisch und F-Mixolydisch (Bb-Dur). Und, ja natürlich, A-Blues.

Zurück zu „The Girl From Ipanema“. Im B-Teil finden wir die Figur **ii - sS** ganze drei Mal! Gut, beim ersten Auftauchen noch getarnt (Takt 17–20), aber dann in den Takten 21–24 und 25–28 ganz offensichtlich.

Durch die stets feste Position der sS können wir die jeweilige Tonart der viertaktigen Wendungen leicht bestimmen:

Takt 17–20 Db

Takt 21–24 E

Takt 25–28 F

Es ist übrigens für die Analyse (natürlich nicht für die Wiedergabe des Songs) unerheblich, ob in den ersten beiden Takten die IV. oder die ii. Stufe der jeweiligen Tonart gespielt wird, da diese klanglich miteinander eng verwandt sind. Wir dürfen hier auf Seite 18 verweisen: Die ii. Stufe ist die Subdominant-Parallele.

Ihr könnt statt F#min7 in Takt 21 und 22 Amaj7 (die Subdominante VI in E) spielen und Bbmaj in Takt 25 und 26 (die Subdominante IV in F), dann entsprechen Melodie und Begleitung transponiert exakt denen in Takt 17–20.

Skalenvorschläge für ein Solo sind daher (Takt 17-28):

| Gb-Lydisch (= Eb-Dorisch) | % | B-Mixolydisch | % |

| F#-Dorisch (= A-Lydisch) | % | D-Mixolydisch | % |

| G-Dorisch (= Bb-Lydisch) | % | Eb-Mixolydisch | % |

Die letzten vier Takte des B-Teils sind von der Funktion her

| iii | V/ii | ii | V |

aber keinesfalls zwei gerückte ii-V-Verbindungen, auch wenn dies nicht zu selten so live gespielt wird. Wir dürfen hier auf unsere Anmerkungen zum Thema „Rückung" auf Seite 89 verweisen. Jobim hat in die Melodie über das Amin7 in Takt 29 auch ein F geschrieben, kein F#. A-Dorisch statt A-Phrygisch ist im Solo natürlich kein Beinbruch. Ihr wisst ja: Wenn's im Zusammenhang geil klingt …

Zudem sind die Akkorde in Takt 30 (D7/b9) und 32 (C7/b9) gar nicht so einfach. Denn welchen Akkord genau soll man zugrunde legen? Nehmen wir Takt 30 D7/b9 (alle Überlegungen gelten ebenso für das folgende C7/b9, nur eben jeweils einen Ton tiefer).

- D-Alteriert (= D#-Melodisch-Moll) trifft sowohl die im Akkord enthaltene b9 wie auch die #11 aus der Melodie. Allerdings ebenso die Erweiterungen #9 und b13. Gut in den Übergängen verpackt ist Alteriert sicherlich eine Option.
- D-HM5 (= G-Harmonisch-Moll) trifft die b9 und lässt sich gut in das folgende G-Dorisch überleiten. Die #11 ist allerdings nicht enthalten.

Hier nun noch einmal das komplette Sheet, mit Skalenvorschlägen gemäß der vorangegangenen Analyse.

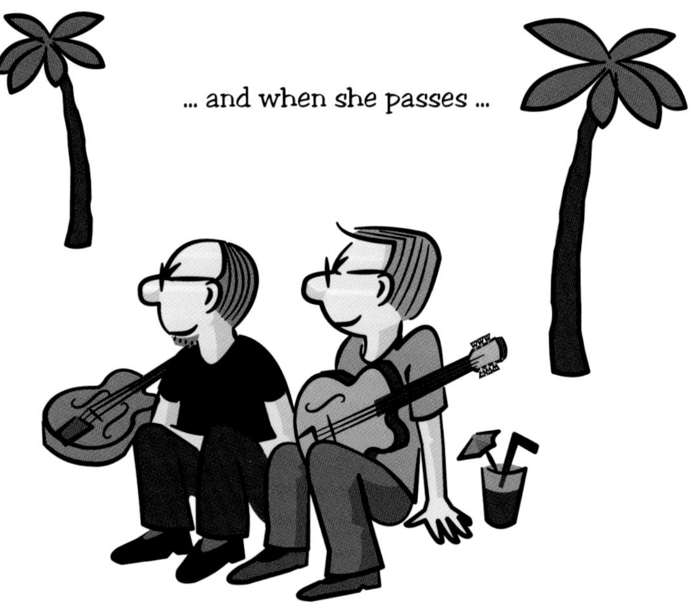

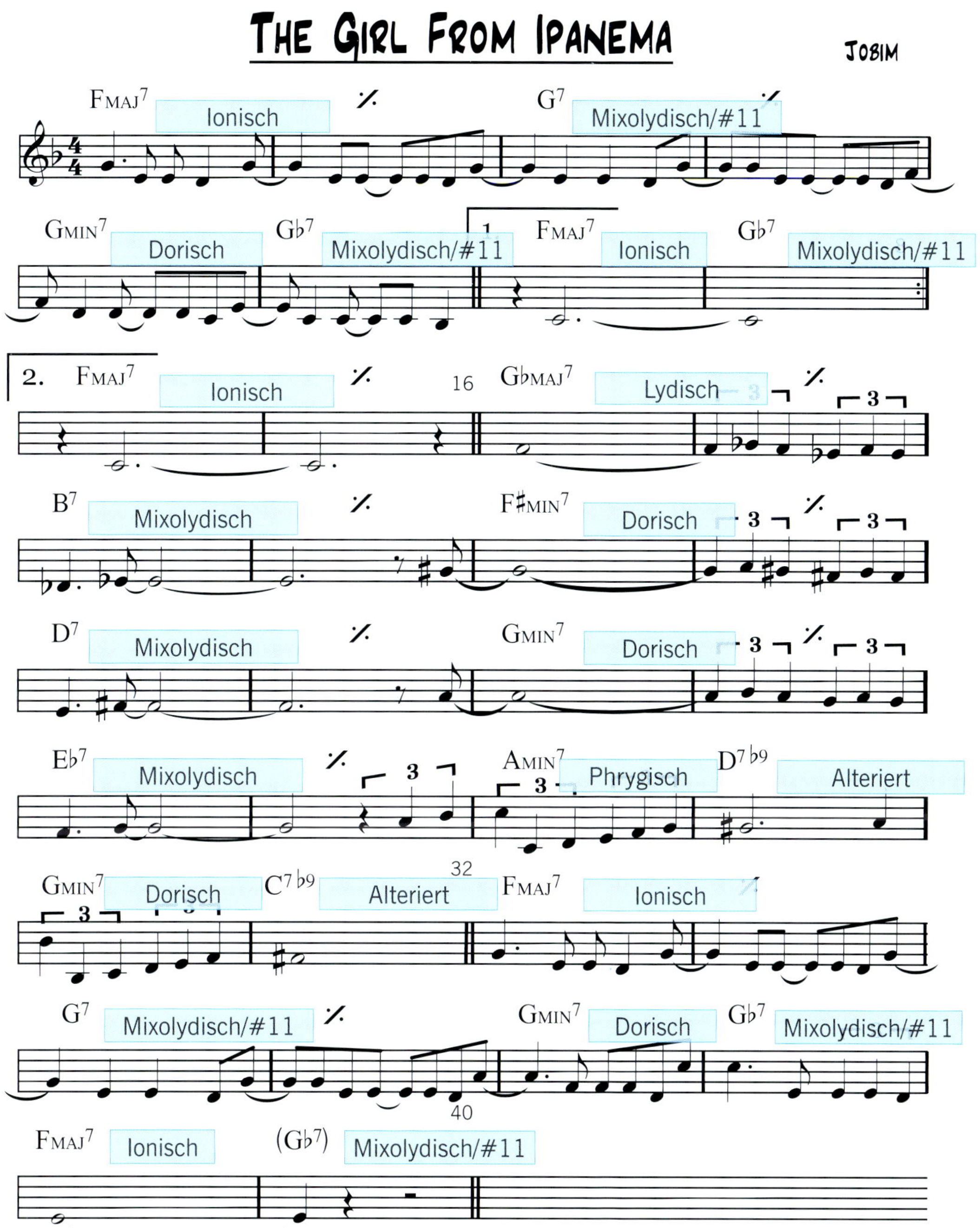
The Girl From Ipanema
Jobim
FMAJ7 Ionisch
G7 Mixolydisch/#11
GMIN7 Dorisch
G♭7 Mixolydisch/#11
1. FMAJ7 Ionisch
G♭7 Mixolydisch/#11
2. FMAJ7 Ionisch
16
G♭MAJ7 Lydisch
B7 Mixolydisch
F♯MIN7 Dorisch
D7 Mixolydisch
GMIN7 Dorisch
E♭7 Mixolydisch
AMIN7 Phrygisch
D7♭9 Alteriert
GMIN7 Dorisch
C7♭9 Alteriert
32
FMAJ7 Ionisch
G7 Mixolydisch/#11
GMIN7 Dorisch
G♭7 Mixolydisch/#11
40
FMAJ7 Ionisch
(G♭7) Mixolydisch/#11

mal, Abmaj7 neben seiner offensichtlichen Tonika-Funktion in Takt 9 auch noch als Subdominante in Eb-Dur zu betrachten. Und da wir ja gerade in Takt 10 nichts zu tun haben, reharmonisieren wir diesen Takt, indem wir das Abmaj7 durch Abmi7 und Db7 ersetzen. Das ist eine ii - V aus Gb-Dur, was eigentlich keinesfalls eine geeignete Tonart für einen Modal Interchange mit C-Dur ist. Allerdings für die Tonart Eb-Dur schon, denn wir haben die Subdominante aus Eb, das Abmaj7 vermollt und gleich noch die Doppelmollsubdominante (Db7) angehängt. Das klingt übrigens überraschend gut, so dass wir die Reharmonisierung anschließend in das Leadsheet eintragen.

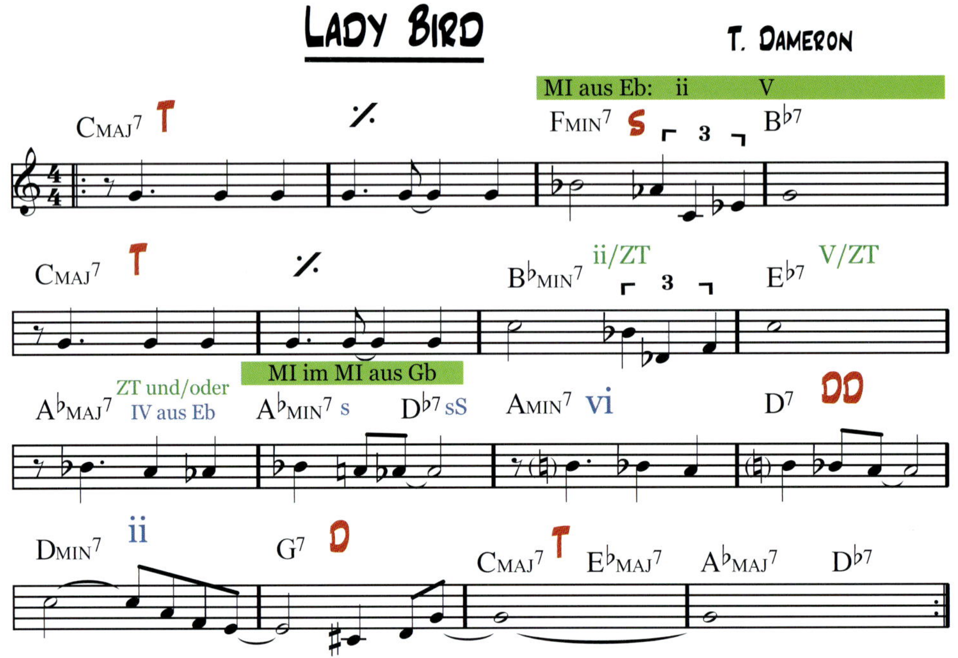

Für die in Takt 11 bzw. 12 folgenden Akkorde Ami7 und D7 gibt es unterschiedliche Betrachtungsweisen. Es kann sich um die VI. Stufe aus C-Dur mit nachfolgender Doppeldominante handeln, wie wir es schon in „All of me" kennengelernt hatten. Oder wir interpretieren beide Akkorde als quasi eingeschobene ii-V-Verbindung, weil es ja gerade nach unserem frisch reharmonisierten Abmin7/Db7 gleich so schön Dorisch/Mixolydisch weitergehen könnte.

Eine harmonische Rechtfertigung für letztere Ansicht bietet die sogenannte **Related ii**, gesprochen „Related Two". So wie es zulässig ist, jeden leitereigenen Akkord über seinen privaten Dominantseptakkord anzusteuern, was bekanntlich Zwischen- bzw. Doppeldominanten ergibt, kann man auch jeder dieser Dominanten jeweils wieder ihre private ii. Stufe voranstellen. Also im Beispiel | Cmaj7 | A7 | D7 | G7 | erweitern wir den Takt mit der Zwischendominante A7 durch eine auf das A7 als V bezogene (daher „related") ii: | Cmaj7 | Emin7 A7 | D7 | G7 |. Am Tonmaterial haben wir nichts verändert, denn wir wählten die ii ja aus der Tonart des Dominantakkords. In unserem Fall war das A-Mixolydisch, also D-Dur, welches auf der ii. Stufe E-Dorisch hat. Der ganze Takt wird somit weiterhin mit D-Dur bespielt, nur ist die Begleitung jetzt nicht mehr ganz so trist.

Seltsame Gesellen und ein unerwartetes Ende

Eigentlich habt Ihr es geschafft! Ihr habt viel über Akkorde, Stufen und Funktionen gelesen, seid in die Funktionsharmonik eingestiegen, Ihr musstet einige Standards (mit-)analysieren und vieles mehr. Was denn jetzt noch? Irgendwie müssen wir das Thema Funktionsharmonik und damit auch diese Harmonielehre zum Abschluss bringen. Und zwar mit einer Wendung, wie man sie bisweilen in Standards findet.

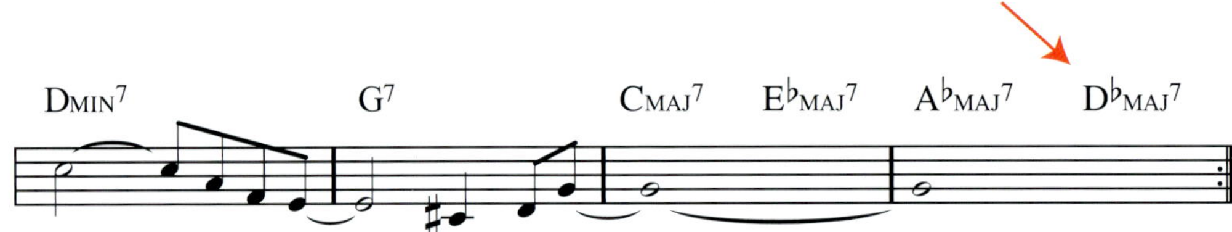

Der Neapolitaner

Kommt Euch die Zeile bekannt vor? Ja? Gut aufgepasst! Es handelt sich um die letzte Zeile des Standards „Lady Bird", welchen wir ja im Kapitel „Modal Interchange" schon ausführlich besprochen hatten, der „Tadd-Dameron-Turnaround". Aber eine Kleinigkeit ist anders. Am Ende des Haus 1 ist statt des uns bekannten Db7 ein Dbmaj7 notiert. Db7 war gemäß unserer Analyse zum Ebma7 eine Doppelmollsubdominante (Stichwort: MI im MI) und löste sich zum Cmaj7 in Takt 1 auf. Wir dürfen uns an dieser Stelle selbst zitieren: „Die direkte Rückkehr nach C (quasi über Eb hinweg) funktioniert, weil das Db7/9/#11 der Tritonus von G7/b13 ist, eine ordentliche Dominante zu C." Nun aber (aus einem anderen Sheet entnommen) ein Dbmaj7, also ein Major-Akkord einen Halbton über unserer Tonika Cmaj7. Dieses Gebilde ist von seiner Herkunft her kein weiterer MI (was möglich wäre, z. B. aus Ab als IV. Stufe), sondern kann auch in freier Wildbahn auftreten, z. B. in solcher oder ähnlicher Folge (Fmaj7 ist hier Tonika):

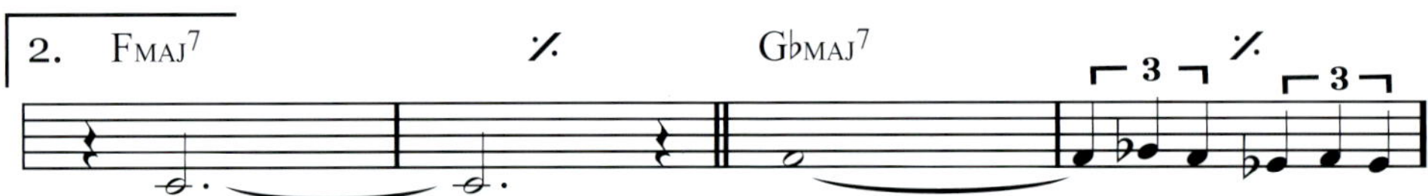

Dies ist, wie Ihr wahrscheinlich sofort erkannt habt, der Übergang zum B-Teil aus dem im letzten Kapitel vorgestellten „Girl From Ipanema". Es ist unerheblich, ob man den Bezug zur Tonika über einen MI (IV. Stufe in Db) oder mit der im Folgenden einzuführenden harmonischen Figur erklärt:

Das Gbmaj7 (bzw. unser Dbmaj7 aus „Lady Bird") ist in dieser Verbindung ein **Neapolitanischer Sextakkord** oder kurz ein Neapolitaner. Er leitet sich aus der vermollten Subdominante (s) ab, welche bereits Johann Sebastian Bach schon eingesetzt hatte. Schauen wir uns zur Wiederholung eine Kadenz T - S - s - T an:

Cmaj7 - Fmaj7 - Fmin7 - Cmaj7

Eine zulässige Erweiterung des Fmin statt der 7 wäre auch die 6 (der Ton D), da wir das Fmin ja im Kapitel über den Modal Interchange als II. Stufe in Eb identifiziert hatten, was die Skala F-Dorisch mit eben dem Ton D ‚erzwingt'. Nur leider hält sich ja keiner an solche Festlegungen.

Die Musiker der neapolitanischen Opernmusik des 18. Jahrhunderts (Neapel war ein Zentrum der europäischen Opernszene) schon mal gar nicht! Sie haben die vermollte Subdominante eben anders verziert. Nicht mit der 6, sondern mit der b6. In unserem Beispiel das Fmin7 mit dem Ton Db. Das klingt ja noch tragischer als die ohnehin etwas düstere „Vermollte Subdominante". Unsere bereits erwähnten Musikerkollegen aus Neapel setzten diese Verzierung ein, um Gefühle wie Trauer und Schmerz in ihren Arrangements hörbar zu machen.

Seine Abkürzung in der Funktionstheorie ist s^N oder einfach N.

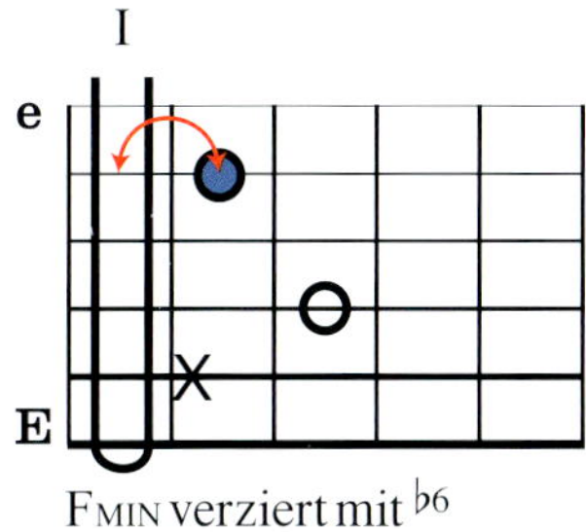

FMIN verziert mit b6

Harmonisch wird durch die Änderung der 6 zur b6 aus dem F-Dorisch (= Eb-Ionisch) ein F-Äölisch (= Ab-Ionisch). Dieser neue Verzierungston kam offensichtlich sowohl beim Publikum wie auch bei den Musikerkollegen so gut an, dass nach kürzester Zeit der Versuch unternommen wurde, die b6 aus der hohen Stimme in den Bass zu nehmen.

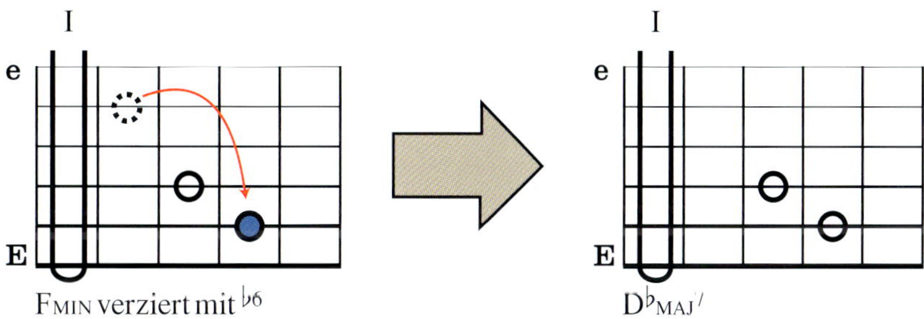

FMIN verziert mit b6 — DbMAJ7

Auch dieser Sound wurde vom Publikum angenommen. Und so entstand aus unserer ehemaligen vermollten Subdominante Fmin7 oder Fmin6 ein Fmin/Db (also ein F-Moll mit dem Ton Db im Bass), was dem Akkord Dbmaj7 entspricht. Ein maj7-Akkord genau einen Halbton über unserer Tonika Cmaj7. Technisch gesehen ist der Neapolitaner ebenso wie die vermollte Subdominante ein Modal Interchange, nur ist der entliehene Akkord jetzt nicht mehr die II. Stufe aus Eb, sondern die VI. Stufe aus Ab.

Was spielt man nun als Solist über diesen doch eher selten anzutreffenden Gesellen? Als Eselsbrücke mag genügen, dass er – da er ja aus der harmonischen Funktion der Subdominante entstanden ist – Lydisch gespielt wird. Also in unserem Beispiel ist Dbmaj7 die IV. Stufe zu Ab-Dur, daher spielen wir bei Db-Lydisch Töne aus Ab-Dur. Wie ja schon angeführt, ändert die Verzierung des Fmin die Skala von F-Dorisch zu F-Äolisch. Und F-Äolisch ist die parallele Tonleiter zu … Ab-Ionisch = Db-Lydisch. Wie gesagt.

Ende der 1950er-Jahre hatten die Jazzmusiker von den immer schneller wechselnden Akkorden und den damit einhergehenden strengen Improvisationsregeln (die Ihr ja in den vorangehenden Kapiteln schon zum Teil kennenlernen durftet) die Schnauze voll. Miles Davis (und mit ihm noch viele bedeutende Musiker dieser Zeit, die hier aus Platzgründen unerwähnt bleiben sollen) hatte schon 20 Jahre Blues, Swing, Be- und andere Bops gespielt und beschloss, die durch Akkordfolgen bestimmte Harmonik mal sein zu lassen, und die Modalität war erfunden. Sehr verkürzt dargestellt …

Man spricht in der Funktionsharmonik von einer vertikalen Anordnung der Töne (eben weil sie bei Akkorden übereinander notiert sind), in der Modalität dagegen von einer horizontalen (Tonleitern, Skalen). Zur Verdeutlichung haben wir nochmals den Standard „So What" von Miles Davis aus dem Jahr 1959 abgedruckt, jetzt aber komplett.

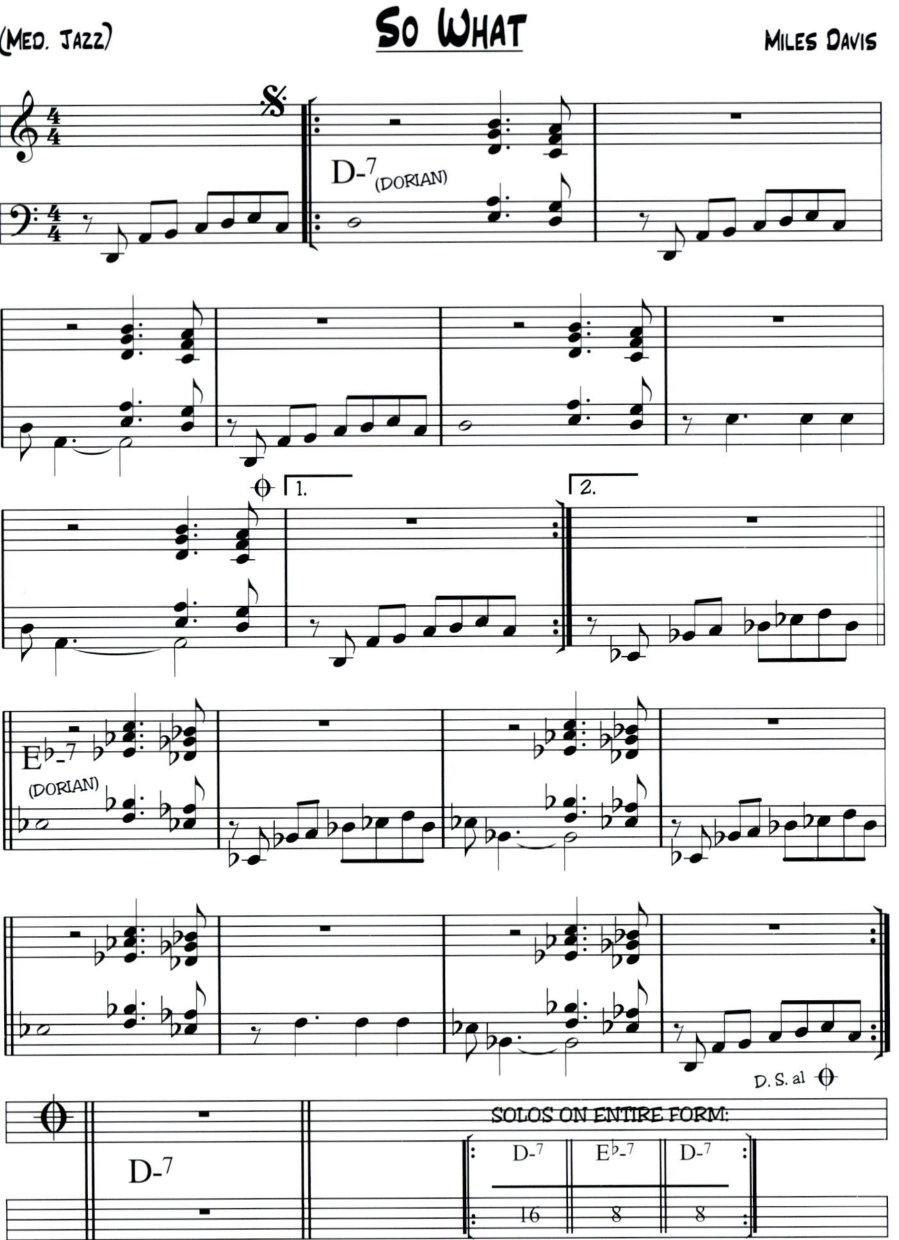

Da es in dem gesamten Stück nur zwei Akkorde gibt und bei denen auch noch jeweils der Modus angegeben ist (Dorisch), können wir die funktionsharmonische Analyse mangels ‚Fleisch' hier gleich wieder wegpacken. Wer nun denkt, mit derart marginalem Material lasse sich nicht länger als eine Minute füllen, dem seien die Aufnahmen von Miles Davis zusammen mit den Saxofonisten John Coltrane und Cannonball Adderley ans Herz gelegt.

Und dennoch – mit der Modalität oder auch dem freien Spiel, also dem Free-Jazz, muss dieses Büchlein enden. Natürlich wird auch „So What" in schöner Regelmäßigkeit auf den schummrigen Amateurbühnen dieser Welt dahingeschlachtet, aber … da können wir nicht mehr helfen! Denn es gibt keine harmonischen Finessen zu beachten, keine Funktionen zu bestimmen. Entscheidend ist bei diesem Song absolute Formsicherheit (16 Takte A-Teil muss man fühlen, wer zählt, hat schon verloren!), Timing, Einfallsreichtum und Kreativität (wer langweilt, hat erst recht verloren!). Alles Eigenschaften, die man entweder im Blut hat oder sich durch viel Übung erarbeiten muss.

***** Abruptes Ende *****

Anhang

Der Quintenzirkel

Sehr vereinfacht stellt der Quintenzirkel einen Lösungs-Kompromiss für das Problem dar, dass das System der 12 Töne unserer westlichen Musik nicht exakt zu den physikalischen Bedingungen der darin vorkommenden Intervalle, insbesondere der Quinten, passt. Mit der Folge, dass in einem System mit exakten Intervallen der Ton C# eben nicht genau gleich wie ein Db klingt. Das hat den Meistern seit dem 17. Jahrhundert einiges Kopfzerbrechen bereitet. Um dennoch das zur Verfügung stehende Tonmaterial auf 12 Tasten unterzubringen und so mit einem Instrument alle Tonarten spielen zu können, hat man an der Stimmung herumgefummelt, so dass die Intervalle zwar nicht im physikalischen Sinne ‚rein', für unsere Ohren aber tauglich sind.

Auf der Gitarre existiert dieses Problem nicht. Wenn wir vom Ton C (3. Bund A-Saite) einen Halbton nach rechts schieben, landen wir auf dem C#, was sich natürlich genau an der selben Position wie das Db befindet, welches ich durch Schieben des D (5. Bund A-Saite) nach links erreiche. Wir dürfen also in diesem Buch den Quintenzirkel als einfaches Werkzeug nutzen, die Art und Anzahl der Vorzeichen einer Tonart zu ermitteln. Und hier ist er nun endlich.

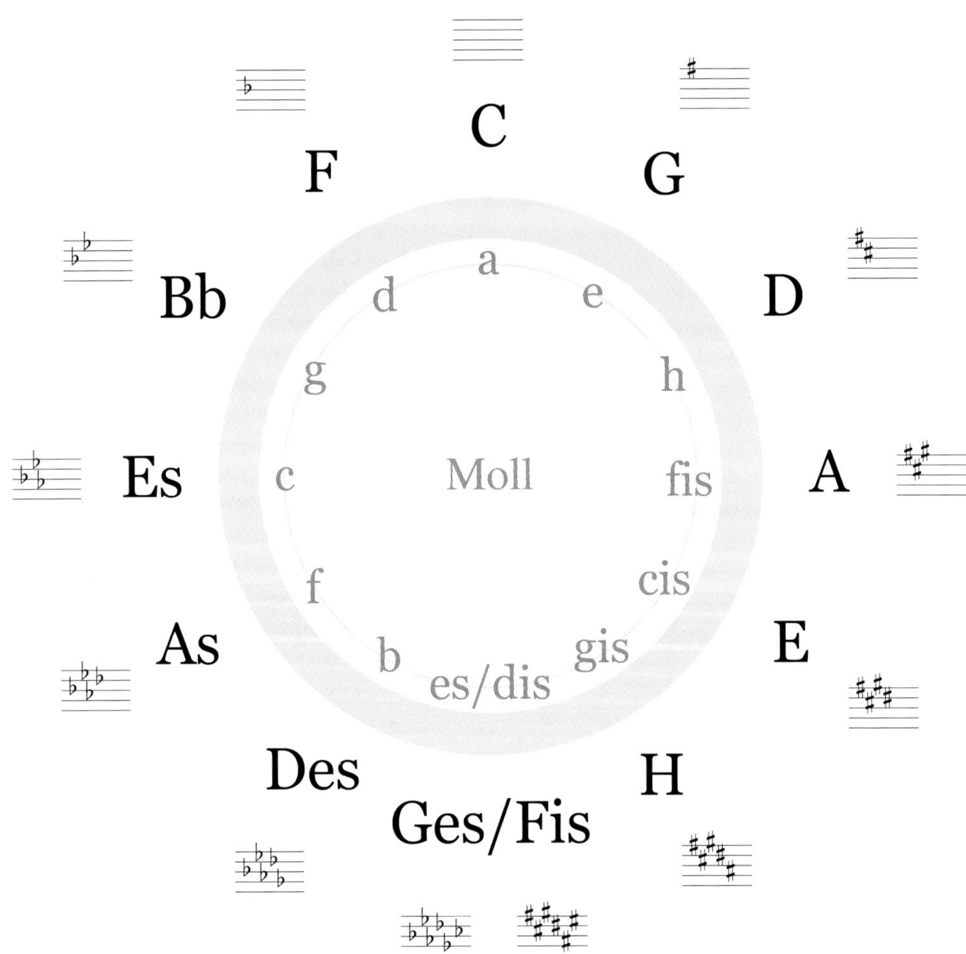

Liest man den Quintenzirkel im Uhrzeigersinn (UZS) auf der Außenbahn, so erhöht sich der Ton beginnend beim C auf 12.00 Uhr immer jeweils um eine Quinte, also C nach G nach D usw. Errichtet man nun auf jedem dieser Töne eine Durtonleiter, so wird man feststellen, dass pro Schritt im UZS ein Kreuz als Vorzeichen hinzukommt.

Einmal durchdacht – C-Dur nach G-Dur

Eine natürliche (ionische) Durtonleiter ist durch Halbtonschritte zwischen der III. und IV. sowie zwischen der VII. und VIII. Stufe definiert. In der Tonart C passen wunderbarerweise die natürlichen Halbtonschritte (zwischen E und F sowie zwischen B und C) genau in dieses System, so dass wir die C-Dur-Tonleiter als Schablone für die anderen Tonleitern hernehmen können. Will man z. B. auf dem Ton G eine ebensolche Tonleiter errichten, passen schon fast alle Töne aus C-Dur in die Vorgabe. Unglücklicherweise liegt jedoch der Halbtonschritt zwischen E und F ab G gezählt zwischen VI. und VII. Stufe und nicht wie gewünscht zwischen VII. und VIII. Fummelt man aber ein klein wenig herum – indem man den Ton F durch F# ersetzt – wird aus dem Abstand zwischen VI. und VII. Stufe ein Ganztonschritt, während der Abstand zwischen VII. und VIII. Stufe zum Halbton zusammengedrückt wird. Genau das, was erreicht werden sollte. So kommt die Tonart G zu ihrem Vorzeichen, ein (1) #.

Auf der Gitarre ist der Quintenzirkel besonders leicht anzuwenden: Wir springen immer weiter ab dem Ton C und gelangen pro Quinte in die nächste Tonart, die dann jeweils ein Kreuz mehr trägt. Die erste Hälfte des Quintenzirkels haben wir nun schon abgearbeitet.

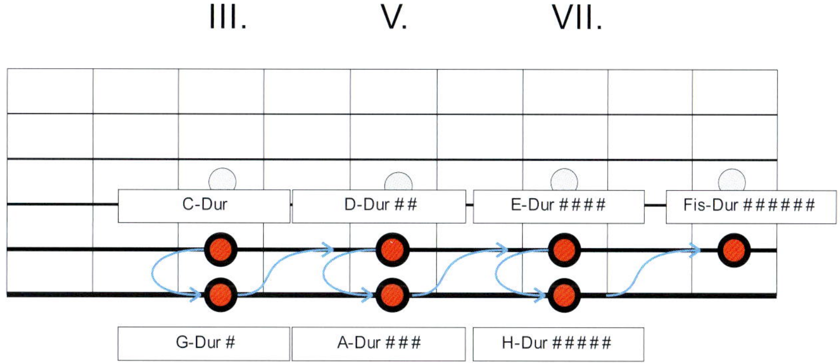

Und warum hört die Rutscherei bei der Tonart Fis-Dur auf? Das muss sie nicht, man kann die Quintenhüpferei beliebig lang fortsetzen. Allerdings gelangt man dann zu solchen Monstern wie His-Dur mit 12 Kreuzen aber ohne neue Erkenntnis, denn es sind dann wieder alle Töne aus C-Dur versammelt, nur eben mit den abgefahrensten Bezeichnungen. Es ist üblich, nicht mehr als sechs Vorzeichen an den Anfang einer Notenzeile zu schreiben. Eine aus der klassischen Musik bekannte Ausnahme ist ein Teil des „Wohltemperierten Klavier“ von Johann Sebastian Bach. Das ist in Cis-Dur, also mit sieben Kreuzen notiert. Oder auch – aus dem Jazz des 21. Jahrhunderts – „Old West“ von Brad Mehldau. Daher nutzt man die Tatsache, dass unterschiedlich benannte Töne gleich klingen, die sogenannte „enharmonische Verwechslung“, um üblicherweise bei Fis-Dur mit der Kreuzerei aufzuhören und statt dessen zunehmend mehr Töne aus C-Dur zu erniedrigen (keine Sorge, die stehen da drauf! Pardon, ein albernes Wortspiel), um die noch fehlenden Tonarten zu erzeugen. Auch mit den b übertreibt man es nicht, so dass sich an der Stelle 18.00 Uhr im Quintenzirkel die Tonart Ges (oder Gb), welche sechs b als Vorzeichen trägt, mit der Tonart Fis (F#), ihrerseits mit sechs Kreuzen ausgestattet, trifft. Vom Tonmaterial sind diese beiden Tonarten identisch! Um den Quintenzirkel gegen den UZS, also in Richtung zunehmender b, zu durchlaufen, müssen wir vom C aus **in Quarten** abwärts gehen. Also vom C zum F zum Bb zum Eb usw. Auf der Gitarre wieder eine höchst anschauliche und einfache Übung:

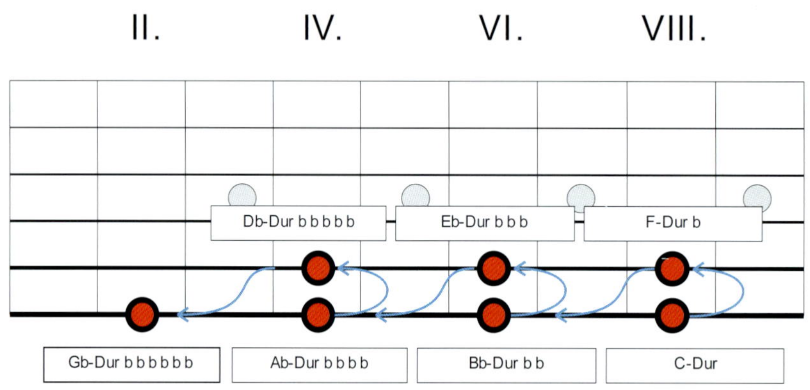

Fazit

Wir benutzen also den Quintenzirkel als Werkzeug, um anhand der gegebenen Anzahl an Vorzeichen auf einem Song- oder Notenblatt die Tonart des vorliegenden Stücks zu ermitteln. Nach kurzer Zeit werden sich die Tonarten ohnehin im Gedächtnis ablagern, sodass wir auf das Abzählen am Griffbrett verzichten können. Falls aber nicht – macht auch nichts. Geht ja zügig und – mit etwas Routine – auch von den Kollegen unbemerkt!

Index